# FRANCOIS GUIGNARD LA CULTURE ET LA MUSIQUE HAITIENNE

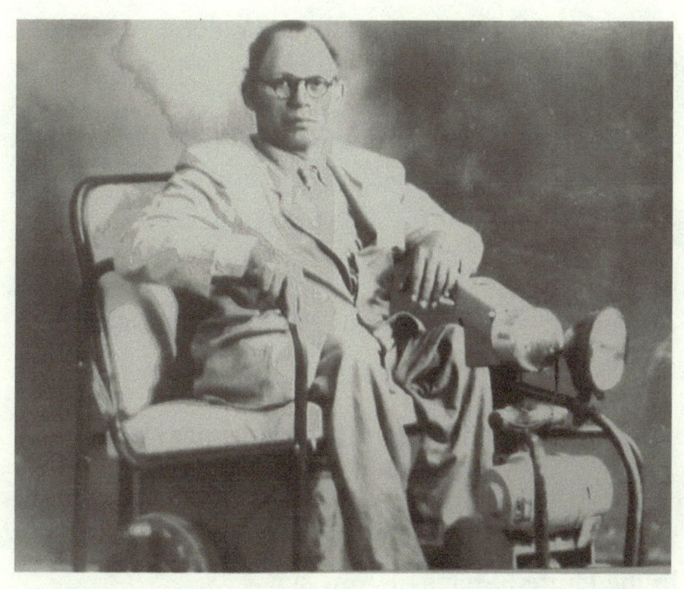

*Par*

*Pierre Joseph Jean-Baptiste*

VJ Publishing House, LLC.
3555 SW 90 Avenue
Miramar, Florida 33025
www.vjpublishinghouse.com



The Author from his life and other individuals' experiences created all composites.

Cover Design by: VJ Publishing House (Valerie Allen) of Miramar, Florida

Editor/Proof Reader Valerie Allen/Pierre Joseph Jean-Baptiste


Library of Congress cataloging-in- Publications Data
Jean-Baptiste, Pierre Joseph

~Francois Guignard La Culture Et La Musique Haitienne~

ISBN#978-1- 939236-10- 4

Printed in the United States of America

## Remerciements

A la famille Guignard, particulièrement à Félix et à Edner, les deux fils de François Guignard, eux aussi musiciens, pianistes et chefs d'orchestres. Ils ont contribué à relater les faits et les histoires autres que ceux dont nous fûmes témoins. A son petit-fils Jean-Robert Thomas, nous disons un grand merci pour les photos de famille surtout celle de couverture. Ces mêmes remerciements vont aussi bien à l'endroit de Dimitri Hyacinthe et du jeune Kendall Pierre-Louis pour leur collaboration dans la compilation électronique de ces photos. Nous remercions enfin Jean-Robert Noël, fils du quartier pour son bel article d'inspiration et notre condisciple de classes Jacques Philippe pour la révision du texte en question. Ils ont tous deux présenté de vifs commentaires vis-à-vis de l'ouvrage. Ils sont aussi bien que moi des anciens élèves de l'école des Frères du Sacré-Cœur à la Cité de L'Exposition (Bicentenaire) Port-au-Prince. Merci à VJ Publishing House, LLC pour la publication.

*« Haïti est la Perle des Antilles.*
*On peut bien essayer de la dénigrer,*
*On ne pourra jamais la transformer*
*Il en sera ainsi tant que survivront*
*L'histoire, l'écriture et l'analyse. » (P.J.J-B.)*

## Commentaire

Haïti, ainsi appelée jadis par les Taïnos, fils et filles de cette terre montagneuse, décimés par des hommes assoiffés de tout ce que ce petit coin de terre avait à offrir et sur son sol et sous son sol, est « La Perle des Antilles ». Elle a malgré tout perdu son éclat à travers les années tumultueuses de son histoire de peuple. Afin de mieux saisir la beauté et la saveur de cette culture, de nos us et nos coutumes et simultanément pleurer l'ampleur de cette hémorragie socio-culturelle, plongez-vous dans ce grand fleuve offert à travers les pages de ce magnifique bouquin brillamment écrit par l'un des grands esprits de notre monde littéraire! Ceci dit, j'invite tous ceux-là qui portent cette perle dans leur cœur et même ceux-là qui semblent avoir perdu l'espoir de la voir émerger à nouveau un jour sur l'échiquier international à se procurer *« François Guignard, La Culture et la Musique Haïtienne »*. A travers ses pages, vous entendrez la voix sonore et magnifique d'un des plus grands, si ce n'est le plus grand, de ce grand joyau de notre monde musical présenté par notre talentueux ami et frère Pierre Joseph Jean-Baptiste. Comme moi, j'en suis sûr, vous vous retrouverez vous-mêmes pour affirmer l'avoir aussi entendue.

Jacques Philippe

# Préface

Si nous devions vivre encore un demi-siècle, nous ne nous étonnerions pas de voir et d'entendre un jeune de chez nous ne pas pouvoir répondre à la question: Qui est le fondateur de la patrie? Vous direz certes en nous lisant que nous exagérons... Plusieurs de nos contemporains ne se souviennent même pas du petit tombeau original de ce grand homme d'histoire presque abandonné au cimetière intérieur de l'église Ste. Anne au Morne-à-Turf à Port-au-Prince devant celui de son fidèle garde de corps et secoureur Charlotin Marcadieu. Pourtant, ceux de l'Amérique du Sud et plus particulièrement les Vénézuéliens honorent et vénèrent tous Simon Bolivar qui, avec l'aide de Pétion, a suivi les traces sacrées et glorieuses de notre grand Jacques 1^er^ symbole de liberté à travers l'humanité, pour les libérer eux aussi de la colonisation et de l'esclavage. Que dire pourtant du mausolée de cette même zone où sont déposés, quoique reconnus et honorés à juste valeur comme deux de nos principaux héros les plus aimés, les restes de la victime elle-même et de son principal assassin! De grâce, n'essayez pas d'évoquer la question de couleur! Car, selon ce que nous croyons comprendre, les fidèles et dévoués membres de l'entourage actif de l'empereur et ses plus proches, en particulier: Boisrond Tonnerre et Charlotin Marcadieu, victimes eux aussi du coup criminel, étaient en majorité mulâtres; et plusieurs Nègres à peau foncée avaient participé à cet acte barbare et dégradant particulièrement, l'Homme du Nord. Et bien qu'il ne fût pas ce jour présent sur la scène du Pont-Rouge, il fut l'un des acteurs idéologiques visant à en bénéficier. Permettez que nous renouvellions encore cette pensée:

*«Un grand peuple sans mémoire*
*N'explorant pas son histoire*
*Vit certes dans l'ambiguité.*
*Sa survie se voit lésée. » (P.J.J-B)*

Alors, à plusieurs d'entre vous, nous demanderons tout simplement quel est le rythme national d'Haïti? Nous vous prions, de grâce, ne dites pas cette fois que nous exagérons! Nous, votre serviteur, pensons constamment à cette terre natale, ce pays qui a tant servi d'exemple de liberté, d'égalité et de fraternité; ce pays qui nous a vus naître et qui garde à tout jamais et en toute sécurité au fond de son sol notre « cordon ombilical » et celui de la génération de Nègres vaillants tels: Makandal, Bookman, Toussaint, Dessalines, Pétion, Christophe, Geffrard, Capois qui nous ont précédés; ce pays dont nous sommes fiers d'être les enfants; ce pays, source de culture, berceau de rythmes qui a tant servi au développement de formes musicales dansantes à travers le continent américain et tout particulièrement à travers l'Amérique Latine. De cela, il en est l'étoile fondamentale. Cette Perle des Antilles semble être de nos jours symbole d'oubli, de négligence, de pire pauvreté, de dépendance et de mépris. A qui le premier en est la faute? A nous bien entendu car nous avons tendance à ignorer et jeter dans l'oubli ceux qui ont servi de guide à notre avancement tant dans le domaine sociopolitique que dans le domaine culturel.

Le Morne-à-Turf est à côté du Bel-air, le berceau de l'évolution et du développement de Port-au-Prince. Et nous sommes les enfants issus de cette zone merveilleuse et pleine de vie du temps de notre jeunesse, et qui malheureusement de nos jours est « depafini », totalement en déclin. En notre qualité de l'un des aînés de notre génération du quartier et voisin limitrophe aux Guignard, et après que notre périple à travers les ans nous eût invité à faire un relevé de nos mémoires vis-à-vis des lieux, qu'il nous soit permis d'en parler. Le sujet de notre texte ne se limite pas de façon toute directe à cette seule zone où nous avons grandi. Il se veut plutôt d'embrasser en général notre pensée musicale fondementale. Il en parait ainsi seulement parce que le personnage en question fut partie prenante de notre Morne-à-Turf. D'ailleurs bon nombre d'autres que nous aurons à relater n'ont apparemment rien à voir avec cette région de Port-au-Prince.

Ce livre que nous avons donc le plaisir de vous présenter est la réminiscence d'une jeunesse viable et remplie de souvenirs surtout dans le domaine de l'évolution de la musique dansante de chez nous. Plusieurs d'entre vous, lecteurs, se souviennent encore de ce que fut le centre culturel et musical François Guignard à la rue St. Honoré No. 58 (De nos jours, le numéro n'est plus celui d'autrefois; il est maintenant 76). On a tenté dans le passé de changer le nom de cette dite rue pour l'appeler officiellement: rue Monseigneur Baugé avec l'écriteau posté à sa fin à l'angle de l'avenue Magloire Ambroise; ce fut en vain. Rien n'avait changé de la volonté de la population de garder le nom original malgré qu'on eût élevé un buste en l'honneur du révérend en question sur la place de Ste. Anne. Tôt vers le début du développement du Morne-à-Turf, on l'avait ainsi nommée après la rue du Faubourg St. Honoré tracée à Paris vers l'année 1180. D'aspect très étroit qui la rend presque unique dans la région, cette rue parisienne est de nos jours encore le centre des grands couturiers et des artistes. Ce même aspect et ces mêmes caractéristiques avaient valu le nom à celle de Port-au-Prince vers la fin du dix-huitième siècle.

Ceux qui n'ont pas eu la chance d'explorer ce lieu du Morne-à-Turf et le personnage qui le caractérisait surtout auront l'occasion de faire connaissance avec ce passé inoubliable pour mieux comprendre son fondement musical et son développement. Ils comprendront mieux ainsi, nous en sommes certains, le pourquoi et le comment des faits et des négligences qui ont contribué au déclin de notre musique dansante. Et, faisant de la belle et douce Haïti notre amante toute particulière, nous trouvons la poésie-chanson « Souvenances et Souffrances », arrangée et orchestrée par le grand Antalcidas O. Murat et interprétée par le Jazz des Jeunes avec la belle voix de Gérard Dupervil, la plus convenable à nos vœux et à nos sentiments:

## Table des matières

## *Souvenances et souffrances*

*I*

*J'ai connu les tourments et les fièvres*
*O magiques baisers de tes lèvres*
*Et voici qu'à présent tu m'enserres*
*Mais c'est assez pour moi les jours passés*
*Souvenir des ivresses de l'année*
*Dors en mon cœur ô cher souvenir*
*Le bonheur des anciennes années*
*Me suffit pour vivre et mourir*

*II*

*Aime enfant et surtout sois aimé*
*C'est ainsi que s'en va la fumée*
*Et le vent ou la fleur embaumée*
*Tout passe et va sans laisser de bonheur*
*Souvenir des ivresses etc...*

*III*

*Oh! Je sens parfois l'agonie*
*Mais pour moi ma peine est infinie*
*O mignonne, mignonne bénie*
*Les jours passés ce n'est pas du refrain*
*Souvenir des ivresses etc...*

*IV*

*Les années passent vite éphémères*
*En laissant dans leurs cendres amères*
*Les brillants souvenirs des chimères*
*Chantant toujours les anciennes années*
*Souvenir des ivresses etc...*

Nous nous posons donc la question: Aussi bien que nos historiens vis-à-vis de la fondation et du développement d'Haïti, ne devons-nous pas de notre côté relater les souvenirs de l'une des plus belles étoiles de l'évolution de notre musique dansante? Nous dirons franchement qu'à la question posée au tout début de ce texte, ni Guy Joseph Bonnet, ni Thomas Madiou, ni Beaubrun Ardouin, ni Dorsainvil, ni aucun autre n'est coupable en ce sens. Ils ont tous, de par la connaissance des données se trouvant à leur portée, fait de leur mieux pour accomplir leur devoir. A nous de notre côté, d'en faire autant pour ne pas plus tard nous noyer dans le regret! A cette pensée, nous vous présentons partiellement un texte de notre ami Paul Hugo Jean eu égard à la définition de la connaissance elle-même que voici:

*« La connaissance a pris son origine à travers la mythologie égyptienne et dans la Grèce antique surtout. Selon les Grecques plus précisément, une partie du pays était terrorisée par une créature dotée d'une corpulence physique d'un lion ailé et au visage d'homme dénommée le sphinx. La ville était à sa merci; nul n'osait s'aventurer dans cet endroit car, il proposait l'énigme suivante aux voyageurs: Quel est l'animal qui, le matin a quatre pattes, le midi en a deux et le soir, trois? Quiconque se trouvait dans l'impossibilité de la résoudre était dévoré. Œdipe décida enfin de l'affronter suivant la logique de l'homme face à son développement durant sa vie. Il l'emporta dans sa réponse: L'homme. C'est évident! Pour nous qui fumes « homo erectus » avant même d'être « homo sapiens », le matin figure l'enfance car dans sa volonté de se déplacer, le bébé utilise les deux mains et les deux pieds; le midi, l'âge adulte parce que n'étant plus bébés, nous utilisons nos deux pieds sur lesquels nous nous tenons fermement; et quand plus tard enfin arrive la vieillesse qui est le soir de notre vie et que nos pieds s'affaiblissent, nous sommes obligés d'utiliser une canne de support et de renfort.*

*La connaissance, selon Paul Hugo Jean, n'est autre que ce sphinx qui continue toujours de poser des questions aux passants. »*
Nous vous invitons donc une fois de plus à relire notre pensée plus haut énoncée pour conclure enfin que la bourgeoisie en général aimant le beau, la société haïtienne, semble-t-il, se veut d'être une société pseudo-bourgeoise qui n'a d'intérêt que dans l'oubli et l'indifférence. Les membres de cette société se croient malgré tout éduqués… Albert Einstein nous dit :

*«L'éducation, ce n'est pas d'apprendre des faits, c'est plutôt exercer l'esprit à penser.»*

Nous constatons que chez nous, on oublie même les faits. Nous ne croyons pas alors que notre façon de penser soit erronée. Nous avons vécu assez pour aimer notre terre natale et tout ce qu'elle a de positif et de beau et apprécier les apports de ses dévoués membres tant dans le passé que dans le présent. Ne nous prenez donc pas à défaut! Nous nous faisons aussi le devoir de vous dire que nous fûmes particulièrement témoins de certains faits relatés dans le texte. D'autres furent recueillis des sources les plus proches et les plus crédibles. Ainsi pensons-nous honorer noblement le grand François Guignard.

**Pierre Joseph Jean-Baptiste**

# Introduction

*« Si l'homme à l'encontre d'autres animaux*
*Est constitué outre de corps, mais d'esprit*
*La raison de vivre alors n'est qu'illusion*
*Puisque l'âme elle-même est immortelle »*
*(P.J.J-B)*

Comme l'entend notre jeune ami Jean-Robert dans son article: « *Qui n'avance pas régresse et le temps file à grande vitesse* », sans une bonne éducation des jeunes artistes, la musique dansante haïtienne parait ne pas se rassurer un futur. Le présent qui aurait dû être le fruit du passé ne nous le fait pas sentir compte tenu des performances des nouveaux groupes et de la perception que les jeunes ont du grand passé culturel: « Stil mizik sa yo pase d'mòd ». Pourtant, quand on remonte le cours de l'histoire musicale haïtienne, on se rend compte que les artistes des années 30's, 40's, 50's, 60's, 70's étaient mieux versés dans ce domaine. C'est simplement parce que ceux surtout des années 30's, 40's et 50's s'entraidaient et n'avaient pas l'Ego de ceux d'aujourd'hui. Leurs œuvres et leurs collaborations en témoignent. Les textes étaient mieux développés et, plaisants, taquins, tristes ou joviaux qu'ils fussent et aussi courts que pussent paraître certains, ils étaient tous expressifs. La chanson-critique comportant seulement trois mots: « *Apa li papa!* » (Ah, c'en est fait!) en est une.

Nous ne voulons disqualifier personne; au contraire, nous félicitons tous ceux qui d'une façon ou d'une autre désire ou continuent de collaborer au développement de notre culture et de notre musique quels que soient le lieu, le temps et l'époque. La musique, à travers l'humanité, n'a pas de commencement; elle est universelle. Par contre, si telle est notre vision et notre façon de penser, nous n'hésiterons pas non plus, à travers nos analyses, de critiquer profondément certains des aspects négatifs qui relèvent aujourd'hui de la décadence de cet art en Haïti. Au contraire, nous le ferons pour sauvegarder l'intégralité de notre musique et sa conception messagère à travers cette société dont nous sommes membres. Nous ne sommes pas les seuls d'ailleurs à en noter les dérives. Le public en général a tendance à la qualifier de « mizik voye monte, ti dwèt anlè, padapeya, popodopopo » et autres. La musique haïtienne fut à une époque le symbole de la Caraïbe. Qu'il en reste ainsi!... Et pourquoi pas! Nous le ferons parce que de par son appartenance culturelle, elle nous représente et nous décrit. Pour faire autant, nous avons jugé nécessaire de jeter un coup d'oeil rétrospectif sur nos artistes d'autrefois et leur conception d'évolution dans ce domaine. Par ailleurs, nous, les Haïtiens, avons tendance à qualifier de négatif le terme « mizisyen grenn siwèl ». Il est dans son ensemble positif au contraire. Ainsi donc, plusieurs de nos musiciens d'autrefois n'appartenaient à aucun groupe définitif. Quand l'un d'eux trouvait une offre pour animer une soirée quelconque, il faisait appel à d'autres afin de former un groupe présentable à cette fin. Leur répertoire était vaste. Peu importe la tessiture vocale du chanteur, ils étaient tous capables de s'y accommoder et de jouer les différentes mélodies sur le ton d'accompagnement qui lui était convenable. Il était courant d'entendre, tout le long d'une soirée de performance, un maestro « siwèl » commander avant l'exécution de chacun des morceaux: Sol! Do! Re mineur! Si bémol! Fa dièse! etc., sans qu'il eût même besoin de faire mention au groupe de la chanson ou de la mélodie qu'ils allaient interpréter. Il suffisait que le chanteur en fût au courant.

Cet exemple traduit enfin les valeurs et les capacités des musiciens de ces périodes. Ils furent de grands théoriciens. La seule différence entre ces deux générations réside au niveau de la qualité des sons, qui parait meilleure à cause de la nouvelle technologie sonore qu'utilisent les studios d'enregistrement d'aujourd'hui. Que cela ne vous surprenne pas! Quand vint le moment de célébrer le bicentenaire de la fondation de Port-au-Prince en 1949, et d'inaugurer la nouvelle zone (Bicentenaire) nommée à cet effet, accompagné de Camille Abraham à la contrebasse, Sauveur ainsi connu au tambour et Antoine Pierre comme chanteur et guitariste,

François Guignard fut le premier à jouer par devant des étrangers, tant au niveau touristique qu'au niveau diplomatique, au Casino International. C'était durant sa période de retraite. Il ne s'agissait pas ce jour d'un groupe défini mais d'un « siwèl ». Ils animèrent par la suite plusieurs autres soirées que Antoine lui-même appelait: « Jwèt brital » qui au lieu de se traduire mot à mot « jeu brutal » signifie de préférence et dans ce contexte tout particulier: performance spectaculaire de haut niveau. Notre maestro, quoique sobre et même timide parfois aimait beaucoup cette exclamation. Il avait toutefois la sienne mais ne l'énonçait que faiblement et à voix basse: « Se gwo g…yad ». A vous de la compléter si vous le jugez nécessaire. Edner, son fils, de concert avec ses amis de quartier tels: Carlo Dorismond, Gérard Beauvil, Francisque Florestal, Jean-Claude Penn, Gérard et Raymond Duvivier et leurs jeunes frères Alix et Ernst, Bertrand et Yves Jeannot, Gérard Mondésir, Jacques Nelson, les frères Frémont: René, Marcel, Willy, Jacques, fils de Ludovic Frémont (connu aussi sous le nom de Dodo Masséna), Moïse et Roosevelt Leconte, Gérard Paul, Roger et André Rousseau, Fritz et André Desmornes, Ducarmel François alias Youyou (ancien gardien de but du Victory Club) et ses frères Berthony et Maurice, Charles et Arnold Bastien, André Normil (Normil fut à côté de Antoine Pierre, l'un des plus grands peintres du pays. Il étaient tous les deux de la région), Alfred, Ludovic, Rodrigue, fils de Sòsò à la rue de l'Enterrement, François bien connu du service postal, André Souffrant et Gesner (Nènè) Domingue (tous deux trompettistes de Kadans Ranpa), André Zara, Fritz Alexis, les frères Jeudy, Gérard Errié et son beau-frère Gérard Edmond, Michel et Gareau Etienne, Dieudonné Thésan, Gérard Thésan, Wilfrid Casimir, Philippe Jasmin, Ti Georges ainsi connu (artiste-peintre), André fils et Luc Douby, les frères Guillaume particulièrement le jeune Raymond dit Tonton, les frères Cupidon dont René, Maurice et Fritz, Fritz (Fito) Augustin, Fritz Darléus, Charles Joseph (il fut pour longtemps, administrateur de l'ensemble de Nemours Jean-Baptiste), Jacques et Camille Joseph, Yvon Moreau, les frères Malebranche, les frères Archer en particulier André, Poland Carré, Love Tibert, Gérard Mathias,

Philippeau (juge du tribunal civil section sud), Bernard Jean-Baptiste (Ti Benn), jeune professeur de discipline de la Centrale à Carrefour et Jean-Claude Germain (Roro), tous deux supporteurs particuliers du groupe Les Picverts, Gérard Dambreville (à qui la constante répétition de la phrase d'ivresse: « Je ne travaille pas dans l'état » a failli coûter la vie. Il faut noter qu'à l'époque, les employés de l'état qui auraient dû être payés chaque mois, ne touchaient que rarement, soit deux ou trois fois l'an sans que fussent pris en considération les arriérés. Alors une telle palabre ne plaisait guère aux makut...), Max Kénol, Michel Pressoir, Max Prudent et autres, utilisera lui-même plus tard une équivalence à savoir: « Nous allons attaquer les Catalia ». Ils sont tous du Morne-à-Turf et François Guignard les a vus en général grandir. Il les considérait comme ses propres fils. Eux de leur côté prêtaient foi en ses concepts, conseils et théories. C'est de là d'ailleurs que vient son surnom: Pè Gi.

# PREMIERE PARTIE

## Honneur aux Guignard en leur qualité de musiciens de valeur

Bien que cela soit quasiment impossible, nous ferons de notre mieux à travers ce texte de développement musical pour essayer de n'omettre personne. Ce serait toutefois un crime contre l'histoire du développement de la culture haïtienne si nous négligions de mentionner à côté du nom de François Guignard celui de ses deux fils: Félix (Féfé) et Edner. Ils ont, eux aussi, grandement marqué la musique dansante de chez nous pendant plus d'un demi-siècle. Ils ont surtout, de façon très vive, participé à son évolution. A part le père en particulier, le texte est donc aussi en leur honneur. D'ailleurs, Féfé Guignard est l'unique membre-fondateur du Jazz Des Jeunes qui vit encore. A entendre l'enregistrement d'archives musicales présentant Lumane Casimir interprétant « Isit ann Ayiti », on détermine vite les talents de ce jeune pianiste âgé lors de dix-neuf ans. Que dire enfin de l'interprétation par ce même Jazz des Jeunes de « Volonté », l'une de nos plus belles « mereng sans paroles » composée par Jules Héro et dédiée en éloge au président Dumarsais Estimé et à son gouvernement qui, vis-à-vis la volonté du peuple haïtien, s'acquittèrent en 1949 de la dette nationale de cinq millions de dollars pour enfin essayer de libérer économiquement la nation ! Cette dette constituait à l'époque un lourd fardeau face au développement du pays. Dans cette pièce, plus particulièrement, le piano fut d'une excellence sans pareil. Féfé Guignard s'est réellement fait valoir. Féfé fut celui qui orchestra toutes les musiques du groupe Ibo Lélé de Dôdôf Legros. De nos jours encore, il reste et demeure le meilleur accordéoniste de la Caraïbe selon ce que rapportent les journaux de la Martinique. Il a publié en 2008 son dernier CD

« Aubade », un classique sans pareil. Quant à Edner, outre ses multiples compositions, son passage à travers des groupes musicaux tels l'orchestre Citadelle, l'ensemble du Riviera Hôtel, le groupe de l'hôtel El Rancho, et l'orchestre Riverside d'Haïti, témoigne de sa capacité et de ses contributions à la musique populaire. Vu notre âge en comparaison à certains plus jeunes, nous avons vécu un peu plus davantage cette période de notre histoire musicale ; toutefois, il y a bien d'autres témoins crédibles qui peuvent en parler pour justifier nos dires, nos pensées et nos idées. Cela suffit donc pour vous faire comprendre que nous sommes bien imbus des faits qui y seront relatés. Non loin de la maison Guignard se trouvait celle de Molière Narcisse et sa famille. Une grande espace dénommée « Vid Pé Giya » les séparait (Selon ce que témoignent certains, jusque vers le début des années 40's et peu de temps avant que les Guignard eux-mêmes vinssent habiter la rue St. Honoré, le fond de cette espace gardait une écurie de chevaux). Sur ce terrain irrégulier, les jeunes organisaient des rencontres de football en fin de semaines. Et nous en notre qualité d'aîné au début des années 60's les guidions. Là en cette maison, maître Narcisse dirigeait son propre établissement scolaire d'enseignements primaires: « Lekòl kay Nasis » (Ecole de chez Narcisse). Entre celle où nous habitions, ma famille et moi et celle des Guignard, il n'y avait pourtant aucune espace. Les deux constructions bien que d'aspect différent se rencontraient et s'attachaient si bien que les deux galeries ne formaient qu'une. De nos jours cependant, il est difficile de les reconnaître puisqu'elles ne reflètent plus l'allure de celles que nous avions connues durant notre jeunesse et que nous essayons maintenant de décrire (voir photo attachée). Suivant le récit de plusieurs visiteurs concernés et d'après cette photo datée de juillet 2015, si le lieu ou la position et la structure de la maison Guignard restent les mêmes, l'aspect et le numéro ont pourtant changé ; elle n'est plus No. 58 mais bien No. 76. Nous ne pouvons non plus essayer de la décrire dans l'actualité… Disons simplement qu'elle ne ressemble plus à celle du passé légendaire culturel. Quoique cela, qu'il nous soit permis pour le bien-être de notre culture musicale, de vous faire connaître, en particulier dans ce texte, ce que fut François Guignard, l'idole de son temps, et rénover ainsi sa mémoire.

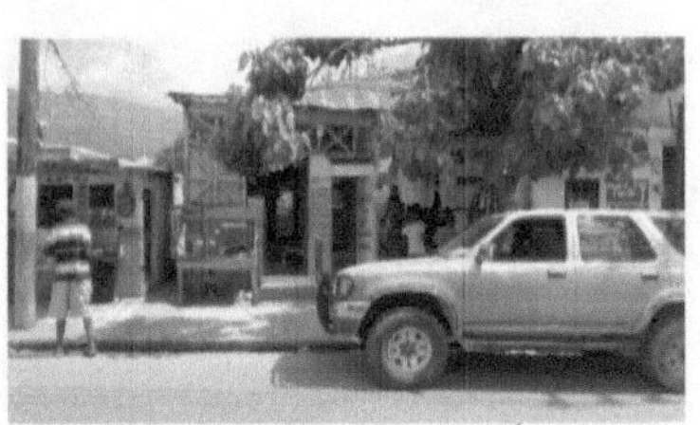

Ancienne maison Guignard,
Rue St.Honoré juillet 2015
Courtoisie de Thierry Baptiste,
Fils de Adeline

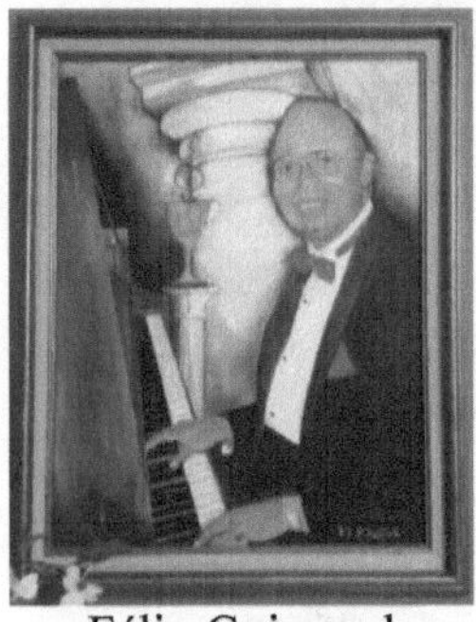

Félix Guignard
(peint par l'auteur)

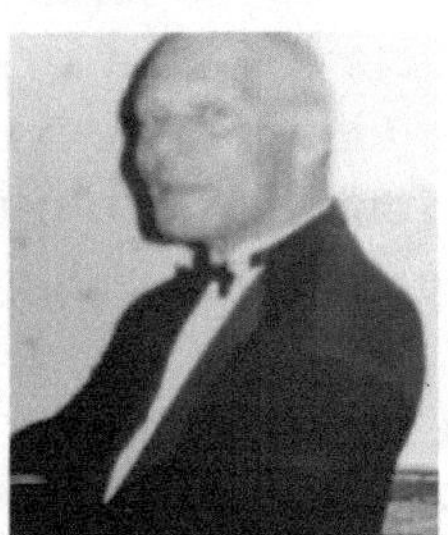

Edner Guignard

## Le Morne-à-Turf et son centre culturel :

## Centre musical Pè Gi

Avant même d'aborder notre objectif principal qui est celui de vous présenter honorifiquement François Guignard, nous prenons plaisir à vous décrire un peu la zone où il résidait, lui et sa famille, et vous informer que deux sections du corridor Kavanyak (Kavanagh), l'un des plus grands de la région du Morne-à-Turf à côté de « Laku Fumi », Corridor Prison, Corridor Isaac, Corridor l'Hôpital et autres, portaient autrefois les noms de deux de nos plus grandes familles de musiciens: « Laku Giya » et « Laku Siko » parce que les Guignard aussi bien que les Sicot avoisinaient ce dit corridor. Ces genres de qualifications datent de l'époque coloniale et caractérisent nos anciens notables, gens très connus et doués de certaines capacités publiques ou financières pouvant représenter nominativement une zone. Une laku (une cour) est selon nous l'équivalence d'une grande habitation (par exemple: Habitation Leclerc dans les banlieues de Martissant, où se trouvait la villa de l'ancien général français de la fin de l'époque coloniale) avec la différence bien entendu que l'habitation elle-même est relative à une famille déterminée et à ses descendants qui construisent des logis pour y demeurer. Bien qu'elle soit aussi de dénomination personnelle, une laku est publique en comparaison à ceux qui l'habitent. N'importe qui hors de la famille peut occuper l'intervalle qui s'y renferme. En ce qui concerne Laku Giya par exemple, François Guignard ne fut jamais propriétaire; il constituait seulement une figure notable de la zone. Un corridor pourtant est un passage. Il traverse les cours et sert de chemin à travers une communauté bien définie. Il débouche ordinairement sur des rues ou ruelles d'un même bloc. Hors du Morne-à-Turf, Laku Blain au Bel-Air et le Corridor Bréa au Martissant sont des plus caractéristiques. Nous croyons aussi que le Corridor Kavanyak fut autrefois une « laku » et même une habitation peut-être et qu'elle s'était restreinte sur elle-même pour devenir ce qu'elle a été pas trop longtemps car certains continuaient de la dénommer: Laku Kavanyak. Nous parlons là d'une époque où la place Ste. Anne dans toute son étendue n'était qu'un marché public: Marché Debout. Ce ne fut que plus tard vers 1947 que Pè Gi, Sianne et les enfants se déplacèrent pour habiter au numéro 58 de la rue St. Honoré après le mariage de leur fille Ti Lò avec Gérard Romain duquel en sortirent deux filles dont Marilyne et Claudette. De cette section du Corridor Kavanagk, Sevelhomme ainsi connu, saxophoniste jouant le baryton, y faisait partie. Il était de si grande taille qu'on le surnommait à juste apparence: Bêl Otè (Belle Hauteur). Après la mort de Rémi Daniel, il était devenu le principal major-jonc de la fanfare des casernes Dessalines.

Toutefois, durant les années 50's, Antoine St Aroman fut le mieux connu de la fanfare du palais national et des casernes Dessalines. Ce long et vaste corridor s'étendait en croix de la rue de l'Enterrement (bloc rue d'Ennery et rue St. Honoré, côté est) à la rue de la Réunion et de la rue St. Honoré elle-même (bloc rues de l'Enterrement et de la Réunion, côté nord) jusqu'à la rue de Champ de Mars là où se trouvait autrefois la station des carrosses pour services de transport et location. C'est dans cette même région que se trouvait l'écurie de chevaux, de mulets et d'ânes des forces militaires de l'occupation. Aux dires de certains témoins de l'époque, les Blancs jetèrent à la mer toutes ces bêtes de somme et détruisirent la majorité des camions et voitures à leur service avant de quitter en 1934: « Tande ak wè se de » (Entendre et voir font deux), disait souvent François Guignard eu égard à ce sujet.

Ces deux cours se rapprochaient davantage de la section sud du Corridor Kavanyak. Juste à son entrée, on trouvait la maison de madame Zizi Pierre, ainsi connue. Mère du docteur Fritz Pierre (dentiste et ami de quartier de Edner et de Anne-Marie) et de Fifi, madame Pierre dirigeait chez elle l'une des écoles maternelles les plus connues de la région. Notre ami Hugo, fut son élève de classe maternelle avant de se rendre à Jean-Marie Guilloux. Madame Pierre était de renommée à bien préparer les enfants de quatre et cinq ans avant de rejoindre la classe enfantine. Elle a beaucoup aidé en ce sens; c'était sa spécialité. Elle était aussi une grande amie des Guignard. Elle fut l'éducatrice de Adeline, la plus jeune fille de Pé Gi et de Sianne en classe de jardin d'enfants. Ajouté à tout cela, la maison de madame Pierre était à l'honneur au mois de juin de chaque année pour la célébration de la « fête Dieu ». Elle fut le centre de reposoir et la station d'arrêt de la procession religieuse de l'église paroissiale de Ste. Anne. Notre ami Yvan Louissaint se souvient encore avoir une fois posé comme ange-gardien durant son enfance. Qui pis est, en ce grand jour de fête et de célébration, les grandes fanfares se rencontraient toutes en ce même lieu: Fanfare de la Centrale, sous la direction et le contrôle de Augustin Bruno, celle de l'institution St. Louis de Gonzague, la fanfare du Petit Séminaire collège St. Martial et de façon toute spéciale, celle des casernes Dessalines que dirigeait Luc Jean-Baptiste.

Sans que nous ayons besoin de mentionner le pourquoi, nous savons que cela peut vous étonner de nous entendre parler de la participation de la fanfare de St. Louis de Gonzague en cette grande célébration de la fête Dieu à travers le Morne-à-Turf. Nous croyons donc qu'il est nécessaire de définir pour vous l'étendue de cette région de Port-au-Prince. Pour simplifier les présentations et les vues, disons d'abord que cette zone débute du nord au sud, de la rue Pavée à la ruelle Alerte. Par ailleurs, c'est à la rue de la Révolution au tout début de cette région que nous voulons décrire que naquit Alexandre Pétion le 2 avril 1770 dans la maison qui servait autrefois de palais législatif avant la construction, sous le gouvernement de Dumarsais Estimé, d'un autre bâtiment devant servir à cette fin au Bicentenaire. Cette maison qui plus tard logea le bureau du département du travail se trouve non loin de la rue Pavée face au centre d'art. Et de l'est à l'Ouest, du Champ de Mars au Bicentenaire en passant par le Fort Sinclair, ancien quartier général des bandes de « rabòday » (Typiques groupes musicaux de mardi-gras identiques aux bandes de rara jouant aux tambours, aux timbales et aux bambou-vaccines: Ti But (major-jonc manchot), Herman et Trese Riban) avant qu'elles fussent toutes contraintes à se déplacer durant le gouvernement de Dumarsais Estimé pour se rendre au Bolosse. Jusque vers 1960, il était interdit aux bandes de rara de fréquenter les rues de la capitale. Voyant passer un jour à la rue St. Honoré un rabòday hors de la saison de mardi-gras, nous osons murmurer:

- Mais c'est du rara en plein cœur de Port-au-Prince!
- Non, nous informa Pè Gi, à part l'interdiction de fréquenter la capitale, les rara diffèrent des rabòday parce qu'ils ne se servent que de vaccines en particulier. Ils n'utilisent pas de tambours. Ce groupe que vous voyez passer est donc, de par sa structure avec le tambour comme fond rythmique, un rabòday.

- Durant la saison Carême, avait-il ajouté, les groupes rabòday se rendent à Léogane et, laissant tomber leurs tambours, ils se transforment en rara pour performer comme tels.

- Il faut remarquer, continuait-il, que le tambour est l'instrument primordial de la musique haïtienne attribuée partiellement au vodou. Or, dans la pratique et durant la saison sainte, il est obligatoire de s'abstenir à célébrer certaines manifestations religieuses vodouisantes aux fins d'interpeller les loas. De ce fait, le tambour est au repos et les groupes dénommés rara consacrés à cette saison n'en font pas usage.

De nos jours, peu de gens en font la différence et qu'il s'agit de rara ou de rabòday, le bambou est l'un des instruments primordiaux de la structure même de ces groupes. Il est donc à la base de la musique paysanne haïtienne à caractère folklorique plus théâtral en comparaison à celle proprement dite dansante reflétée dans ce texte. Il devient alors compréhensible de classer ces ensembles comme étant de la catégorie « racines ». Incompréhensiblement pourtant, ceux qui de nos jours se réclament d'être les promoteurs de la sauvegarde culturelle n'utilisent que rarement le bambou. Toutefois, nous rendons hommage à des groupes tels Kudjay, Bukanginen, Mapou Azor, Wawa, Ram et autres. Ils continuent tous à leur façon à sauvegarder l'aspect fondamental de notre folklore. Kudjay en particulier promote avec succès le rythme du même nom. Ses lyriques engagées sont de classe; ce n'est point du « voyez monte ». Son hit carnavalesque « Sa k'a la ka wè l'» en est un exemple. Le grand Jazz des Jeunes, accompagnant la troupe folklorique, faisait usage du bambou certaines fois, et Félix Guignard le jouait par occasion. Bien que cette théorie paraisse n'être plus de mise et que les rara eux-mêmes courtisent maintenant le tambour, il a fallu hier que François Guignard établît une telle différence face à nous pour qu'aujourd'hui, il nous soit possible de mieux définir outre musicalement mais socioculturellement les deux différents groupes. Cela nous a permis de constater et d'identifier les multiples rapports de liaison existant entre le christianisme et certaines manifestations

vodouisantes à caractère religieux. En ce sens, nous rendons un hommage particulier à Antalcidas Murat qui fut aussi professeur de musique au Lycée Firmin. Contrairement à certaines critiques concernant ses arrangements musicaux, Maître Antal, de surnom mérité, fut le seul à réaliser l'importance du « banbu vaksin » dans l'exécution des différents rythmes folkloriques. Pour satisfaire ce vide au sein d'un groupe orchestral à caractère si original tel le Jazz des Jeunes les jouant tous, il jugea nécessaire de concevoir des arrangements aux fins que les saxophones résonnent comme des bambous quand toutefois le besoin se faisait sentir. Le synthétiseur remplit maintenant ce rôle. Les instruments résonnaient-ils mal comme l'entendent certains? Point du tout! Au contraire, cela a permis au Jazz des Jeunes de n'avoir pas eu d'égal durant son parcours. En terme folklorique, il fut le seul vrai ensemble haïtien… Ecoutant ce groupe interpréter un jour à la radio: « Kote Mun yo o? Mwen pa wè mun yo o. », Pè Gi n'hésita pas de murmurer:
- A César ce qui est à César ; Antal est grand. Nul autre n'aurait pu concevoir un tel arrangement et rendre le tout si naturel. C'est un vrai « tontonte » joué par un orchestre!

Pour mieux encore développer cette section de Port-au-Prince, pensons plutôt à son inclusion et à son contenu. Le Morne-à-Turf retient en son sein, les principaux édifices de la capitale dont les suivants: le palais national, le palais de justice, le tribunal de paix de la section sud, le palais des ministères, la compagnie électrique, l'école du Sacré-Cœur (Bicentenaire) dont l'édifice principal jusqu'au début de 1951 servait d'office au Pavillon Français (Par ailleurs, laissez-nous vous rappeler que la venue des Frères du Sacré-Cœur à Port-au-Prince se réalisa sur la demande toute spéciale du révérend père Emmanuel Kébreau, curé de la paroisse de Ste. Anne, auprès de l'archevêché de Port-au-Prince et du ministère de l'éducation nationale au tout début du gouvernement de Paul Magloire. En notre qualité d'ancien élève de ce dit établissement dès son ouverture, nous nous rejoignons aux autres de la région pour lui rendre un hommage tout spécial. Il fut une figure emblématique du Morne-à-Turf. Que son âme repose en paix!), le département des travaux publiques, l'hôpital général et sa faculté de médecine et de pharmacie, la faculté de droit, la faculté de génie et sa fameuse fonderie nationale d'autrefois (Il n'était pas concevable de laisser fonctionner une industrie de métallurgie à proximité d'un hôpital... On comprend pourquoi alors on la laissa tomber; toutefois, on aurait pu tout simplement la déplacer et la transférer hors de la ville au lieu de la négliger complètement), le marché Salomon, le stade Sylvio Cator et son terrain de tennis, l'Asile français, l'hôpital de St. François de Salle (En outre, c'est face à ce centre médical à la rue de l'Enterrement qu'habitait le célèbre compositeur Ludovic Lamothe durant les années 30's), le Champ de Mars, son mausolée, son musée, ses bustes de nos héros et sa tribune d'autrefois (Cette grande, immense et superbe tribune constituée d'amas de fers et d'aciers bien alignés sous lesquels se tenait le grand ciné Palace, était une merveille du temps jusqu'au jour où l'on décida de la détruire et de vendre les différents piliers et bars métalliques à d'autres particuliers. Elle se tenait face au terrain devant le Rex Théâtre. Cette étendue de terre servait autrefois de centre d'attractions militaires et de terrain sportif avant la construction du stade Sylvio Cator autrefois parc Leconte. On l'utilisait pour les rencontres de football, les défilés et les parades, en particulier celle du 18 mai. Au dos de la tribune, de l'autre côté de la ruelle, se trouvait le parc des enfants, un joli centre d'attractions pour les petits. Bien entendu, les autorités, sous le gouvernement de Lescot s'y montraient souvent, malgré sa qualification, pour parader et se faire remarquer. Un jour, raconte-on, une « malheureuse » passant devant la barrière d'entrée avec son petit garçon osa solliciter de l'assistant d'un tout puissant ministre qu'il le laissât longer la tête pour y voir un tout petit peu. L'enfant, curieux de par nature, la rendait folle. Au chef de lui répondre avec dédain: « Salope, retirez-vous de là avec votre petit macaque, avant que je ne perde mes pieds dans votre cul! Une place de ce genre n'accepte pas de spécimen aux museaux ». Ce parc devint plus tard centre d'attractions pour les courses aux chiens et plus tard encore: rien), les casernes Dessalines, l'académie militaire d'Haïti d'autrefois (En 1941 sous le gouvernement de Elie Lescot, ce département de formation d'officiers militaires logeait la section face aux casernes Dessalines avant d'être transféré à Frères, Pétionville. Restraint sur lui-même, ce centre académique n'avait aucune ouverture à la rue St. Honoré. La seule barrière d'entrée se trouvait face aux casernes Dessalines), le quartier général des Forces Armées d'Haïti, le bureau des contributions, le collège Bird, l'imprimerie de l'état, la bibliothèque nationale, le bureau de la police, le lycée Toussaint Louverture (Cet édifice construit durant l'époque de l'occupation logeait l'établissement religieux des Sœurs du Morne-à-Turf jusqu'en 1942 pour se transformer plus tard en une école laïque: Ecole des filles de Madame Honorat et conclure enfin en lycée Toussaint Louverture vers 1946 sous les démarches du député Daniel Fignolé), l'église Ste. Anne et son cimetière historique, le cimetière de Port-au-Prince, l'usine de cola Larco, le glacier national communément appelé « Usine à glace chez Akim » qui avant l'émancipation du réfrigérateur en cette grande capitale fournissait des blocs de glace pour consommation, l'école religieuse Elie Dubois, le Magic ciné, l'institution St. Louis de Gonzague certainement et qui pis est, non loin de là, le pénitencier national où l'on incarcère et interne les indésirables, les malfaiteurs, les condamnés et plus à tort qu'à raison, les politiciens... Bref! Jusqu'au début de 1958, le dimanche, jour de prière, était aussi celui consacré à la visite des prisonniers… Qui l'aurait pensé! Que l'on ne s'étonne pas alors de nous entendre dire que cette dite institution catholique aussi bien que sa chapelle, dépendait, selon ce que nous croyons comprendre, de la paroisse de Ste. Anne qui est celle du Morne-à-Turf. Voilà donc pourquoi, de la procession de la fête Dieu célébrée autour de cette dite paroisse, la fanfare de St. Louis de Gonzague se faisait partie prenante pour y participer en grande pompe. En fin de compte, après de tels renseignements et de clarifications, il nous parait insensé d'entendre certains dire tout bonnement pour se caractériser et se cantonner: « Mwen bay Desalin do » (Quant à moi, je tourne le dos à Dessalines), une façon discriminatoire de dire: « J'habite là-haut parmi les bourgeois aisés, hors du bas peuple ». Ils aimeraient tous pourtant occuper un poste quelconque, être fonctionnaires de haut niveau, ou faire partie de ces grands offices du Morne-à-Turf sous le regard brillant et constructif de la statue de l'empereur. Que de stupidités à travers un seul et même peuple, une seule nation et un seul territoire souverain!

On venait un peu de partout participer à ce moment de prière, de joie et de détente. On avait assigné au Super Modern Jazz François Guignard la tâche de clôturer l'ambiance. D'une distance équivalente à celle de quelques deux cents pieds, on faisait chercher le piano de chez madame Luc. En plus de cela, le « bouillon populaire » servi au « gros public » rehaussait toujours l'allure et l'éclat du jour. Anne Maurice habitant la maison à l'angle sud-ouest des rues St. Honoré et Réunion était l'une des dames assignées à cette responsabilité durant les festivités à caractère populaire, national et gouvernemental. De toutes les autres des différents quartiers du Morne-à-Turf, elle était la plus connue puisque dans cette zone toute particulière, l'atmosphère était la plus attrayante. Quand plus tard le Jazz Guignard se retira de la scène et cessa de performer, l'ensemble « La Gaieté » ayant Jules Dougé comme chanteur anima plusieurs fois cette ambiance de joie et de détente. Dougé habitait la maison de l'angle nord'ouest des mêmes rues. Là, sous la direction de Alfred Dorlette, le groupe y répétait souvent.

Dans la zone de Laku Giya, habitait pourtant l'une des rares familles de vrais Taïnos (Indiens d'Haïti); ils étaient très méfiants. A ces genres d'ambiance, ils n'y participèrent jamais; bien entendu, les protestants non plus. Ces Indiens ne s'associaient à personne, voisins ou pas. Ils n'avaient pas d'amis. Et comme ils étaient d'apparence très chétive, Sianne (madame Guignard) pensait qu'ils souffraient de malnutrition. Elle essaya donc à plusieurs reprises de leur offrir des « services de nourriture »; ce fut en vain. Leur refus était catégorique. Ils évitaient même d'échanger des saluts avec quiconque de la zone. A l'encontre de nous autres Nègres, ils avaient, parait-il, leur propre façon de retenir l'histoire à travers le temps. Alors, des autres races, ils s'en méfiaient. Comment finirent-ils? Nul ne s'en souvient. (C'est avec peine que nous apprenions, au matin du 1er juin 2014, jour du tout début de ce mois consacré à la célébration de la fête Dieu, la nouvelle de la démolition complète du bloc Laku Kavanyak qui s'étendait une fois de plus du nord au sud, de la rue Champ de Mars à la rue St. Honoré et de l'est à l'ouest, de la rue de la Réunion à la rue de L'Enterrement. Cette démolition avait commençé la veille. On avait, parait-il, déjà détruit les maisons de la première moitié à la section nord du bloc. Le jour suivant, un dimanche, jour de repos et de prière, selon les religions chrétiennes et dans un pays à foi chrétienne, on continuait avec la seconde moitié, soit la section sud, particulièrement la zone où se trouvaient autrefois les « Laku Giya » et « Laku Siko ». Rappelons une fois de plus que si François Guignard vivait encore, on commémorerait le 12 de ce mois de juin 2014 ses cent dix-sept ans... Aux dires de certains, cela se faisait par des compagnies étrangères (des Blancs) sous la garde et la surveillance de notre force de police et des agents de la MINUSTAH armés jusqu'aux dents: Malheur aux perturbateurs et aux récalcitrants! Le gaz lacrymogène était en action!!! (Monfort, frère de Nemours Jean-Baptiste, habitait autrefois ce bloc). Il fallait bien sûr qu'on fît quelque chose, nous n'en disconvenons pas mais… Il se peut bien qu'il y ait aussi quelques petits dédommagements… Oui…! Nous sommes sûrs cependant que cela dépendra des relations de certaines gens et des implications d'autres aux fraudes déjà perçues ; ce sont choses assez trop courantes chez nous… Hmm! Les propriétaires en grande majorité n'ont-ils pas tout perdu y compris tous les papiers relatifs à leurs droits dans le « gudugudu » du 12 janvier 2010? Ils devraient pouvoir au moins se procurer des copies d'archives… Archives!!! De ce désastre donc, ils en sont double fois les victimes. Nous sommes certains pourtant que plusieurs étrangers et plusieurs de ceux qui n'ont rien à voir avec le Morne-à-Turf en bénéficieront. Ce bloc et les autres détruits par madame nature, saisis, démolis et achetés par des fraudeurs reviendront de droit aux fraudeurs tout naturellement et les pauvres gens qui y habitaient iront se loger chez les plus aimables, les membres des familles les plus accueillantes tels autrefois ceux des Guignard, ceux des Jean, des Viard ou au cas contraire, dormir sous les étoiles, rêvant d'un sol que leur avait légué en héritage le grand Jean-Jacques Dessalines. On comprend dès lors pourquoi de nos jours encore on continue de l'assassiner: *« Et ces pauvres Nègres dont les pères sont en Afrique, ils n'auront donc rien!* » Mais, l'empereur était allé encore plus loin au fond de sa constitution de 1805, notre première. Il y avait inséré dans l'un de ses articles que le droit de propriété sous quelle que forme que ce soit n'était reconnu à aucun étranger en Haïti... Il en demeurait ainsi dans notre histoire et à travers toutes les autres constitutions qui s'en suivirent jusqu'en 1915. Par ailleurs, parlant des Jean, les makut avaient, vers l'année 1963, arrêté sans mandat à la rue Ste. Honoré, au sein même de ce bloc en question, une « manbo » et son mari, tous deux apparemment des opposants au gouvernement de l'époque. Ils habitaient le corridor adjacent à leur maison. La famille Jean en son entier sans crainte de représailles ni de danger qui pourraient s'en suivre, accoururent récupérer une jeune demoiselle de dix-sept ans et une fillette de neuf ans laissées seules dans la maison. Les miliciens retournèrent deux jours plus tard pour en totalement finir avec le reste mais n'y trouvèrent personne. Ces deux jeunes, à bien en juger, étaient toutefois vitalement fortunées... Combien de nos enfants de ce genre ont disparu dans de circonstances pareilles! On n'entendit jamais plus parler des deux victimes si ce n'est que le souvenir d'un acte abusif et dictatorial perpétré à leur endroit et aussi celui de la compréhension d'accueil de l'une de nos soucieuses familles du Morne-à-Turf. La demoiselle et la fillette demeurèrent pour une courte durée, soit plus d'un mois, chez les Jean avant que d'autres proches parents vinssent de Côtes-de-Fer les chercher.

- François, murmura tout bas Antoine Zara tenant un appareil transistor en état de démantèlement comme s'il s'agissait de

demande de coopération dans une réparation de radio, avez-vous entendu?... Désastre! Désastre!
- Rien ne nous étonne cher frère, répliqua François Guignard en guise de réponse et en pointant du doigt l'appareil lui-même comme si c'était de cela qu'ils parlaient vraiment. Dieu bénira et récompensera les Jean.
Il faut l'avouer : devant certains jeunes tels que nous, ils n'avaient pas peur de faire de telles réflexions. Ils nous savaient éduqués... On comprend de ce fait pourquoi face au mausolée où sont déposés les restes de Dessalines et de ceux de Pétion, avec l'aide des « Blancs », de nos jours, on démolit. Nous le répétons: Faut-il bien qu'on fasse quelque chose... Cela doit être fait au bénéfice de qui? L'objectif principal vise-t-il le peuple? Répond-il à ses besoins? Nous vous laissons le soin d'y penser. Et quand sous peu viendra le tour de démolir le bloc autour de l'ancien centre culturel de la région, nous aurions souhaité, malgré son total changement d'aspect, qu'ils ne le fassent pas sans considération aucune comme pour répondre hautainement et sans égard à l'endroit de nos étoiles et figures d'antan: Qui était François Guignard? Ou même encore avec beaucoup de mépris: De quel François Guignard vous nous parlez? Tshiiyup!). De plus, nous aurions souhaité qu'ils ne le fassent pas un 17 octobre... 17 octobre!!! Selon ce que nous croyons comprendre et à juste analyse et sans doute aucun, Défilée avait, sac au dos, franchi douloureusement ce chemin de la rue St. Honoré pour se rendre de la place du Champ de Mars au cimetière intérieur de Ste. Anne avec les restes de l'Empereur. Nous habitions cette rue... Nous y pensions souvent avec peine. Autrefois, en guise de commémoration, on s'abstenait de jouer des musiques dansantes. Ce fut une journée de deuil. De nos jours, à travers des manifestations à caractère gouvernemental, on danse « compadirectement » dans les rues, le 17 octobre, tant à Marchand qu'à Port-au-Prince non loin du Pont Rouge et dans les boites de nuits...

Dans ce chapitre plus précisément, nous nous faisons le devoir de rénover la mémoire de plusieurs personnalités de l'époque qui ont brillamment contribué à l'éducation de la jeunesse de la région du Morne-à-Turf et en cette zone bien déterminée. Nous citons de façon toute particulière: maître Prismy de l'établissement primaire du même nom, directeur Surpris de l'école nationale Darius Denis, maître Ernest Sauvignon de la même institution, maître Horatius Laventure de l'établissement du même nom et dont le buste s'élevait sur la place de Ste. Anne (un des rares hommages publiques… Malgré son statut protocolaire, la populace l'appelait: Lavanti tèt chanmòt), maître Délerme directeur-fondateur de l'école Frère Polycarpe, maître Leroy professeur de l'école des frères de Jean-Marie Guilloux, maître Hermane Florent directeur-fondateur de l'école Frère Adrien, maître André Dérouleau, maître Emmanuel C. Coicou qui s'associa plus tard au football (Maître Coicou, ancien professeur de l'établissement Laventure, devint plus tard vers les années 60's président de l'association de football en Haïti), directeur Nemours St.Amand, ses deux filles Marie et Gilberte (maître St.Amand fut professeur de l'école Jean-Marie Guilloux et plus tard directeur de l'établissement Jean-François Cauvin), les différents directeurs et professeurs de l'originale école de centre d'arts et métiers (Centrale) créé sous la présidence de Jean-Baptiste Riché en 1846 particulièrement Augustin Bruno, maître Rosarion de l'établissement Henry Christophe, maître Justin Marcelin de l'école St. Joseph, maître Molière Narcisse de l'école du même nom, maître Georges de l'école Notre Dame de Fatima, les frères de St. Louis de Gonzague, les religieuses d'Elie Dubois, les différentes directrices de l'école Thomas Madiou, celles de Guillaume Manigat, les sœurs de Ste.Anne et le dévoué curé Emmanuel Kébreau sans oublier le citoyen Durelan Dumerlin qui avait fait don d'un édifice d'établissement scolaire publique portant son nom, la directrice mademoiselle Fernande Laurenceau de l'école Immaculée Conception, la directrice madame Boisson de l'institution mieux connue sous le nom de « Chez madame Boisson » où enseignait la talentueuse institutrice Anne-Marie Jean sœur de notre ami Hugo (Anne-Marie fut aussi membre du chœur « Voix et Tambours d'Haïti », l'un des meilleurs groupes vocaux à côté du chœur Simidor et du chœur Déjean de l'époque), les frères et les profeseurs haïtiens de l'école du Sacré-Cœur (Bicentenaire), les frères Malette de l'école Nouvelle, le jeune maître Kaze de l'école « Chez Kaze », les inoubliables dévouées directrices d'écoles maternelles: madame Zizi Pierre (ainsi connue), madame Sophie (Gwo Sofi), madame Alfred. Nous rendons aussi hommage aux directeurs et professeurs du lycée Louverture en particulier: directeur Laroche et la brillante secrétaire miss Mercedes Antigua, maître Verna (censeur), maître Dérose (professeur en charge de la discipline), maître Jérôme Bijoux, maître Crispin, maître Max Cantave qui devint plus tard directeur après le départ de maître Laroche, maître Pierre (papa Pyè), miss Tavernier (notre gentille professeure d'anglais en classe de réthorique), la brillante miss Mona Félix (notre professeure d'histoire en classe de troisième), maître Ascencio Théodore, maître Antoine Jacques César, maître Casias (enfant de la zone et l'un des meilleurs professeurs de mathématiques en son temps tant au lycée qu'à la faculté de génie), maître Dubuisson, maître Pratt, maître Francoeur, maître Alexandre (connu sous le sobriquet: Kit Chocolat), maître Joseph Vulcin, maître Ferdinand Leroy qui devint plus tard directeur de son propre établissement « 4C », maître Chandelère; miss Théard (notre dévouée professeure d'anglais en classe de sixième), maître Paul (de la zone), maître Delile (ces trois derniers furent bastonnés par des militaires le 17 mai 1956, veille de la fête du drapeau, au sein même du lycée et aux heures de classes durant les événements qui ont conduit à la chute du président Magloire en décembre 1956. Nous ne comptons nous réjouir de la mort de personne; disons toutefois que l'un de ces officiers en charge ce jour fût parmi les victimes du massacre des dix-neuf officiers par Duvalier au Fort Dimanche en juin 1967), maître Pierre Claude, maître Larose, maître St.Victor Jean-Baptiste de qui nous avons retenu la théorie de la vie sur terre par rapport au système solaire et ses autres planètes: « Si la terre, l'une des plus petites planètes est habitée, pourquoi les autres planètes telles que Jupiter, Uranus, Neptune, Saturne, des centaines de fois plus grandes que la terre, ne seraient-elles pas habitées, elles aussi? Quelles seraient donc les raisons de leur existence? », maître Rockfeller Jean-Baptiste (aussi de la zone et l'un de nos meilleurs annonceurs de stations de radio / Radio Haïti), maître Domingue qui nous orienta vers le dessin, la peinture et les beaux arts, maître Carnot Adrien, maître Bélizaire, maître Salomon, maître Joseph Nérette et son jeune frère maître François Nérette (maître Joseph Nérette en particulier fut président provisoire de 1991 à 1992; ils habitaient la zone autour du lycée Louverture), maître Robert Montilus, maître Jean-Baptiste (mieux connu sous le sobriquet: Indien), maître Pradel Pompilus, maître Justin Marcelin (de la zone), les jeunes suppléants: maître Fritz Pierre, maître Gérard Louisias (maître Yas) et maître Cassamajor (de la zone), maître Jean-Louis, maître Dépas (de la zone), maître Dutailly, maître Joseph D. St.Vil grand'oncle et parrain de baptême de notre ami Jean-Claude Cuvilly, maître Ernest Chatelain censeur au lycée Pétion était aussi de la région, maître Grégoire Eugène professeur de mathématiques en ce même lycée habitait la rue de la Réunion non loin du palais de justice, et autres sans oublier notre amie-sœur du quartier Marlène Dorméus, dévouée institutrice de la section primaire du lycée Toussaint aussi bien que Josianne Pierre, nièce de notre adorable belle-mère Clara Pierre. Ils ont tous fait de leur mieux pour, à travers les multiples établissements scolaires et universités du Morne-à-Turf, nous doter d'une éducation viable et promettante. Chacun d'eux à l'époque savait qui était François Guignard aussi bien que les qualités et les valeurs intrinsèques qui déterminaient ses mérites.

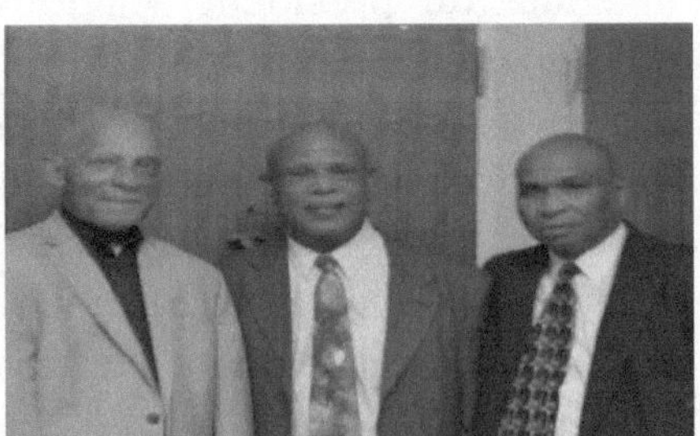

**De gauche à droite: Edner Guignard,**
**Djo Jean-Baptiste (l'auteur) et Roland M. Guignard**
**(Petit-fils de François Guignard)**

# DEUXIEME PARTIE

## Qui était François Guignard?

L'Honorable François Guignard, de son nom complet Alexis François Guignard, est l'aîné d'une famille de trois enfants dont François lui-même, Daniel, le cadet et Laura l'unique fille est la plus jeune. Cette famille plus ou moins aisée de Port-au-Prince habitait la section de la rue des Miracles et de la rue Dantes Destouches face au Petit Séminaire Collège Saint Martial. Par ailleurs, d'où vient le nom de cette ville? Selon ce que rapportent les historiens, ce port de Saint-Domingue fut, vers le début de 1749, le premier à recevoir la visite d'un des plus grands nouveaux navires français de l'époque: Le Prince. Certains passagers, soucieux d'admirer journellement le soleil se coucher à l'ouest, comptèrent y rester pour de bon. Très tôt, ces chercheurs de paix, d'aisance et de fortune, s'achetèrent de monsieur Joseph Randot, un grand colon-propriétaire de la région, des lots de terre et vite construisirent des habitations aux fins d'entreprendre le commerce dans la colonie. Ce port des Antilles ne tarda pas à se développer rapidement tellement il leur était attrayant; il les avait réellement capturés, d'où son nom: Port-au-Prince. En outre, sachant que la populace est toujours en quête de choses à détruire pour manifester ses sentiments, faire valoir ses vœux et revendiquer ses droits, nous avions, dans l'esprit populiste de toujours ruiner et anéantir tout ce que nous avons de valeur, poussé le peuple à démolir sans considération aucune l'ancienne cathédrale, symbole le plus valide de la fondation de cette ville. Quand du haut de sa chaire en 1801 Toussaint Louverture déclara la guerre à Rigaud, elle était déjà vieille d'une cinquantaine d'années. Nous l'avions déjà dit et écrit, il est vrai, mais nous ne cesserons jamais de le faire: cela nous tient à cœur. Nous cultivons chez nous le manque de respect des valeurs et des choses, particulièrement celles qui nous sont propres. Ironiquement et plus à tort qu'à raison, on considère cette grande cité comme étant une république au sein de la république entière.

L'explication à cette ironie est simple: En terme administratif et gouvernemental, tout est conçu et planifié en la capitale et pour être plus précis au palais national d'où: la république de Port-au-Prince à travers la république d'Haïti elle-même. C'est dans ce contexte tout particulier que notre ami Paul Hugo Jean, en raison de l'insécurité qui sévissait et qui continue encore à sévir en ce lieu, publia vers 1998 un article à travers le journal Haïti Observateur qu'il titra: *Port-au-Prince, capitale de la peur*. Elle l'est en effet car cette cité a toujours été le berceau des pseudo-bourgeois politiciens qui manipulent et asservissent le peuple.

- Pour avoir été dès le début de l'existence de la nation le lieu d'assassinat de l'empereur Dessalines, nous disait Pè Gi, mon arrière-grand-père faisait savoir à mon père que le président Louis Pierrot, ancien combattant de la guerre de l'indépendance à côté du fondateur de la patrie, se méfiait toujours de Port-au-Prince.

En effet, à part cela et selon ce que rapporte l'ouvrage d'histoire d'Haïti du Dr. J.-C. Dorsainvil et des frères de l'Instruction Chrétienne cours supérieur page 205, Pierrot reprochait toujours à Christophe, son beau-frère, sa participation active à l'assassinat de l'Empereur Dessalines. La tragédie du vendredi 17 octobre 1806 hantait trop souvent sa pensée. Nommé président en 1845, il ne voulait pas siéger en cette cité qu'il surnommait ouvertement: Port-aux-Crimes. Ainsi, dans le but de vénérer et d'honorer la mémoire du premier des Haïtiens, il transféra par décret du 1$^{er}$ novembre 1845 la capitale du pays au Cap-Haïtien. Qu'on l'accepte ou pas! A tort ou à raison, à part la pierre tombale: « *Ci-Git Dessalines mort à 48 ans* » (De cette pierre, qu'en est-il devenu?) que lui avait érigée madame Inginac au cimetière intétieur de sainte Anne, le monument du Pont-Rouge élevé en sa mémoire, et notre hymne national « La Dessalinienne » titré en son honneur, cet acte de Pierrot fut selon nous l'un des plus grands gestes manifestés à l'endroit du fondateur de la patrie. Le mausolée est loin de l'être car outre les restes sacrés de Dessalines, il renferme aussi ceux de Pétion que l'histoire vénère à titre mérité comme l'un des promoteurs de « l'Union Fait La Force » et l'un des héros particuliers de l'indépendance d'Haïti. Nous n'en disconvenons pas… Honorons-le en ce sens! Cependant, cette même histoire ne lui pardonnera jamais d'avoir été celui qui eût trahi cette devise. Pétion dirigeait les mouvements au Pont-Rouge ce 17 octobre 1806. L'histoire en fera de même à l'endroit de l'Homme du Nord malgré qu'il fût lui aussi l'un des principaux héros de l'indépendance, un grand roi et un grand administrateur aux idées géniales. Les rues du Cap portaient toutes, les noms de grands personnages français surtout ceux qui prônaient la colonisation et l'esclavage. Christophe de par son vif esprit de libéralisme national renomma noblement la cité: Cap-Haïtien au lieu de Cap-Français du temps de la colonie et fit numéroter plutôt les rues. C'est pourquoi de nos jours, elles se nomment presque toutes par des chiffres: rue 1, rue 2, rue 3 etc. Que dire de sa vive réponse à Dessalines de vite entamer la construction de la Citadelle! Ne vous en déplaise malgré tout, frères et gens du Nord, vous dont la fierté christophienne se révèle si tant éblouissante, rappelez-vous que Dessalines est né en 1758 sur l'habitation Duclos à la Grande-Rivière-du-Nord! Là dans cette région même du Nord est « enterré son cordon ombilical ». Christophe est né dans l'île St Kitts connue aussi sous le nom de: Saint Christopher Island, ancienne colonie anglaise des Antilles d'où, à part son prénom Henry, le nom Christophe l'identifiant. A l'encontre de Dessalines, père de la liberté du monde contemporain, il ne fut jamais un créole, mais un « quasi-bossal ». Né hors de la colonie, il fut dès son jeune âge vendu au Comte de la Badie (Labadee) et travailla comme esclave sur son habitation. Quoiqu'il en soit, cela importe peu. Louons et honorons ensemble le roi! Cependant, il reste et demeure que sans la visée libératrice et l'entreprise guerrière de l'Empereur, fondateur de la patrie, vrai fils du Nord, notre libre pays aurait pu être de nos jours encore soit une province ou un territoire dépendant comme le sont certains autres de la région des Caraïbes, et Christophe lui-même n'aurait jamais pu devenir aussi noble. Bien que faisant toujours partie d'un Commonwealth, St Kits, son lieu de naissance, ne devint état indépendant que jusqu'en 1983, près de deux siècles plus tard après que le nôtre fût libéré. A l'instar de l'ancien président Pierrot, que prime en nous la fierté d'être d'abord et avant tout dessaliniens!

- Quelle histoire, disait souvent François Guignard! Pétion tua Dessalines… Pour commémorer leurs mémoires, on place leurs restes côte à côte dans un même mausolée.

- Je n'ai personnellement jamais apprécié ce monument, ajouta-t-il. N'a-t-on pas tendance à ignorer le père de la patrie au bénéfice honorifique de certains autres? Quelle profanation!

Cette sage réflexion de Pè Gi nous fait souvent penser. Le grand Jacques 1^er^, fondateur de la patrie, est unique en son genre. Nous sollicitons donc auprès de l'Etat que ses restes soient remis à leur place au cimetière de Ste. Anne pour que son âme puisse enfin reposer en paix, sous la garde spirituelle de Charlotin Marcadieu, Boisrond Tonnerre, Défilée, Dauphin le clochard et autres, tous, ses anges gardiens! Cette série de questions pourra vous paraître arrogante… Réfléchissez-en cependant chers lecteurs! Sans pour autant ignorer l'usage de la syntaxe latine: « *Caesar ponte fecit* » face à sa traduction française*: César fit faire un pont* », où le groupe complément affectant directement l'action (le verbe à l'infinitif et le nom: *faire un pont*) est représenté en latin par le nom seulement à l'accusatif (pontem), qu'il nous soit permis de vous demander librement afin de mieux pouvoir renforcer notre idée et suivant le style propre à nous: Qui bâtit le Bicentenaire? Il n'y a pas de doute : Dumarsais Estimé; ce fut son projet qu'il fit mettre en application. Qui bâtit les cités Première, Deuxième et Militaire? Il n'y a pas de doute: Paul Magloire; ce fut son projet qu'il fit mettre en application. Qui bâtit l'aéroport Maïs Gâté? Il n'y a pas de doute: François Duvalier puisque ce fut son projet qu'il fit mettre en application. Boyer avait fait construire Pétionville en mémoire de son prédécesseur. Qui bâtit la Citadelle Laferrière? Ne vous étonnez pas si je vous dis Dessalines puisque la construction de ce fort fait partie de son administration. En sa qualité de chef de l'Etat, il avait ordonné à Christophe commandant le Nord de rapidement mettre ce projet en application et l'Homme du Nord surnommé à titre d'honneur « Le Bâtisseur » avait vite fait de commencer les travaux. Rappelez-vous qu'on a critiqué l'administration de Dessalines comme étant strictement militaire (Histoire d'Haïti F.I.C p.139, chapitre: Pour Protéger Haïti)! L'empereur envisageait surtout à faire construire des forts tel celui en question pour protéger le pays contre un probable retour que prônaient les Français aux fins de le recoloniser. C'est bien dans ce contexte que fut construite la Citadelle. Afin de minimiser la portée et la valeur de notre lutte d'indépendance et notre principal héro, certains étrangers contournant l'histoire osent même essayer de nous faire comprendre et croire que Toussaint Louverture qui est mort français est le fondateur de la patrie alors que de nos jours encore la question se pose à savoir: Toussaint, voulait-il l'indépendance? A qui en est la faute? N'a-t-on pas titré l'un des plus grands chapitres de notre histoire: La cruauté de Dessalines? Ainsi le veut le « Blanc » faisant du 18 novembre 1803 un acte de barbarie à leur égard de « gens civilisés » bien que prônant la colonisation et l'esclavage. Et par défaut de compréhension, nous de notre côté, nous cultivons à leur vœu, leur tendance à déprécier Dessalines laissant entendre qu'il fut un ignorant, un cruel, un méchant face à Toussaint, petit-fils de roi, homme instruit, un diplomate…

- Djo, me demanda un jour Pè Gi, on a tendance à nous faire croire que la première constitution d'Haïti fut celle de 1801… Qu'en pensez-vous?

Nous vous invitons à relire avec nous un partiel extrait du début de la constitution de 1801 et mieux déterminer sa vraie portée puisqu'elle a été établie trois ans avant l'indépendance:

*Préambule:*

*Les députés des départements de la colonie de Saint Domingue, réunis en assemblée centrale, ont arrêté et posé les bases constitutionnelles du régime de la colonie française de Saint Domingue, ainsi qu'il suit:*

# TITRE PREMIER

***Du Territoire***

***Article 1:***
*Saint Domingue dans toute son étendue, et Samana la Tortue, la Gonâve, les Cayemites, l'Ile-à-Vache, la Saône, et autres îles adjacentes, forment le territoire d'une seule colonie, qui fait partie de l'empire français, mais qui est soumise à des lois particulières.*

***Article 2:***
*Le territoire de cette colonie se divise en départements, arrondissements et paroisses.*

## TITRE II

***De ses habitants***
***Article 3:***
*Il ne peut exister d'esclaves sur ce territoire, la servitude y est à jamais abolie. Tous les hommes y naissent, vivent et meurent libres et Français.*

Par définition, une constitution est la loi fondamentale d'une nation. Les députés dont on parle dans ce préambule étaient français. Et, en 1801, Haïti n'existait pas encore. Devons-nous en dire davantage? Sa première constitution est donc celle de 1805. Nous vénérons grandement Toussaint, précurseur de notre indépendance. Toutefois, la constitution de 1801 bien que prônant le droit de l'homme et bien qu'elle fût aussi l'une des causes principales de la déportation du grand Toussaint, est loin d'être la première de la république indépendante d'Haïti comme l'entendent plusieurs. Elle fut celle de la colonie française de Saint Domingue. Que Dieu ait pitié de l'âme de Dessalines, ce grand héro de l'humanité, grand homme d'histoire et ange de la liberté! Il est unique. Il y va de même sur le plan politico-religieux. Laissez-nous vous dire d'abord que nous ne comptons en aucun sens prôner le vodou ni promouvoir sa pratique! Cependant de nos jours, nous constatons que profitant de la misère et de l'ignorance haïtiennes dont ils en sont en partie responsables, certains Blancs viennent nous prêcher que cette forme religieuse de culture particulière à Haïti est chose du diable. Qui pis est, pour convertir une majorité des moins informés et des moins fortunés, ils débutent leurs discours présentant la cérémonie du Bwa Kay Iman comme en étant la source. Ils disent que cette rencontre fut réalisée dans le but de signer religieusement un contrat avec le diable pour nous libérer de l'esclavage. Quelle contradiction! A côté du massacre de presque toute la race rouge par les Blancs conquistadors, l'esclavage des Noirs et des quelques Blancs engagés (36 mois) n'est-il pas chose du diable et, la liberté: chose divinement sacrée? Le passage de la mer Rouge, ayant Moïse à la tête des Juifs, fut-il acte du diable? En effet, la rencontre au Bwa Kay Iman fut plutôt un congrès en vue de lutter pour la liberté et l'indépendance. Imaginez un moment la situation dans laquelle vivaient les esclaves en 1791… Pensez-vous qu'il leur était possible d'organiser un tel congrès sur une place publique, dans un grand hôtel ou un grand édifice du gouvernement colonial ou même dans une église? Il n'y avait même pas de « péristyle vodou » lors: cela aurait été défendu par les Blancs. Ils ne pouvaient se réunir que secrètement pendant cette particulière nuit du dimanche 14 au lundi 15 août 1791 parce que, avant même que se levait le soleil, ils travaillaient sous les coups de fouets du colon durant le jour du lundi au samedi jusqu'au soir. Egorger un cochon et boire son sang ce soir signifiaient tout bonnement combien ils étaient disposés, dans toutes leurs misères, à lutter contre les maîtres et faire verser leur sang en retour. Le geste n'était alors que symbolique; c'est tout. Que Dieu reçoive son fils Bookman dans son royaume! Son action marqua le grand début de notre lutte pour la liberté après trois siècles d'esclavage. Cela ne nous étonne point: Selon plusieurs, Voltaire est classé comme l'un des plus grands philosophes engagés du dix-huitième siècle. Il est nommé à juste titre selon eux: « Philosophe des lumières » parce qu'il prêchait la liberté de penser, de croire, de la tolérance et de la justice. En contradiction à tout cela, voici ce qu'a écrit ce grand philosophe en comparant les Nègres aux Blancs: *« Les Blancs sont supérieurs à ces Nègres, comme les Nègres le sont aux singes »* Certains historiens déclarent qu'il avait même investi dans le commerce des Noirs… De notre côté nous disons que pour être civilisé, on doit d'abord reconnaître qu'on est humain et que pour être un vrai humain, on doit être partisan de la liberté et non de l'esclavage et du colonialisme. C'était vers 1963, je montrais à Pé Gi la copie d'une ancienne photo d'esclaves prise probablement vers 1826 (A notre connaissance, Joseph Niépce, un physicist français, inventa la photographie vers 1816). Le maestro avait soupiré avec indignation et dédain mêlés toutefois de fierté:

- Vive Bookman! Vive Dessalines! Se croient-ils civilisés, ces Blancs… Ils sont loin d'êtres humains et si jamais il se le croient, montrez-leur cette photo!

Vous et moi sommes tous descendants de misérables esclaves de Saint Domingue. Regardant celles-là qui datent d'un temps qui eut succédé à 1803, il nous vient à l'idée de penser que les colons ne comptaient point changer de mentalité et que Bookman et nos ancêtres ont tous connu ces misérables atrocités et les Blancs se réjouissaient eux-mêmes de les photographier.

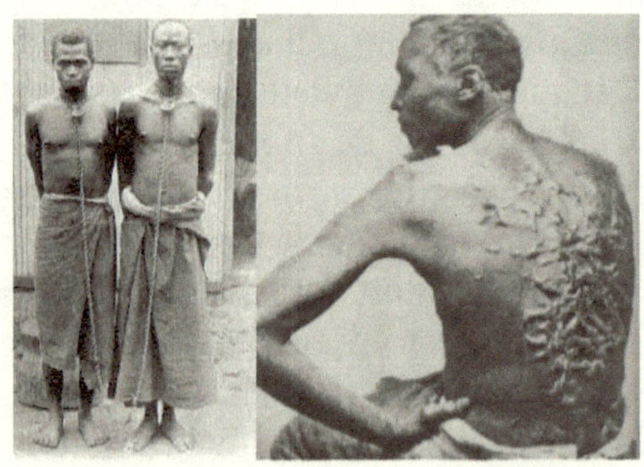

Nos héros avaient donc bien agi. Ils constituent ainsi de purs symboles de liberté à travers l'humanité. Face à la christianité, Moïse est plus qu'un saint; il est un symbole divin. Il n'en est pas moins vrai de Pierre Toussaint. Ancien esclave de St. Domingue devenue plus tard Haïti, il avait, lui aussi, participé à la cérémonie du Bwa Kay Iman avec certains engagés. Immigré plus tard à New-York avec son maître blanc, il mourut en cette grande ville, centre du monde, et fut inhumé dans l'enceinte de la cathédrale St Patrick sur la 5ème avenue. Il sera sous peu canonisé saint pour avoir contribué à l'évolution des Nègres et de la notion de liberté dans cette partie du Nord des Etats-Unis. Mais, pourquoi pas Bookman?... Pourquoi pas Dessalines? Toutefois, de la pensée, qui parait être vrais fils du diable: Bookman ou Colomb, Ovando celui qui assassina traitreusement la belle reine indienne Anacaona, Las Casas l'évêque catholique qui conseilla la traite des Noirs, Voltaire le philosophe colon, Leclerc, Rochambeau? Il est temps que le « peuple » en sache davantage. Où sont nos intellectuels?

- Il n'y avait rien de diabolique au Bwa Kay Iman, disait souvent François Guignard. Ce fut plutôt un congrès tenu secret dans le but de s'initier à la révolte contre l'esclavage.

Pè Gi naquit en cette ville de Port-au-Prince sous le gouvernement de Tirésias Antoine Simon Sam le samedi 12 juin 1897, soit cent quarante-huit ans après sa fondation et quatre-vingt-treize ans après l'indépendance d'Haïti. Il avait déjà dix-huit ans quand les Américains débarquèrent le 28 juillet 1915 pour y rester jusqu'en 1934. Ayant alors vécu une époque de troubles, de bouleversements et de modifications sociales et sélectionnant ceux à qui parler librement et en toute sécurité, il nous instruisait souvent au sujet des événements qui ont précédé la situation sociopolitique du début des années 60's:

- Rien ne m'étonne… Je connais mon peuple, nous disait-il. Je me souviens des mouvements qui ont précédé la « soi-disant raison » des dix-neuf ans d'occupation américaine. N'était notre façon de concevoir les choses maladroitement, avec ego, en « restavèk » et en « hing hang/shyen manje shyen » (terme créole dérivé apparemment de mots chinois exprimant la confrontation cannibale où, pour et contre s'entredéchirent et s'entretuent face aux projets de développements sociopolitiques surtout, rien que pour se faire valoir individuellement et en tirer profit afin de garder un pouvoir

à niveau gouvernemental ou, dans le cas contraire, organiser des coups d'état), nous aurions pu éviter cela.
De notre côté, nous ajoutons que Charlemagne Péralte, chef du groupe rebelle « les cacos », aurait pu en sortir victorieux malgré tout et ne pas être « portefié » pensant au Christ crucifié. Comme affiché sur la croix de Jésus: *« INRI » (Iesus Nazarenus Rex Iudaeorum / Jesus de Nazareth Roi des Juifs*), on n'avait point besoin d'écrire sur cette porte sur laquelle il fut attaché: *« CPRC »* (Charlemagne Péralte Roi des Cacos) puisque le drapeau placé juste au-dessus de sa tête et autour de sa ceinture était celui du pays, celui des cacos rebelles représentant la volonté du peuple haïtien face à l'occupation: « Plus de blanc »… Vous chrétiens, sachez que nous n'entendons point blasphémer mais bien nous rapprocher de la réalité historique! Péralte fut trahi par Jean-Baptiste Conzé, de même que Jésus par Juda, et fut tué dans une embuscade le 31 octobre 1919. Dans le contexte de la rébellion, Conzé fut l'un des officiers sous ses ordres; d'où l'expression créole: « U se yon Konze » (Vous êtes un Conzé) pour désigner un traître. Cette photo ci-dessous attachée a été publiée et postée par milliers à travers Port-au-Prince et toutes les grandes villes de provinces en guise d'exemple et d'avertissement à tous autres haïtiens qui auraient voulu suivre le même chemin. Ainsi, Benoit Batravil, trahi lui aussi, fut exécuté plus tard le 20 mai 1920 par les Marines pour avoir pris la relève. Mais voyons, n'avions-nous pas nous-mêmes assassiné traîtreusement l'empereur, fondateur de la patrie, et trainé déshonorablement son cadavre du Pont Rouge au Champ-de-Mars, cent-treize ans avant! Ce fut aussi durant un mois d'octobre. Loin d'être superstitieux disons que par coïncidence, le Christ mourut un vendredi. L'assassinat de Dessalines le 17 octobre 1806 aussi bien que celui de Péralte le 31 octobre 1919 ont eu lieu un vendredi … Pè Gi n'avait que vingt-deux ans quand on assassina le chef des cacos. Il se souvient lors avoir simplement soupiré de la façon coutumière à nous tous:
- Men… Aysyen pa bon! (Mais… nous les Haïtiens, nous sommes réellement perfides!)

Il ne performa pas cette fin de semaine avec son groupe sous prétexte qu'il souffrait de fièvre et de migraine.

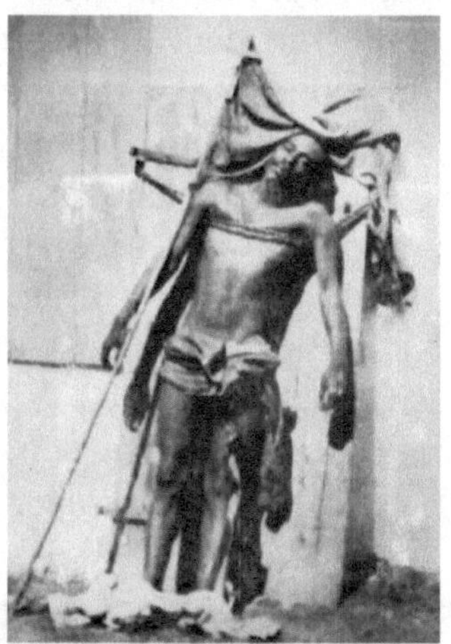

Charlemagne Péralte
tué par les troupes américaines, 31 oct. 1919
(photo prises par les Marines USA)

Perfides ou pas cependant, d'autres à caractère civilisé n'avaient-ils pas, un demi-siècle avant, en 1865 et aujourd'hui encore en 1963, assassiné eux aussi leurs présidents? Méritent-ils pour autant d'être occupés? Rappelez-vous bien que, six mois avant même l'assassinat du président Vilbrun Guillaume Sam en juillet 1915, soit le 15 décembre 1914, les forces américaines avaient assailli la banque nationale. Elles avaient saisi le sabre à manche d'or de Dessalines, la couronne de Soulouque, la plus importante de nos réserves si ce n'est l'unique, et accaparé en plus les cinq cent milles dollars (US) trouvés lors en dépôt. Ce montant fut transféré à la National City Bank de New York. On doit à tout prix nous appauvrir. Bien sûr que la couronne nous fut retournée plus tard mais qui sait? Les pierres précieuses sont-elles les originales? Certains laisseront entendre que l'occupation de 1915 répondait aux besoins de l'ouverture en 1903 du canal de Panama compte tenu de la position d'Haïti par rapport au canal du Vent… Pourquoi une telle pensée si de l'autre côté de cet étroit passage se

trouve déjà la base Guantanamo à Cuba. Elle fut concédée aux Américains depuis 1903? Pensez-y, frères! Pè Gi, passionément mais avec dégoût, secoua encore la tête et répondit lui-même:
- Personnellement je doute fort cela... Espérons seulement que la situation actuelle ne nous conduise pas à une pareille intervention dans un futur proche.
- Pé Gi, avions-nous rétorqué pensivement, vu l'existence de l'ONU, nous ne croyons pas qu'une telle action soit de nos jours possible...
- Organisation des Nations-Unies, nous répliqua-t-il en guise d'étonnement! Hey!... Qui la contrôle? Vous vous en rendrez compte tôt ou tard demain, souvenez-vous en!
Il soupira un peu et comme pour essayer de nous renseigner davantage, il ajouta:
- Mes enfants, tout cela n'est que du « bluff ». On nous fait payer ce jour du mercredi 18 mai 1803: « Plus de Blancs! » et celui glorieux du vendredi 18 novembre de la même année durant lequel nos ancêtres ont vivement lutté pour nous libérer de la colonisation et de l'esclavage... C'est pourquoi nous admirons le plus cette marche classique:

*« Devant Vètyè, drapo n' te fyè*
*Bulèt ak mitray k'ap mashe wete zantray*
*Capwa Lamò ki pa janm pè lamò*
*Li di: Annavan Nèg pa gen dwa pè Blan*
*Grenn bal fè lapli, tut mun t'ape ri*
*Woshanbo pran rele: bravo*
*Lè l' wè yon ti drapo*
*Kulè ble e wuj k'ap monte alaso. »*

En effet, il avait bien raison. Nous célébrions près d'un siècle plus tard en 2004 nos deux cents ans d'indépendance quand les forces de puissances internationales sous la bannière de cette même ONU (MINUSTAH) décidèrent de nous occuper. Cela fait plus de dix ans déjà, Haïti est en train de s'effondrer davantage sur tous les points. Que dire de la propagation du choléra, des actes d'abus sexuels et d'homosexualité dont sont victimes surtout nos enfants!... A nous enfin de compléter plus tard la pensée de François Guignard en renouvelant la remarque que quand Bolivar avait décidé d'organiser le congrès de Panama en 1826, le premier conçu dans le but de regrouper les nouvelles nations de l'Amérique Latine, Haïti ne fut pas invitée sous prétexte qu'on comptait lors réunir celles de langue espagnole. Pourtant, les Etats-Unis le furent. Le français, langue officielle de chez nous, est comme l'espagnol de la catégorie gréco-latine, et l'anglais: anglo-saxon. Bien que nous soyons d'origine africaine, l'on se demande alors, lequel des deux pays semblait être le plus latin: Les Etats-Unis ou Haïti? Encore pire, lequel des deux venait à peine lors d'aider ces nouveaux territoires à devenir nations libres? L'histoire faisant sa course, certaines actions à travers la diplomatie nécessitent certaines corrections. On comprend dès lors, cent-vingt ans plus tard en 1946, en notre qualité de premier pays « francophone » membre fondateur de l'Organisation des Nations Unies, l'invitation à Haïti de présenter par devant l'ONU le rapport de la Déclaration Universelle des Droits de l'Homme par la voix de Emile St. Lot. Néanmoins, des valeurs devant définir nos capacités, les grands mandataires s'en foutent. Ils ne pensent qu'à nous avilir n'importe quand se présente l'occasion ou le temps. Pour cela et par l'intermédiaire de nos « restavèk », ils iront jusqu'à créer les instances sociopolitiques telles celles qui nous ont valu aujourd'hui cette occupation par la MINUSTAH. Et le peuple démuni en souffre.

- Hmmm!!! Une fois de plus, mes enfants, continuait en ce même sens Pè Gi: rien ne se fait sans raison. Et malgré tout, nous refusons d'en tirer leçon. Rien n'a changé et rien ne changera non plus tant que la mentalité pseudo-bourgeoise de ceux de la classe dirigeante reste la même. Je me souviens aussi du massacre des Haïtiens en 1937 en Dominicanie, trois ans seulement après la levée de l'occupation américaine.

Selon plusieurs, près de trente milles de nos pauvres frères en pays voisin furent tués et leurs biens furent saisis pour satisfaire les tendances discriminatoires nazies de Trujillo. Cela s'était passé en un temps record de moins d'une semaine soit du samedi 2 au vendredi 8 octobre 1937. Et depuis, la rivière Dajabon servant de ligne frontalière porte quasi-officiellement le nom : Rivière du Massacre car c'est là surtout qu'on avait tué la plupart des Haïtiens qui essayaient de s'enfuir abandonnant tout. Il faut toutefois remarquer qu'on avait longtemps déjà surnommé ainsi cette rivière suite à un massacre perpétré à l'endroit des indigènes durant l'époque coloniale. Ce nom lui convient donc.

- Un tel fait aurait dû être inscrit dans les annales de l'histoire des plus grands actes de génocide perpétrés à l'endroit d'un peuple, poursuivait-il. De ce qui se passa aux Juifs dans l'antiquité égyptienne d'où: « Le passage de la mer Rouge » de la bible et plus près de nous au vingtième siècle en Allemagne sous le gouvernement de Hitler, de nos jours encore on en parle. Le monde parait ne jamais pouvoir oublier cela. Pourtant, de ce qui se passa aux Haïtiens en Dominicanie…Hmmm! Les Haïtiens eux-mêmes ne s'en souviennent que peu.

Connaissant Pé Gi, nous pouvions percevoir où il voulait en venir. Nous décidions donc d'écouter tranquillement :

- Encore une fois, rien ne nous étonne face à la situation politique actuelle, murmurait-il, pour continuer. N'en déplaise certains, conscients quand même de leur devoir civique et militaire vis-à-vis de la nation et du peuple, les « grands hommes en kaki », nous l'avons souvent constaté, abusent follement de leur pouvoir quelques trois décades après la création de l'armée d'Haïti en lieu et place de la garde nationale d'autrefois.

- Ces hommes, ajouta-t-il, sont les fruits de l'occupation. Dans leur constante vision de performer des coups d'état, ils ont maintes fois massacré le peuple, particulièrement au corridor Bréa et à La Saline.

A cela, nous n'avions fait que soupirer tout en écoutant tranquillement et anxieusement.

- Mais, où étaient-ils en octobre 1937, continua-t-il, quand les Dominicains massacraient nos fils? « *He botado mi guante a un pequeno pueblo sin honor y el no lo ha recogido*, avait déclaré

arrogamment le président dominicain. » *(J'ai jeté mon gant à un petit peuple sans honneur et il ne l'a pas ramassé.)*
- Nous vous assurons Pé Gi que la garde nationale d'autrefois aurait vite fait de répliquer à un tel acte, avions-nous enfin rétorqué comme pour répondre à sa question.
- Aux constants génocides, notre peuple en est sujet ici, ça et là: « L'armée gardienne de l'ordre ne faillira jamais à sa tâche… » Tels étaient les mots du plus grand général à son égard lors des massacres qui se déroulèrent du samedi 16 au dimanche 17 juin 1957.
Quelle honteuse façon à l'époque de « commémorer en célébration » l'approche du vingtième anniversaire des vêpres dominicaines! Ces actes, ont contribué à l'avènement de « Nòstròm » (une façon vernaculaire à nous de dire : notre homme) à la première magistrature de l'état. Vous en souvenez-vous! Hmmm ! Et depuis, plus de « battements de ténèbres » en guise de protestations ni de lancements de feux d'artifices ou d'explosions de « poudre de chlorate » en guise de joie. De cet homme à la mitraillette « Thompson » en particulier, qui de concert avec ses acolytes fit massacrer les fignolistes, qu'en est-il devenu? Telle la devise de François Duvalier lui-même face à ceux qui ont drôlement contribué à sa montée au pouvoir: *La révolution duvaliériste mangera ses propres fils!* Ainsi fut-il, dit-on, empoisonné le jour même de son retour en Haïti le 12 janvier 1963 en provenance du Vatican où il était ambassadeur et mourut le lendemain. La mort de plusieurs d'entre ceux de son propre régime particulièrement la disparition des Daumec au fort Dimanche malgré certaines relations familiales les unissant (Lucien Daumec s'était marié à la sœur de Simone Ovide Duvalier, la première dame) et l'exécution surtout des dix-neuf officiers le 8 juin 1967 en ce même lieu furent des exemples concrets.
- Cette réaction est pire que celle de Vincent face à l'armée trente ans avant, pensait Pè Gi en cette particulière occasion.
Selon ce que rapporte Charles Dupuy dans son livre: Le coin de l'histoire, page 84, nous vous invitons à relire une fois de plus, la digne et vibrante réponse de Louis Déjoie à l'agent dominicain que

Trujillo avait délégué auprès de lui, lui offrant son appui aux élections présidentielles de 1957: *« Allez dire au dictateur Trujillo qu'entre lui et moi, il y a le fleuve de sang de ces trente-cinq mille paysans haïtiens qu'il a lâchement fait massacrer en 1937, et que jamais, au grand jamais, Déjoie ne se fera le complice de l'assassin de ses frères!* » Réfléchissons encore davantage! Etait-ce pour « célébrer » le cinquantième anniversaire des vêpres dominicaines que l'armée haïtienne elle-même procédât au massacre de la ruelle Vaillant le 29 novembre 1987? Quelle honte! Une fois de plus, nous sommes loin d'être superstitieux mais, qu'avons-nous depuis avec le chiffre 7: 1697 (traité de Ryswick), 1907 (naissance de « Nostrom »), 1897 (affaire Luders), Juillet 1915: septième mois de l'année (occupation américaine), 1937, 1957, 1967, 1987? 7 février… Lequel? L'on comprend bien alors pourquoi en 2007 nos intellectuels allèrent célébrer le centième anniversaire de Jacques Romain en Dominicanie… Toutefois, il reste clair que le peuple demeure la constante victime de chacun des trois cent soixante-cinq jours de chacune des années en cours. Quelle tribulation! Je préfère le nombre « 18 »: 18 mai, 18 novembre.

- Lisez, lisez beaucoup, mes fils, nous disait souvent François Guignard, car selon que le conçoit un grand écrivain: « *La lecture des bons livres est comme une conversation avec les plus honnêtes gens des siècles passés* »! Mais, faites-le discrètement pour ne pas attirer l'attention des ignorants maladroitement concernés!

Si cacher est chose facile, se cacher ne l'est pas… En effet, avoir un livre en mains, que ce fut une « Méthode de lecture », ou même un catéchisme, voire un ouvrage de sciences sociales, constituait à l'époque une sorte de suspicion suffisante à vous taxer de communiste: « Nèg sa a se komilis! » (Celui-là est un communiste!) Le chef suprême lui-même tôt vers 1960, fit abolir l'enseignement de l'« Instruction Civique et Morale » à l'école. Et, malgré qu'il fût lui-même médecin et la première dame: infirmière, il en fit de même du livre d'hygiène et de son enseignement. C'étaient des livres importants dont la connaissance était soumise aux épreuves des examens du certificat d'études primaires. Celui de l'instruction civique surtout mettait en relief dès le jeune âge le culte du don de la personnalité, de la citoyenneté et du nationalisme. On l'enseignait aussi en classe de sixième du tout début des études secondaires au lycée Louverture. Rendons en ce sens hommage à maître Pierre mieux connu affectueusement sous le sobriquet « Papa Pyè »; nous sommes presque certains qu'il fut le dernier à assurer son enseignement. Par méfiance vers les années 60's, et sur les conseils de Pè Gi, nous avions caché nos livres de lectures, d'histoires et de recherches sous le lit dans deux grosses mallettes. Ils faisaient tous partie de notre bibliothèque privée. Renseigné plus tard sur leur existence, mon père me fit savoir tristement que ma mère, parait-il par excessive peur et sans en parler à personne, les avait tous jetés au « watè » (latrines ou lieux de commodités et d'aisances) peu de temps après mon départ et avant sa mort. On comprend dès lors l'assassinat politique de plusieurs de nos intellectuels particulièrement Jean-Jacques Dessalines Ambroise (père de Alix (Buyu), saxophoniste et de Jacky, guitariste du groupe Strings, explorant tous deux réellement le jazz), Marc Mario Rameau et Antoine Guichard en 1965… L'on comprend aussi pourquoi plusieurs de nos professeurs se firent apparemment volontaires à se rendre au Congo et contribuer à son développement éducatif. En effet, ils fuyaient la dictature; et depuis, Haïti commença à souffrir d'une carence d'enseignants. Toutefois, soyons fiers d'avoir aidé à l'évolution d'un pays frère du continent d'origine. Nous ne pouvons ne pas relater dans ce contexte la contribution de Joe Gaetjens tant au développement de notre culture sportive qu'à celui des Etats-Unis. En guise de mémoires, nous vous rappelons qu'en 1950 ce fameux footballeur haïtien vivait aux USA. Invité de façon très spontanée à se joindre à la formation sportive nationale américaine, il marqua l'unique but face à l'Angleterre sur un score de : un à zéro en leur faveur. Cela avait permis à ce grand pays du Nord d'être glorieusement qualifié pour la première fois à participer au championnat de la coupe mondiale. Cultivant la conception nationaliste: « Lakay se lakay » (On est mieux chez soi), Joe retourna vivre en Haïti quelques années plus tard. Malgré que ses frères fussent soupçonnés d'implication dans des attaques contre le gouvernement de Duvalier et jugeant n'avoir rien à voir avec cela, il avait refusé de quitter le pays qu'il aimait tant. Arrêté par des makut le 8 juillet 1964 dans sa boutique de nettoyage à sec à la rue Pavée, il fut conduit au Fort Dimanche pour ne plus jamais être revu. Si les Brésiliens aussi bien que les Haïtiens savent tous qui est Pélé, les Américains de leur côté, même les actuelles étoiles du ballon rond, ne savent rien de Joe Gaetjens puisque de lui, ils n'en parlent pas. De cet acte barbare, ils n'en ont jamais fait mention non plus; il n'en est pas moins vrai de la majorité de nous autres… Alors qu'on discutait de Racing/Violette au centre, Pè Gi m'appela pour me dire tout bas:

- Djo, cessez cette discussion! Le temps n'est pas propice. J'ai appris qu'on vient d'arrêter Joe Gaetjens en sa boutique pour affaire politique...

Toutefois en l'an 2000, des membres de sa famille aux Etats-Unis, n'avaient pas voulu que le cinquantième anniversaire de sa participation dans un tel événement se passa dans le silence. Ils avaient fait publier un article à cet égard sur l'un des grands journaux à New-York. Des gifles infligées à l'une de nos étoiles en 1974 et en public à Munich lors de la coupe du monde de football par un membre makut de la délégation qui accompagnait l'équipe nationale, n'en parlons pas!

- Que dire, murmurait souvent François Guignard! Cette première république noire est l'un des pays les plus pauvres du monde. Son niveau d'alphabétisation est très bas.

- Pourtant, continua-t-il, il a des étudiants aussi bien que des professeurs, partout dans les grandes universités de ce même monde : professeurs au Congo en Afrique, au Canada, aux Etats-Unis et même en France etc…

Il fut un temps où ses facultés universitaires, en particulier celle de médecine, recevaient des étudiants étrangers venus de partout. Pè Gi murmura un peu et ajouta:

- Quant à ses ouvriers, ils sont nombreux travaillant dans les « bateys » de Saint Domingue; ils sont nombreux dans les usines, les hôpitaux, les hôtels, les factoreries à travers les Antilles particulièrement aux Bahamas, aux Etats-Unis, au Canada et dans les champs de tomates et autres un peu partout. Qui pis est, ses bons musiciens l'ont tous quitté. Pauvre Haïti!

De tous ces faits, on en parle peu maintenant. Et de nos jours, rares sont les Haïtiens qui savent que Dessalines et Pétion avaient successivement aidé Miranda et Bolivar à libérer l'Amérique du Sud. Haïti fut le seul coopérant et nous en sommes, à juste qualification, plus que fiers. Dans ce même contexte, nous rendons grand hommage à Henry Christophe, Jean-Baptiste Chavanne, Jean-Louis Vilatte, André Rigaud et autres qui en provenance de Saint-Marc, ville de la colonie de Saint Domingue, brandissant le drapeau français, avaient lutté à Savannah dans la lutte pour l'indépendance des Etats-Unis. La France avait expédié une troupe de plus de cinq cents esclaves et affranchis ayant à leur tête le général Charles Hector, mieux connu sous le nom de Comte d'Estaing. Cette légion porta historiquement le nom: « Les chasseurs volontaires de St. Domingue » qui fut lors une colonie française. Leur participation à la guerre de Savannah dura un mois, soit du 16 septembre au 18 octobre 1779. Ce fut vingt-quatre ans avant notre propre guerre de l'indépendance contre la France, sœur jumelle des Etats-Unis en leur qualité d'anciens partisans farouches du maintien de l'esclavage des Noirs. Selon ce que rapportent les données sur sa biographie, Christophe né le 6 octobre 1767 aimait la bagarre, durant son enfance... Toutefois et selon que nous le concevons, c'était un crime horrible de forcer un très jeune adolescent d'être membre d'une troupe guerrière. Il célébra son douzième anniversaire de naissance sur le champ de bataille à Savannah sous les rafales, loin de la plantation où il servait comme esclave. Malgré tout: *« Bat shyen tann mèt li! » (Battez le chien mais attendez son maître!*) qui traduit mieux encore le proverbe si tant populaire: *« Qui frappe par l'épée périra par l'épée »*. Et Christophe, dans toute son intrépidité avait, dès son enfance, fait de bonnes pratiques qui lui ont servi plus tard dans notre lutte pour l'indépendance; ce qui fit sa grandeur.

A part les multiples tentatives de la France à nous imposer des indemnités, notre nouvelle Haïti a dû attendre plus de cinquante-huit ans avant que les Etats-Unis lui-même reconnût son indépendance le 5 juin 1862. De cette « participation » à la guerre de Savannah, les Haïtiens de nos jours s'affolent en erreur à vanter avec fierté: « Nous Haïtiens, nous avons aidé les Etats-Unis à conquérir son indépendance » ... Soyons une fois de plus fiers de ces plus de cinq cents esclaves et affranchis qui ont lutté à Savannah! Ils constituent de par cela des symboles de l'indépendance des nations malgré qu'ils aient été eux-mêmes des sujets soumis à la dépendance coloniale. Retenez bien qu'en 1779, Robert Comte d'Agout, un français, fut le gouverneur de St. Domingue, une colonie française! Haïti n'existait pas encore!!! La troupe ayant le Comte d'Estaing, « un français », comme général-commandant « français » à sa tête, brandissait par surcroît le drapeau « français ». En Amérique du Sud et après 1804, le drapeau « bleu et rouge », à côté d'un tout nouveau « jaune, bleu et rouge » de certains des leurs créé à Jacmel en Haïti, flottait à merveille... Le feu président Hugo Chavez du Vénézuela, en signe de reconnaissance dans un discours relatant sa première visite en Haïti, n'avait pas hésité de faire mention de notre brillant apport de libération en cette partie du continent. Il n'avait pas hésité non plus de clarifier les causes et les sources des misères de ce grand pays concluant: « *Voilà les portes de l'enfer habitées par des Anges Noirs!* ». De cela, nous les Haïtiens en sommes plus que fiers. Evitez frères qu'on se moque de nous plus tard pour avoir faussement interprété les faits et l'histoire dans nos analyses!

La description de notre monnaie est de nos jours un exemple de dérive que connait le pays, et le peuple en souffre considérablement. Notre unité monétaire nationale et officielle est la gourde. Elle est aussi l'unique si ce n'est que parfois en langage courant, on fait de l'ancienne piastre de l'antiquité coloniale son équivalente : une gourde ou une piastre. On disait autrefois durant la période de l'occupation et jusque vers les années 70's: cinq gourdes ou un dollar (américain). Bien que cela constituait un début de l'effondrement de notre économie, on pouvait toutefois le concevoir suivant le traité de convention d'échange du 2 mai 1919 entre Haïti et les Etats-Unis:

*« CE BILLET, CONFORMEMENT A LA CONVENTION DU 2 MAI 1919, EST PAYABLE AU PORTEUR EN MONNAIE LEGALE DES ETATS-UNIS D'AMERIQUE AU TAUX DE CINQ GOURDES POUR UN DOLLAR »*

(Voir photos ci-dessous attachées)

Compte tenu de la flexibilité des économies, on comprend bien que ce traité peut varier avec le temps. Se basant de cette équivalence, aujourd'hui pourtant, nos citoyens parlent tous de « dollar haïtien » … Cette unité monétaire est fictive et n'existe pas. D'ailleurs, une telle imagination complique les calculs compte tenu de la conversion proprement dite. On est obligé de transformer d'abord toutes figures monétaires nationales en soi-disant « dollars haïtiens » puis en dollars américains. Par surcroît, évitant les complications réclamant certaines connaissances arithmétiques un peu plus avancées quoique simples, on ne tient compte presque plus des centimes. Comment expliquer cette aberration? Nous ne réalisons même pas qu'une telle sottise aggrave en partie notre finance. Qui pis est, on en fait un truc. Pour ceux qui vivent à l'étranger surtout et qui vont en Haïti et qui dépensent, un dollar n'est autre qu'un dollar:

- Combien coûte cela, « pratique »?
- Deux dollars, monsieur.

L'acheteur paie convenablement sans rien y penser. Mais en fait, le vendeur entend deux dollars haïtiens ou dix gourdes. L'équivalence actuelle étant fixée au taux de plus de cinquante gourdes pour un réel et vrai dollar, il paie en tout plus de cent gourdes. Il revient donc au consommateur de répliquer soucieusement s'il s'agit de deux dollars haïtiens ou deux dollars américains. La gourde perd davantage sa valeur face au dollar et notre économie déjà en péril s'engloutit puisque épris de produits étrangers nous ne faisons qu'en importer pour consommation « sans même tenir compte de leurs dates d'expiration » et les malfrats tant étrangers que locaux en profitent.

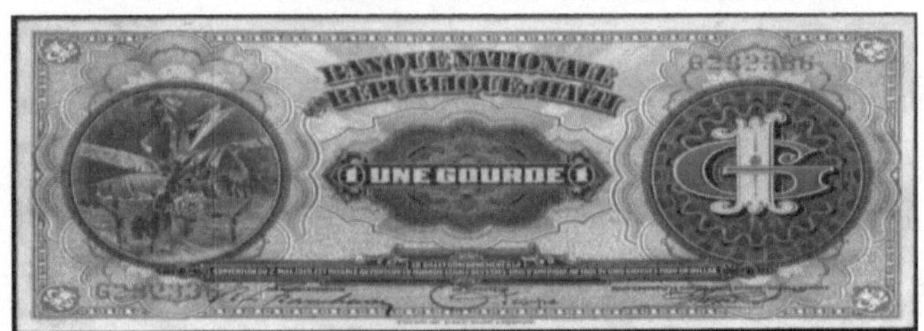


Face d'un billet d'une gourde (1920). Voir au bas
La note relative au traité du 2 mai 1919!

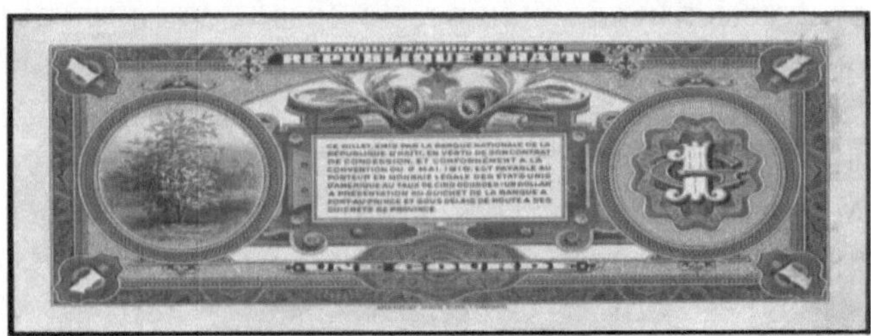


Dos d'un billet d'une gourde (1920). Voir au milieu
la note relative au traité du 2 mai 1919!

- Djo, nous demanda soucieusement un jour Pè Gi, comment expliquez-vous que des Haïtiens qui ne savent ni lire ni écrire, tels des vendeurs et vendeuses des rues, n'aient aucun problème à compter et changer l'argent aussi bien que ceux qui savent lire?
- La seule réponse à cela Pè Gi est que l'échange de produits et de services est un facteur indispensable à travers l'humanité. Il est caractérisé par le droit à la propriété et le commerce. On ne peut vivre sur terre sans se séparer les multiples productions et les services. Nul n'en est exempt. L'échange existait bien avant l'écriture et les connaissances livresques.
- Si je le comprends alors, s'empressa-t-il de conclure lui-même, l'argent, avec le développement de la société, est le facteur primordial devant déterminer les valeurs d'échange indispensables à chacun sur la terre quelque soit son niveau d'éducation. Et pour être riche, il faut qu'on ait de l'argent!

Il avait suffi vers les années 70's que le président bâtît son « ranch » à la plaine du Cul de Sac pour que d'autres citoyens décidassent en grand nombre d'en faire autant sans tenir compte de l'importance de la région qui avec sa nappe d'eau souterraine constituait le grenier de Port-au-Prince. Notre territoire est tropical et essentiellement agricole; nous importons malgré tout du citron et des bananes de la République Dominicaine avec laquelle nous partageons la même île. Qui pis est, ajouté au phénomène « Envois-moi » de chez nous face aux parents vivant à l'étranger, nous ne produisons rien; nous n'exportons donc presque rien non plus. Pourtant, il existe des ministères à ces effets qui se multiplient « à gogo ». Il existe même un ministère du dixième département à côté de celui des relations extérieures et des affaires étrangères. La femme est l'amour personnifié. Seule la fleur et son parfum peuvent la représenter. Elle est l'emblème de la croissance, celui du développement, du bien-être et de l'éducation. Elle est plus brillante que le diamant. Elle est plus précieuse que l'or. Elle est la beauté elle-même; elle représente la bonté. Elle est plus que tout source de vie. Nos mères et nos femmes en sont les purs exemples. Que dire pourtant du ministère de la femme à côté de celui des affaires sociales! Aurons-nous, pour répondre aux complaintes des hommes, besoin de créer un ministère des hommes et même aussi un ministère des enfants souvent victimes des abus de la part des adultes? On aurait mieux fait de créer un ministère des « restavèk » pour, positivement d'abord, protéger les victimes de la domesticité et ironiquement ensuite, contrôler notre mentalité y relative... Il en est de même de la multiplication du nombre des sénateurs et des députés régionaux au parlement. Et les responsables eux-mêmes s'en soucient peu puisqu'ils ne parlent qu'en dollars seulement et officiellement. Quoique plus petite, on a tendance, parlant en termes de superficie, à comparer notre république avec l'état de Maryland (31,133 km2). Qualifié comme l'un des plus petits des cinquante états regroupés autour du gouvernement fédéral des Etats-Unis, Maryland n'a que deux sénateurs… Pourtant, à la manière de chacun des autres, il a ses propres lois et est bien administré. On comprend bien que la nôtre

soit une république; mais un demi-siècle plus tôt, n'était-elle pas répartie en cinq départements avec un total de dix sénateurs dont deux par département? Pensez-y!
- Chez nous, disait souvent Pé Gi, être intelligent en politique et en administration, c'est avoir la capacité de transformer vicieusement et illégalement le chiffre neuf en zéro et vice versa suivant le cas. Du reste on s'en fout.

Tous ces faits correspondent à la mentalité pseudo-bourgeoise de ceux de la classe moyenne surtout dirigeante, « restavèk » des puissances internationales cultivant leur haine face au grand passé de cette première nation de Nègres libres du monde américain, la premiere à avoir aboli l'esclavage et par surcroît par les armes, l'unique co-actrice de la libération de l'Amérique du Sud, et à côté des Etats-Unis grand partenaire colonial de la France, le deuxième pays indépendant du continent. La pensée de Voltaire parait donc bien nous valoir: « *La politique est le moyen pour des hommes sans principes de diriger des hommes sans mémoires.* » Cela explique notre pauvreté, nos misères et nos péripéties. Il explique en résumé les mauvais traitements manifestés par d'autres à notre endroit, telle par exemple l'affaire Luders en 1897. Malgré la prise de position de conciliation des Etats-Unis qui, selon leur doctrine de Monroe: « L'Amérique aux Américains », se conçoit maître du continent, nous fûmes humiliés (voir: Affaire Lüders, F.I.C Histoire d'Haïti par Dr J.C Dorsainvil, pages 276, 277). Après l'Espagne, la France, l'Angleterre, le Portugal du grand continent blanc, il fallait enfin que l'Allemagne, elle aussi, laissât son empreinte en Amérique. Haïti, pour s'être arrogé le droit d'être le premier pays nègre de ce continent en fut la cible quand se présenta la possibilité. Elle l'envahit le 6 décembre 1897, jour du quatre-cent-cinquième anniversaire de son envahissement par Colomb.
- C'est l'un des chapitres de notre histoire qui me trouble le plus, nous disait Pé Gi. Ma mère me la racontait souvent. Je n'avais que six mois quand cela se passa. Les bruits des canons et des rafales m'empêchaient de dormir. Je pleurais à perdre haleine. Alertée,

elle était obligée de me garder constamment dans ses bras ce jour et me bercer.
L'attitude de la République Dominicaine à l'égard de nos frères vivant en leur territoire en est une autre. Nous avions appris du maestro que la seule prononciation incorrecte du mot espagnol « perejil » (persil) servait de preuve d'identification par devant les soldats dominicains pour tuer chacun de nos frères lors des vêpres de 1937.

- Mes enfants, nous avait-il fait savoir très anxieusement, l'ambassadeur haïtien à Santo Domingo Evremont Carrié était un cousin à ma mère! Cela m'avait réellement bouleversé d'entendre lire à la radio, le 15 octobre 1937, juste une semaine après le massacre, sa lettre officielle à Joaquin Balaguer lors ministre dominicain des Affaires Etrangères dans laquelle il écrivit au nom du gouvernement et du pauvre peuple haïtien: *« Le gouvernement met hors de cause la haute personnalité du président Trujillo et son gouvernement. »* Il entendait ainsi que les relations entre les deux pays restaient des plus cordiales et des plus belles... Imaginez combien grande fut ma répugnance!

Rappelez-vous que ce pays voisin du nôtre, bien que de population métissée, est lui aussi un pays de Nègres. Les Dominicains ont pourtant du mal à le comprendre, à l'accepter ou même l'admettre. Qui pis est, Trujillo lui-même est un descendant de la famille des Chevalier (pharmacie Chevalier à Lalue) en Haïti. Sa mère s'appelait Altagracia Julia Molina Chevalier. A en croire plusieurs, il se servait d'une poudre spéciale pour le corps afin de rehausser la clarté de son visage. Il pensait ainsi se faire passer pour un blanc... Du moins, il se croyait l'être. Les Chevalier, pense-t-on, sont des descendants de Dessalines. Est-ce vrai? Nous savons pour sûr et certain qu'il n'y a pas de fumée sans feu. Il en fut ainsi de plusieurs autres de leurs présidents tels : Ulysse Heureaux, Pedro Santana né à Hinche et Joaquin Balaguer, arrière-petit-fils de Ulysse Heureaux.

- Quoiqu'il en soit, avait ajouté Pé Gi comme pour conclure, là-bas ils se servent de notre style de musique pour s'identifier eux-mêmes. Oui, ils se servent de notre mereng et font semblant de l'ignorer. Ils ont activé les mouvements comme s'il s'agissait d'une nouvelle création… Ils prononcent ce mot méringue (français) à leur façon : « merengue » (espagnol) et se réclament de son originalité et de sa paternité. Tshyyup… Quelle histoire! Qui pis est, le public haïtien s'en fout… Nous cultivons fortement chez nous le goût de l'importation et nos frères semblent apprécier mieux la « merengue » dominicaine que la nôtre. Ils s'affolent de l'entendre et de la danser.

- A cela, s'empressa-t-il d'ajouter pour en finir, nous ne nous étonnons pas trop. Bien qu'il s'agisse là d'un autre sujet, nous avons vu les femmes haïtiennes s'affoler de joie écoutant l'une des musiques les plus discriminatoires à leur égard au lieu de s'en plaindre: « Fanm genyen twa je li pa wè; lan yonn li wè, lan butèy nwè: Fanm se kokoye » (cette énoncée est purement créole et ne se traduit pas).

Une fois de plus, ce peuple dans son ensemble, selon nous et suivant une majorité, diffère complètement des autres; et cela dans tous les domaines. Les gens de notre génération sont joyeux de vivre en réminiscence les belles chansons de Tino Rossi, de Edith Piaf et de Charles Aznavour. Se référant pourtant à Dodo Legros, Guy Durosier, Lumane Casimir, Martha Jean-Claude, pour ne citer que ceux-là, ils disent tout bonnement et de façon répugnante: « Mun sa yo pase d'mòd » (Ces gens ne sont plus de mode). Qui pis est, ils sont joyeux d'écouter les musiques de Noël tout le long du mois de décembre de chaque année. Les stations de radio en jouent plus d'une dizaine par jour, surtout celles de Tino Rossi. Elles ignorent pourtant l'une des plus belles de chez nous qu'a écrit Raoul Guillaume: Noël De l'Orphelin: *Tu as de belles choses, ne reste pas là-haut*! etc. En tout cependant il y a exception; et si de nos jours on ne danse plus en disco les musiques de Sicot ni même celles de Nemours malgré les inspirations d'hommage à son égard, celles de Kupe Klue sont toujours à l'honneur. Quoiqu'on l'eût qualifié d'indécent, le public ne peut totalement s'en passer… C'est difficile à expliquer. Compte tenu de cela, partageons ensemble cette analyse! Durant les décades 60's, 70's, Charles Aznavour fut l'un des artistes français les plus admirés en Haïti. L'une de ses « chansonnettes classiques » les plus écoutées fut: *Viens, donne tes seize ans*! Cette musique a connu un succès incomparable parmi les jeunes de l'époque et dans les milieux bourgeois de la haute société port-au-princéenne si vrai que le Jazz des Jeunes dans un pot-pourri de boléros et Nemours Jean-Baptiste et son ensemble pensèrent eux aussi l'interpréter. Imaginez Gesner Henry qui aurait décidé d'en faire autant dans une version en notre langue courante sans que le contenu soit modifié! Il aurait mérité la pendaison, ce « vulgaire » … Ces « paroles sentimentales » en français deviendraient paradoxalement: « mo sal » (mots vulgaires) en créole. D'ailleurs, on aurait vite fait de l'accuser de « detunman minè » (pédophilie) puisque la chanson invite une fillette de seize ans à s'offrir et se donner tout entier à l'amour. N'empêche malgré tout que des membres de la MINUSTAH contournassent ce cercle…

Une fois de plus, notre société, ne vous en déplaise frères et soeurs, est unique en son genre. A part nous imposer les sanctions internationales quand bon leur semble, les étrangers semblent en profiter grandement et à leur aise. Ils vont jusqu'à nous utiliser parfois comme cobayes. Vers 1928, Alexandre Fleming, professeur de bactériologie à l'hôpital St. Mary de Londres, avait découvert la pénicilline, comme étant le premier remède antibiotique jamais découvert avant. Il a fallu pourtant attendre jusque dans les années 40's, vus les effets épidémiques néfastes de la deuxième guerre mondiale, pour sentir le besoin d'un tel médicament; d'où la nécessité de le soumettre à des expériences avant d'en faire librement usage. Notre pays, sur le plan international en servit de centre d'expérimentations et les Haïtiens en furent les cobayes. Nous profitons de ce cas pour rendre hommage à plusieurs de nos infirmières du quartier: les deux sœurs Etienne (Madée et Olga), Bertha Pierre (tante des Desdunes), Christine (de surnom Toutoune, mère de Frantz Métellus, ancien camarade de l'école des Frères du Sacré-Cœur habitant à la rue d'Ennery), Véronique

Barthélemy (Alourdes pour les intimes, mère de notre ami Frantz Chéry, aussi ancien camarade de l'école des Frères du Sacré-Cœur et du lycée Toussaint Louverture) et plus particulièrement madame Fils-Aimé (Dieudonne), mère de notre ami du quartier Jean-Paul et sœur de notre ami Hector Gustave. Dieudonne était très connue de la zone. Née, comme Anne-Marie Guignard, un 26 juillet jour de la Ste. Anne, elle avait, comme toutes les autres mentionnées plus haut, foi en la charité et le désir du bien-être de tous. Elle était une grande amie de Pè Gi et habitait non loin du centre culturel à la rue St. Honoré et à quelques pas de l'église paroissiale. Madame Fils-Aimé, née Gustave, travaillait au centre médical de La Saline.

Un jour, revenant d'un voyage de fin de semaine hors de Port-au-Prince durant laquelle lui et son groupe avaient performé, le maestro ne se sentait pas bien. Il souffrait d'une forte grippe accompagnée de fièvre, de maux de tête et de toux répétées. Dieudonne vint le voir et lui conseilla la pénicilline. Elle avait offert de lui en injecter elle-même les doses. Ce médicament antibiotique bactéricide est surtout recommandé contre les symptômes viraux. Il faut l'avouer, il avait grande peur des maladies. Il ne tolérait pas le froid non plus et ne faisait pas usage de la glace. Plus que tout, il n'aimait pas se faire piquer. Pè Gi s'en acheta vite malgré tout. Il avait confiance en Dieudonne pour lui prodiguer ces genres de soins. Il pensait surtout que de ce médicament, elle en savait beaucoup.
- En ce qui concerne l'injection d'une telle substance médicale, disait-il, je n'ai confiance qu'en une seule personne: Dieudonne et son professionnalisme.

De façon générale, les Port-au-Princiens accueillaient vivement ce nouveau médicament. Savez-vous pourquoi? La gonorrhée ou blennorragie, communément appelée chez nous « ekulman » et le chancre syphilitique faisaient rage à l'époque à travers toutes les classes de notre société. Les contacts sexuels sont la cause principale de leur transmission. Il fallait alors y remédier. N'empêche pour autant, selon notre mentalité, que seuls ceux de la classe des démunis paraissaient pouvoir être sujets à leur contamination. Et selon plusieurs, ils en étaient les causes principales parce qu'ils vivaient dans une atmosphère caractérisée par le manque d'hygiène… On jugea donc nécessaire d'établir le lieu d'expérimentation y relative au centre de La Saline, communément attribué au traitement des pauvres. C'est là que travaillait Dieudonne.

Cette attitude sociopolitique de caste si tant aberrante bouleversait l'esprit de l'infirmière.
- Qui pensent-ils bluffer, disait-elle souvent!
Là en ce lieu et durant les heures de visite, elle fut témoin de la présence des multiples contaminés aux allures « gens de bien de là-haut » qui, victimes eux aussi, se sentaient fortunés que la section médicale attribuée à ces effets fût placée au centre de La Saline, bien loin du public pouvant les voir et les identifier face à une situation pareille. Ils n'hésitaient même pas de déclarer à ceux ou celles qui leur dispensaient les soins, que les symptômes apparaissaient après qu'ils eurent déposé les fesses sur de froides roches suite à des moments de fatigue physique... Toutefois, ils faisaient de leur mieux pour que leur présence pût paraître discrète. Dégoutée, Dieudonne en parlait souvent à Pè Gi:
- Quelle société discriminatoire, lui disait-elle! Ces gens croient même tromper la science.
- La Saline, concluait François Guignard de son côté, est bien le soir de leur vie. Et la nuit, les chats, surtout ceux à caractère dévergondé, sont tous gris…
- Mais ne vend-on pas des préservatifs en plastic dans les pharmacies, avait-il ajouté? Ces hommes auraient dû en faire usage au lieu de s'exposer librement et prétendre autrement.
En effet, le condom ou capote tel qu'il se présente actuellement a été inventé en 1839 par Charles Goodyear. Il est devenu très en vogue depuis 1855. N'empêche cependant que ces mêmes hommes à caractère « gens de bien » de chez nous, par crainte d'avilissement social, hésitaient de se présenter au comptoir des pharmacies pour s'en acheter… Un fait certain, il n'y en avait

aucun à La Saline puisque là, il n'y avait pas de pharmacie. De nos jours encore, Dieudonne se souvient de cette affaire de pénicilline. Elle en parle souvent.

Il faut enfin noter que bien que Port-au-Prince soit la capitale du pays pour se définir ironiquement comme étant une « république » au sein de la république d'Haïti elle-même, cette grande ville de l'époque ne comptait que quelques milliers d'habitants à la fin du dix-neuvième siècle. Cette région du Bel-Air qui contribua à son développement lors faisait partie de la bourgeoisie. Là naquit François Guignard.

Haïti fut toujours la perle des Antilles et cela s'explique historiquement. Elle était si belle et si majestueuse que durant son récit de sa nouvelle trouvaille par devant la cour d'Espagne, Christophe Colomb pour mieux la décrire prit un parchemin qu'il chiffonna de sa main: « Voilà, avait-il déclaré, c'est la meilleure façon de vous présenter cette merveille! C'est un ensemble de montagnes au milieu de l'océan. Ces Peaux-Rouges la nomment Haïti qui dans le langage propre à eux-mêmes signifie Terre Montagneuse. Appelons-la donc Hispaniola (Petite Espagne)! »

Plusieurs historiens pensent que jusque vers les années 1930's, Port-au-Prince fut, de par la tracée de ses rues surtout, la plus belle capitale de toute la Caraïbe. Elle était munie de multiples lignes de « tramways » à l'instar de certaines villes de base des Etats-Unis; ce qui rendait faciles et attrayants les déplacements. Les anciennes photos de l'époque en témoignent vivement ces déclarations. Bien qu'appartenant aux décades d'après, nous nous souvenons de l'époque où, le jour, les cantonniers s'entretenaient du nettoyage des rues de cette grande ville sous la supervision de multiples officiers sanitaires. Nous nous souvenons même que marcher les pieds nus était passible d'une amende de sept gourdes cinquante centimes qui représentaient lors une somme assez décente. Rappelant à l'ordre les enfants ou surtout les « restavèk », « ti mun ki rete ak mun » (enfant-servants domestiqués travaillant gratuitement), on disait souvent: « Evite m' sèt pyas edmi an tande! » (Ecoute, épargne-moi d'avoir à payer les sept piastres et demi!). C'est de là que vient le deuxième couplet de la chanson « Manman m' voye m' peze kafe ô:

*Lè ti mun al' ashte kafe o!*
*Pito l' mete sulye lan pye l'*
*Pu jandam pa arete l'*
*Wo ! Sa l'a di lakay lè l'a rive?*
*Mezanmi ! Mezanmi!*
*Sa l'a di lakay lè l'a rive?*

Ce fut l'époque de l'usage des pièces de monnaie de : un et deux « kob ». Pour cinq centimes ou cinq kòb, on s'achetait un lot d'épices dont: du piment, de l'ail, du persil, du girofle et du thym à un kob chaque paquet. Pour vous féliciter de votre apparence on disait tout simplement: « U fre ku yon kola kenz ». Boire une bouteille de limonade au jus de citron pour cinq kòb ne pouvait rivaliser une bouteille de cola glacée qui coûtait de son côté quinze kòb. Nous nous souvenons du temps où des camions de citernes à pompe remplis d'eau nettoyaient régulièrement les principales rues de cette capitale.

Lisant les données, il faut surtout retourner au passé et éviter de concevoir Port-au-Prince telle qu'elle est maintenant. A ce sujet et pour plus de renseignements et d'informations, nous vous conseillons de lire le livre « *Port-au-Prince au cours des ans* » du brillant écrivain Georges Corvington. Il fut un temps où l'on pouvait identifier chacune des voitures de la ville à son propriétaire. Il n'en existait que peu et plusieurs d'entre elles appartenaient aux occupants américains. Tôt vers 1950, le docteur Georges Métellus qui avait sa clinique au coin de la rue de l'Enterrement et de la ruelle Carbonne (ruelle Ste. Anne), était le seul à avoir une Mercury décapotable. Mama Racine, inspectrice au département de l'éducation nationale, et Simone Verna furent deux des premières et des rares femmes de l'époque à s'asseoir au volant d'une voiture et circuler à travers les rues de la capitale. Le major Marquez Prosper, chef de la police se faisait distinguer noblement assis dans sa Buick de la catégorie Dynaflow « trois trous ». Un autre de ces rares propriétaires, grand « coureur de jupes » qu'il fut, avait jugé nécessaire d'écrire en initial à l'arrière-plan de la sienne: T.J.F. traduisant « Tombeau des jeunes filles ».

- Que c'est drôle d'agir de la sorte, disait François Guignard face à ce cas! Une telle attitude reflète celle d'un parvenu, peu importe son appartenance sociale.

En effet, avoir une voiture en ces temps constituait une marque de distinction. Nous parlons de ces temps avant 1948 et même un peu après où les rues du Morne-à-Turf étaient en majorité en terre battue. La rue de l'Enterrement elle-même, ci-devant rue de la Révolution n'était pavée qu'en son milieu. Nous les enfants, nous jouions aux billes (jwèt mab) et aux « matsh tèt » en ses deux côtés non pavés. Il fallait attendre jusqu'en 1954 pour voir cette rue asphaltée en son entier. La rue St. Honoré le fut en 1948. Nous parlons une fois de plus de ces temps plus proches d'aujourd'hui encore où le fils du président Magloire, revenant de St. Louis de Gonzague après classes, longeait souvent à pieds, librement et sans escorte, la rue des Casernes en compagnie de ses amis pour se rendre au palais national. La rue Pavée elle-même fut lors et bien avant au début du vingtième siècle, l'une des rares et peut-être la première à être totalement pavée. Jusqu'en 1904, elle ne l'était pas. De l'est à l'ouest et de son côté gauche, elle servait de canalisation à un mince courant d'eau provenant de la région de Nazon et de Poste Marchand. Cette nette et claire apparence servait de ligne de démarcation entre les deux zones: celle du Bel-Air et celle du Morne-à-Turf. On avait plus tard, sous le gouvernement de Antoine Simon, modifié alors le courant sous forme d'égouts et aplani l'étendue de la rue avant de la paver. Ci-devant rue Dantès Destouches, nous croyons que c'est de là que dérive son nom courant : rue Pavée. Non loin de la rue Docteur Aubry et à sa fin, un petit pont reliait le Bel-Air au Morne-à-Turf. La rue qui en découle devient alors rue Réunion. La rue du Centre, de la ruelle Alerte à la rue Champ de Mars, n'était qu'en terre battue. Vers la quatrième décennie du vingtième siècle apparemment, les principales rues du Bel-Air, à partir de la rue Pavée étaient en grande majorité asphaltées. Il ne faut pas oublier que Bel-Air est le point constituant de la fondation de la ville de Port-au-Prince en 1749. Dans le passé, on avait tendance à placer les hôpitaux et les cimetières à proximité des cités et non en leur sein direct. C'est dans ce contexte que s'élargissant sur elle-même vers la fin du dix-huitième siècle, son cimetière national devint « cimetière intérieur de Ste. Anne ». Il fallait alors concevoir un autre en 1800, d'où le cimetière principal. Nous ne pouvons ne pas citer aussi celui de St. Martin qui pour des raisons d'ordre social et sous faux prétexte qu'il fût peut-être trop retiré de la ville, devint jusque vers 1960, celui des « san fanmi » où l'on déposait les restes des démunis, des abandonnés et des désœuvrés. En guise de cercueils, on utilisait à cette fin des boites en bois communément appellées: « Sèkèy madulè ». Situé au quartier de Saint Martin lui-même non loin du Bel-Air, il se pourrait qu'il fût le tout premier de Port-au-Prince. C'était vers 1958, le maestro demanda à des amis qui écoutaient à la radio avec lui la merveilleuse musique du Jazz des Jeunes « Kafu »: *« Men timun fwonte k'ape jure granmun, kondi l' ale lann simityè ».* Ces amis semblaient toujours vouloir apprendre de lui un peu de la société du passé:

- Combien de cimetières compte Port-au-Prince?

Ils avaient intelligemment répondu: deux, tout en prenant soin de citer le cimetière national en fonction et celui d'autrefois : cimetière intérieur de Sainte Anne.

- Et que faites-vous de celui de Saint Martin, avait conclu Pé Gi? N'est-il pas aussi fonctionnel que celui à la fin de la rue de l'Enterrement?

Ils furent tous heureux d'apprendre que de 1800 jusqu'à ce jour-là, Port-au-Prince comptait en son sein trois cimetières. De nos jours pourtant, le cimetière de Saint Martin n'y est plus. Mais, frères port-au-princiers, que pensez-vous de celui du « Parc du Souvenir » jusqu'à Pétionville…

Au temps de la colonie, Port-au-Prince n'avait qu'une seule fontaine publique non loin de la cathédrale. Les gens s'alimentaient surtout d'eau de puits. L'agglomération urbaine s'élargissant et les constructions se multipliant, la population confronta un problème sanitaire concernant les commodes d'aisance face aux puits eux-mêmes. Il a fallu attendre enfin plus tard sous le gouvernement de Geffrard pour qu'on ajoutât successivement en 1860 et 1862 deux autres grandes fontaines publiques, l'une au Morne-à-Turf: « Fontaine Monsieur Colo » à proximité du « Marché Debout » (de nos jours place Ste Anne) et l'autre au Bel-Air du nom de « Fontaine Madame Colo ». Elles étaient toutes deux munies de statues appropriées. Et plus tard encore, on construisit deux autres: l'une à la rue des Fond-Forts au bas du morne Marinette et l'autre au Fort-Sinclair, au bas de la rue St. Honoré. Quoique les fontaines Colo rehaussaient la beauté pittoresque de chacune de ces deux zones, elles ne constituaient en réalité qu'une source d'alimentation en eau potable qui était d'une très grande nécessité en la capitale. Le commerce d'eau par « bokit » (sceau) devint par contre rentable. Les « malheureuses » en profitaient pour gagner leur pain quotidien d'où la chanson:

*« Dlo men dlo! Dlo men dlo!*
*Konbyen w' bay bokit dlo!*
*De pu kenz!*
*Vin vann dlo mashann dlo!*
*De pu kenz! »*

Pè Gi se souvenait d'elles toutes. Il ne cessait d'en parler particulièrement durant les périodes de rareté d'eau.
- Les fontaines Colo étaient réellement d'utilité publique, nous disait-il souvent.
On comprend bien pourquoi alors on jouait cette musique à travers le Super Modern Jazz Guignard. Le trio Anilus Cadet et l'ensemble Aux Calebasses de Nemours Jean-Baptiste l'interprétèrent eux aussi plus tard. Dans ce contexte, nous rendons hommage au président Dumarsais Estimé qui, pour commémorer

les deux cents ans de la fondation de cette belle ville d'Haïti, pensa transformer l'aspect mangrove de la section sud de son port en faisant construire le fameux « Bicentenaire » de son nom officiel : Cité de l'Exposition. Comptant faire de Port-au-Prince la capitale culturelle des Amériques, tel était son rêve, il inaugura vite ce nouveau site le 1er décembre 1949 quelques mois avant sa chute. Le peuple se réjouissait en chantant:

*« Kenbe o pa lage, kenbe o pa lage! (bis)*
*Men se Bondye lan syèl la*
*Ki ba nu prezidan saa, kenbe pa lage!*
*An n' rele viv prezidan Estime, o...!»*

Bien qu'il ne fût jamais partisan de collaboration musicale impliquant la politique, Pè Gi dirigeant un groupe « siwèl » interpréta ce morceau ce jour au Bicentenaire.

Cette région se développa grandiosement durant le gouvernement de Paul Magloire, son successeur, qui fit d'elle un grand centre touristique. Estimé mourut en exil le 20 juillet 1953. Sur les invitations spéciales du président Magloire qui voulait à tout prix suivre les règles du protocole, ses funérailles furent chantées officiellement en Haïti le 2 août et ses restes déposés au grand « cimetière extérieur » de Port-au-Prince. Le cadavre fut exposé la veille au palais législatif au Bicentenaire, le 1er août, jour de l'armée. La nation pleura Dumarsais Estimé.

Quelques années plus tard, pour être plus certain vers 1967, François Duvalier, se souvenant avoir « prêté le veston » du feu président lors de sa campagne électorale de 1957, pensa ériger un monument en son honneur au Bicentenaire: Nous nous souvenons encore de la chanson-marche lors de cette campagne: *« Dumarsais Estimé est mort, mais sa pensée revit avec François Duvalier qui va sauver la nation: Duvalier! Duvalier! etc. »*. Les non partisans avaient pensé la traduire en créole d'où la version suivante du même air : *Dimasè Estime muri l' kite yon vye levit; Divalye ki pase li pran l' pu l' al fè bèl eleksyon: Divalye gwo blofè... Divalye... etc.* Ainsi les restes du feu président Estimé furent transférés de son tombeau original portant l'effigie: « *Famille Heurtelou* » (de son épouse), à cette place gloirieuse, vestige de ses quatre années d'administration.

- Hmm! Il a sans doute voulu paraître reconnaissant envers son bienfaiteur (Duvalier fut l'un des proches ministres d'Estimé durant son régime), disait Pé Gi. Mais... N'a-t-il pas fièrement déclaré dans l'un de ses discours à la nation: « La reconnaissance est une lâcheté »? Il se contredit donc lui-même.

- Quoiqu'on dise, ajoutait-il, Estimé paraissait avoir de belles idées sociales; le concept de la création du Bicentenaire et de la restauration d'autres villes en sont les preuves. Il en reste ainsi malgré des soupçons de détournements de fonds regardant certaines dépenses non justifiées. Continuerons-nous à garder ce site propre et attrayant aux touristes? Les gouvernements qui s'en suivront, penseront-ils explorer les mêmes idées?

François Guignard n'en était pas convaincu. Nous avons nous-mêmes constaté plus tard tant sous le gouvernement de Paul Magloire que sous celui des Duvalier qui dura vingt-neuf ans et les autres qui s'en suivirent, qu'on négligea complètement le projet de rénovation de Belladères. Le gouvernement de Dumarsais Estimé pensait rénover cette ville frontalière à l'instar du Bicentenaire pour rehausser l'éclat de notre territoire vis-à-vis celui du voisin. Au lieu de continuer de penser à un tel besoin, on verra au contraire François Duvalier, faisant peu cas de la nécessité d'un programme de reboisement utile au pays et suite à l'invasion de l'ancien général Cantave à partir de la Dominicanie, ordonner le déboisement total et entier d'une vaste partie de la foresterie sur la frontière dans la région de Thomassique. La beauté pittoresque de la zone lui importait peu. Cette région porte depuis le nom: Tè Bule (Terre Brûlée) tant par les gens de la zone que par ceux autour de Belladères et de Cerca La Source. Notre « Forêt des Pins » n'en fut pas exemptée. Au lieu d'être protégée, elle fut livrée à la destruction pour satisfaire les aspirations financières et les besoins économiques de certains malfrats alliés au gouvernement. Que dire enfin de notre usine sucrière HASCO? On la ferma en avril 1987 sous le gouvernement de Henry Namphy. De nos jours, on se contente avec fierté d'un « Parc historique de la canne à sucre »... Suivant un article paru dans le New York Times: « *Another Blow For Haiti* » le 12 avril de cette même année, le gouvernement de Duvalier avait deux ans avant jugé plus profitable d'importer ce produit de l'extérieur pour le revendre sur le marché haïtien et en tirer profit; une conception purement privée selon nous. La HASCO devint alors non plus rentable. Au point de vue socioéconomique, quelle drôle façon d'agir face au peuple d'un pays essentiellement agricole! Le sucre fut l'un des produits d'exportation de base d'Haïti. Les rails de chemins de fer de la Hasco furent, dit-on, vendus à la Dominicanie. Par ailleurs, le sucre brun que produisait cette usine sucrière est naturel. Le sucre blanc importé de l'étranger ne l'est pas; il est le produit de modification chimique. Malgré tout et sans le savoir peut-être, les haïtiens ont tendance à ne pas présenter à leurs visiteurs, les invités surtout, du jus ou même du café préparé avec du sucre brun communément appelé sucre rouge chez nous, sous prétexte qu'il est trop brut et qu'il n'est pas d'aspect assez propre. Pour le pire, le sucre blanc, produit importé, se vendait plus cher. Il était donc pour nous synonyme de qualité et de valeur: « Santi bon kute shè » (Tout ce qui est bon coûte cher). A l'encontre de tout cela, Pè Gi de son côté refusait qu'on utilisât le sucre blanc à la maison:

- Il n'est ni pur, ni naturel, disait-il. A ma connaissance il est blanchi à l'étranger avec de l'oxyde de calcium communément appelé chaux, et est soumis à d'autres procédés chimiques. Je refuse d'en faire usage.

Notons toutefois qu'ailleurs, en terre étrangère, le sucre brun, vue sa qualification comme étant un produit d'aspect organique, se vend beaucoup plus cher que le blanc. Et, Haïti n'étant plus producteur, il est logique que de nos jours on consomme plus à flux tendu le sucre blanc puisqu'il est celui qu'on importe à coût moins cher que le naturel. Il n'en est pas moins vrai de notre café. Le Brésil est certes le plus grand producteur de café. Mais, le

« café bleu » d'Haïti est le meilleur du monde. Sa production a, de nos jours, profondément diminué à cause du déboisement. Qu'en est-il de notre production de riz? N'en parlons plus! Les sacs portant les noms d'étiquettes tant populaires autrefois chez nous: « Madan Gougousse », « Ti-Machan'n » et autres, ornés de figures de marchandes aux paniers créoles, pullulent les comptoirs des supermarchés à l'étranger. Voilà, c'est du riz d'Haïti! Mais grand Dieu, que lisons-nous dessus? Produce of India (Produit des Indes) … Oh!

- Chez nous, la notion de continuité n'existe pas, disait longtemps déjà François Guignard, puisque le gouvernement et l'état se confondent à chacun des différents mandats présidentiels. A moins qu'il ne soit question de choses ou de comportements d'aspect négatif, à chaque gouvernement, il en résulte un différent état qui l'identifie.

Nemours Jean-Baptiste louant autrefois Duvalier dans l'une de ses compositions comme étant un rénovateur chantait: « *Lasalin gen pu l' fè yon sèl ak Bisantnè... Rele, kriye ansanm: Viv François Duvalier!»* Alors, voilà! A l'encontre de ces louanges coutumières apparait la vérité car la Cité de l'Exposition est de nos jours partie intégrante du bidonville qu'est Port-au-Prince; et La Saline et le Bicentenaire ne font vraiment qu'un. Il en est ainsi du pays dans sa totalité. L'un de nos mini-jazz a malgré tout exprimé tout cela clairement dans une chanson titrée Prezidan Tanpri Suple: *« Lontan l' te lapèl dèzantiy; kunye a l' se krizokal dèzantiy. »* (*De Grâce président: Il fut autrefois la perle des Antilles; de nos jours il est la poubelle des Antilles.)*

Pensant faire du renseignement un devoir vis-à-vis de cette société à laquelle nous appartenons, qu'il nous soit permis d'ouvrir certaines parenthèses eu égard à certaines instructions sur Port-au-Prince obtenues de François Guignard lui-même bien que la plupart de ces informations soient déjà écrites ou rapportées car: « nu manje manje bliye twò suvan ». Nous semblons nager dans

l'oubli et le peuple mal informé en souffre. La grand 'rue fut nommée boulevard Trujillo suite à la visite à Port-au-Prince du président dominicain Trujillo en 1932. Cela ne plaisait pas aux intellectuels de l'époque qui n'appréciaient guère ses jugements négatifs vis-à-vis de nous autres, Haïtiens. Avec Joseph Brière, frère aîné du grand Jean Brière, à leur tête et avec l'appui du peuple, ils se rebellèrent et Joseph Brière fut arrêté. Face aux manifestations populaires, Vincent a dû le libérer et rejeter le nom boulevard Trulillo pour la nommer enfin Grand'rue. Si plus tard encore François Duvalier la renomma honorifiquement et officiellement Boulevard Jean-Jacques Dessalines, du nom boulevard Troujillo peu de gens en savent l'histoire et le peuple malgré tout retient celui de Grand'rue. Rien ne nous étonne ; de nos jours certains à caractère même intellectuel se réjouissent de dire que l'ancien palais national était l'œuvre de l'occupation américaine. Que c'est triste! Ils rejettent leurs propres efforts. Le natif-natal Georges Baussan en fut l'ingénieur-architecte. S'il est vrai que la construction de ce chef-d'œuvre, un peu plus grand en superficie que la maison blanche (USA), s'acheva en 1920 durant l'occupation, elle a été toutefois financée par l'état haïtien. Et tout cela avait déjà commençé depuis 1913 sous le gouvernement éphémère de Michel Oreste. L'invasion elle-même se fit en juillet 1915. Ce bâtiment nous a coûté plus de $350,000.00 dollars lors. Il en est de même des Casernes Dessalines (1912), œuvre du président Leconte, descendant de l'empereur, fondateur de la patrie, et de bien d'autres encore sans oublier le palais de justice. Face à ces réflexions, François Guignard disait toujours:
- « Mande m'm'a dit w'! »: Demandez-le-moi, je vous dirai tout! J'étais très jeune lors.

Cette ville n'était vieille que de cent-quarante-huit ans quand naquit François Guignard. Envisagez cette capitale d'alors pour mieux comprendre les textes, les analyser, les valoriser et mieux imaginer Pè Gi, un actif infirme de l'époque, l'un des plus grands musiciens que notre société eut connus. Ti Giya, à peau claire se rapprochant de celle d'un petit blanc, aux yeux gris et aux cheveux un peu blonds, débuta ses études primaires dès l'âge de cinq ans, en octobre 1902, au petit séminaire collège St. Martial. Nous sommes presque certains qu'on l'appelait autrefois: Blanc, puisqu'on a tendance, chez nous, à surnommer ainsi certaines gens de cette allure. Et si les cheveux sont crépus, on les appellera: Ti Blan ou Grimo. Cela fait penser pourtant d'entendre dire d'une personne à peau claire: « Li gen bon pwen » (Il est d'une belle allure) l'associant à une certaine perfection d'apparence. Cela sous-entend-il que ceux d'allure moins claire « gen move pwen… gen gwo trè » (sont laids)? Pour le pire, dans un pays de Nègres, on peut bien aussi vous accabler de dénigrements, vous discréditer et vous dénier même, si vous avez la peau très foncée et par surcroît les lèvres épaisses: Ah, oui! « Vye nèg nwè… dyòl koshon! ». Sans se rendre compte que le bleu est d'apparence beaucoup plus clair que le noir et que ce même bleu du drapeau face au rouge représente ceux à peau foncée, ils diront par surcroît: « Li tèlman nwè, li vin ble » (il est tellement noir qu'il a l'allure bleue). Par contraste, on cantonne vivement le proverbe suivant: « Nèg nwè rish se milat… Milat pòv se nèg nwè » (Le nègre riche à peau foncée est mulâtre… En retour, le mulâtre pauvre n'est autre que l'équivalent d'un nègre à peau foncée). Que de stupidités à travers notre chère Haïti, la première république noire dont le drapeau bleu et rouge représente l'union sacrée des Noirs et des Mulâtres!

François Guignard vécut toutefois une enfance très troublée. Son père, Numa Guignard, originaire de St. Marc, mourut très tôt. Suite d'une fièvre poliomyélite qui affecta ses jambes, Ti Giya devint paralysé vers l'âge de sept ans. Il paraissait être malgré tout corpulent puisqu'il avait un large poitrail. Son état de lors du tout début du vingtième siècle, vers 1904, obligeait à le garder en quarantaine. De nos jours, avec le développement de la science, surtout dans le domaine de la santé, pareille restriction n'aurait pas eu lieu, mais… Par surcroît, avec notre mentalité et de nos jours encore, n'en déplaise quiconque, nos tendances sont influencées par les croyances superstitieuses au détriment du scientifique.

-Ah madame, je vais me résigner et faire de mon mieux, disait un charpentier qu'avait fait venir madame Guignard pour réparer sa clôture un peu affaiblie, mais...
- Qu'est-ce qui ne va pas « boss » André?
Boss est le surnom de tous les ouvriers surtout manuels.
- Vous ne l'avez peut-être jamais su mais...
- Mais..., mais..., mais quoi, rétorqua-t-elle, un peu anxieuse?
-Je crains de le dire madame Guignard... Mais, il faut faire attention. Vous avez des enfants et la maison est hantée.
-Maison hantée! Et comment le savez-vous?
-Vous êtes peut-être la seule à ne pas le savoir... Pourtant tout le monde en parle.
- C'est la première fois que j'ai entendu quelqu'un parler de cela! Mais depuis quand?
-Depuis le temps de la guerre de l'indépendance... Des révoltés avaient pendu six membres de la famille de leur ancien maître qui logeaient autrefois cette maison. Leurs esprits, dit-on, hantent encore ce lieu... Ce colon blanc, croit-on, était le cousin d'un certain Garidol, plus riche, qui habitait une villa du même nom : Maison Garidol. C'est à sa place que se loge maintenant le nouvel édifice du département de la garde nationale à la rue Monseigneur Guilloux. Voyez, j'en sais un peu madame mais...
Devenu un peu plus tard bureau de la police de Port-au-Prince pendant l'occupation, cet ancien local fut démantelé durant le gouvernement de Duvalier pour que fût reconstruit au même endroit ce dont nous avons maintenant et qui fut inauguré le 12 mai 1963, sous le nom de Casernes Duvalier. La « Maison Garidol » était un chef d'œuvre d'architecture, datant de l'époque coloniale. Le président Geffrard s'y arrêtait souvent avec l'idée de gagner l'affection d'un jeune peuple miséreux contemplant ses gestes de distribution de monnaie aux passants. Peut-être à l'époque qu'il aurait souhaité que les citoyens l'appelassent : « papa bon kè » ou père au bon cœur comme ils le faisaient à l'endroit du président Pétion... Il en était de même de la maison de Normil Charles, le plus grand sculpteur haïtien qui pour son compte symbolisait une sorte de musée, et de l'ancien bureau des contributions, un grand

site historique, car c'était là qu'on avait tué d'une balle la fille du président Geffrard, madame Cora Blanchard, qui selon nos ouvrages d'histoire d'Haïti, lisait à la lueur d'une lampe. Ce même édifice avait servi de palais national au gouvernement de Soulouque et de ceux après que le principal palais qui s'en suivit, sautât sous le gouvernement de Salnave. Il fut aussi le bureau administratif officiel des forces américaines durant l'occupation. Il est le symbole de l'une des premières attaques armées contre les Blancs. Ainsi, sous le commandement de Wildona Charles, des rebelles haïtiens avaient attaqué ce dit édifice. Le tout avait été manigancé par Antoine Pierre-Paul. Charles lui-même y trouva par malheur la mort et le coup avorta. Les Haïtiens avaient quand même tué plusieurs soldats d'occupation. Cela se passa le 5 janvier 1916. Cette ancienne maison, qui pis est, datait aussi de l'époque coloniale, portait le nom de son ancien propriétaire: Maison Bellegarde. On avait ainsi démantelé tous ces deux édifices et ceux d'autres particuliers de cette même enclave pour bâtir celui à plusieurs étages d'un nouveau bureau de contributions. Pourquoi, selon nous, défaire une nation de ses sites historiques pour construire des édifices publics aussi grands qu'ils puissent paraître à nos yeux?

- Je vous remercie boss André de ces informations. Toutefois, hantée ou pas, ça n'a rien à voir ni avec ma famille, ni avec moi.

- En tous cas madame, il est toujours bon de prendre des précautions. « Lagè avèti pa tiye kokobe » (Un homme averti en vaut deux). Au moindre signe sur la personne de l'un de vos enfants, emmenez-le se baigner à la mer au moins une fois par semaine! Je répare la clôture pour trois gourdes, frais et matériaux compris. « Pa fè tèt di non madanm! U gen timun » (Ne soyez pas incrédule madame! Vous avez des petits).

Depuis la conversation avec boss André, madame Numa comme on l'appelait de coutume, était devenue très anxieuse. La raison surtout était que, le jeune François, paraissant somnambule, se déplaçait la nuit de sa chambre pour aller dormir au salon près du

piano. En plus de tout cela, il se plaignait de fortes douleurs aux jambes.
- Ah, disait un proche voisin, c'est de la crampe. Un seul remède : « masay lwil maskriti! » (Des massages à l'huile de palma-christi).
Mais le pire c'est que le jeune garçon faisait montre d'une sorte de stupeur et d'un certain mutisme psychique qui laissait à désirer. Il s'emportait assez souvent et pleurait à tout moment. De plus, il négligeait ses leçons et ses devoirs.
- Mon Dieu, murmurait en toute croyance madame Numa, qui du monde penserait faire du mal à mon fils? Je n'ai point d'ennemi... Faut-il faire une sortie?
Dans notre langage propre à nous, faire une sortie signifie consulter un « hugan », homme investi de certains pouvoirs magiques et de certaines connaissances mystiques.
- Non, je ne crois pas qu'il soit nécessaire, avait-elle conclu. Je remets tout à Dieu.
Toutefois, elle avait suivi les conseils de boss André. Elle emmena l'enfant prendre son bain de mer au moins une fois par semaine et même deux fois quand le temps le lui permettait. Cela paraissait vouloir marcher quand enfin un jour, les douleurs étaient si fortes qu'on fit vite venir le médecin de famille qui déclara le jeune, victime d'une fièvre poliomyélitique qui ne lui coûterait peut-être pas la vie, mais que vu l'état de ses jambes apparemment non fonctionnelles et pliées sur elles-mêmes, il deviendrait infirme. En plus de cela, avait ajouté le médecin, ses chances d'être demain fertile sont presque inexistantes. Dans ces cas qui affectent surtout la partie inférieure du corps, les victimes, garçons ou filles deviennent stériles et sont privés de tout espoir de progéniture. Malgré tout, Ti Giya en sortit bien vivant... Madame Numa, fit de son mieux pour doter le jeune François d'une éducation assez renforcée. Elle avait fait appel à un prêtre du Petit-Séminaire qui, conscient lui aussi de la délicate situation, prodigua à l'enfant des leçons particulières et s'assura de son éducation tant fondamentale que musicale. Elle lui avait enseigné de plus l'importance des exercices physiques et la nécessité de se garder en bonne santé. C'était ainsi qu'avait grandi Ti Giya jusque vers l'âge de 25 ans en

1922 quand il partagea sa vie avec la belle Sianne Saladin, fille de Taylor Saladin, née elle-même en 1905. Elle n'avait que 17 ans quand ils s'unirent.

Il est monnaie courante chez nous d'entendre les gens déformer les noms d'individus ou même les changer complètement comme bon leur semble. En effet, Sianne Saladin, originaire de l'Anse-à-Veau, est née Iransia Saladin. Rentrée à Port-au-Prince, jeune adolescente, les gens de son entourage avaient décidé à leur guise de l'appeler Christiane. Peu de temps plus tard, le nom Christiane se changea tout court en Sianne. Elle l'accepta et l'adopta sans réplique. De Iransia et de Christiane, on n'en parla plus jamais. Ses propres enfants les ignoraient, voire ses petits-enfants. François et Sianne conçurent ensemble six enfants dont Olga, Laure, Félix, Anne-Marie, Adeline et Edner. Ce fut à eux deux, la façon la plus évidente de prouver peut-être combien était fausse l'énoncée aléatoire du pédiatre d'antan qui avait laissé entendre que le jeune infirme serait stérile et que ses germes seraient infertiles. Bien entendu, les tests sanguins, les analyses médicales, les examens diagnostiques et les résultats de laboratoires et autres n'étaient pas aussi avancés à l'époque dans un pays par surcroît sous-développé comme le nôtre… Madame Numa en était très concernée parce que le cadet ne s'était pas uni encore et n'avait, du moins à leur connaissance, aucun enfant non plus. Et voilà, à l'encontre de ses craintes de mère de famille, le nom Guignard a fait parcours.

- Dieu seul a les vraies réponses, disait-elle alors… Non pas la science! François a aidé la famille à conserver son nom. Jamais une bébé-fillette ne ressemble tant à son père. Dire que son médecin pensait qu'il n'en pourrait jamais! Mon fils a prouvé le contraire. Ce sera encore mieux quand naîtront les garçons.

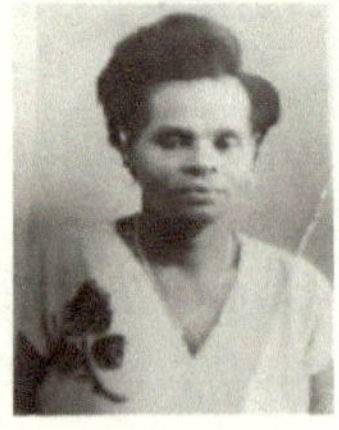

Venait cependant le temps des plus dures responsabilités familiales. Veuve, la mère de François, Laure, née Carrier, tint ferme malgré tout et avec la coopération de Daniel, le cadet, devenu jeune fonctionnaire de la banque Royale du

Canada, elle continua de les assister. La jeune sœur de François, Laura, se maria elle-même à Herman Corvington, un brillant avocat, professeur de droit international à la faculté. Maître Corvington fut aussi écrivain. François et Sianne allèrent habiter une cour à la rue des Fond-Forts près de l'ancienne cathédrale non loin de madame Clément Jean-Baptiste (mère de Nemours). En guise de rappel, les Neff (Fritz, Georges, Jean) et leurs parents vinrent habiter plus tard la même région.

Alors que Sianne (voir photo plus haut attachée) attendait déjà leur second né, ils avaient perdu leur première fille Olga, jeune bébé. Et, peu de temps après naquit alors Laure (Ti Lò). La grand-mère avait voulu qu'elle portât son nom; elle lui ressemblait. Tout paraissait se dérouler normalement quand soudain mourut Daniel dans son jeune âge en 1927 victime, parait-il, d'un empoisonnement, rapporte-on. Les choses paraissaient devenir un peu plus difficiles; cela n'empêcha pas pourtant que Félix (Féfé) naquit le 3 novembre de cette même année. Et la famille se multipliant, François Guignard et les siens allèrent habiter une autre cour face au bureau de la police de Port-au-Prince. C'était durant l'époque de l'occupation. S'adonnant à la musique de danse surtout comme profession, il explora vivement cette carrière et fit de son mieux pour gagner son pain et supporter son foyer.

Guignard et son groupe musical performaient surtout au bar Chez Florville, lieu de rencontre et de plaisir pour les occupants. Là plus particulièrement, le rhum Barbancourt coulait à flot. De notre clairin ou rum blanc, ces américains en faisaient aussi grand usage; ce qui les poussait à dire allègrement: « Besides not having to fight any army nor rebels anymore, what we like the most are the beautiful girls… O Lord! How sweet they are! » En effet, ils avaient bien raison puisque de Wildona Charles, de Charlemagne Péralte, de Benoit Batravil et de ceux du sud, on ne gardait que de creux souvenirs… On n'en parlait plus. Et comme leur bureau se trouvait non loin de chez Pè Gi tant à la rue des Fond-Forts qu'à la rue Monseigneur Guilloux, on raconta qu'ils venaient eux-mêmes le chercher toutes les fois que se faisait sentir leur besoin de s'évader aux plaisirs fous. Ils le transportaient joyeusement et avec beaucoup d'enthousiasme sur leur dos pour se rendre en ce bar. Ces blancs ne pouvaient s'en passer de rencontrer nos belles et joyeuses négresses, brunettes, mulâtresses aux belles hanches, aux gencives violettes, marabous aux seins de mandarines comme le laisse entendre notre poète Emile Roumer, ou mieux encore, aux seins semblables à deux jeunes tourterelles prêtes à s'envoler, pour se réjouir et danser sans crainte ni peur au son d'un simple duo que formaient en ces cas particuliers Pè Gi et César Bruno (le maestro au piano et son assistant à la clarinette). Ils criaient vivement à chacune de leurs performances: Viva Guignard! Viva Guignard! Il faut aussi avouer que de ce duo, ces belles dames s'en étaient réellement éprises. César en profitait et s'affolait en ce sens. Mais ce soir plus particulièrement il paraissait perdre contrôle:

- Ti Giya, murmurait-il, nous sommes bien chez nous… Je n'en peux plus… Voyez-vous comment celle-là me regarde là-bas! Elle s'en fout de son partenaire blanc. Elle parait ne s'intéresser qu'à moi… Ah que dis-je!... Qu'à nous!

- De qui parlez-vous César?

- De celle-là…

- Mais il y a tellement de belles « Kabrit » ici en ce lieu.

Si dans notre langage vernaculaire nous utilisons souvent des mots « ti fanm », « ti grenn », « ti bubut », Pè Gi de son côté aimait employer ce terme « Kabrit » (cabrit) propre à lui pour désigner les femmes des rues, ou d'ambiances populaires, femmes d'allure attirante.

- Ah Guignard!... Celle à la jupe-cloche!

- Mais… C'est moi qu'elle regarde!

- Vous avez raison maestro… Je me suis trompé parait-il. Jouons Shukun!

- C'est une belle « ti kabrit »!

Aussitôt que le maestro eût fait signe à César d'entamer notre belle mereng, la dame accourut s'asseoir à son côté sur le banc devant le piano. Elle plaça sa main autour de son cou le couvrant de baisers pendant que lui, il caressait le clavier de son instrument.

- Papi, lui déclara-t-elle après l'interprétation de Shukun, ce Blanc là-bas aimerait partir avec moi.
- Eh bien… Profitez-en!... Partez avec lui! C'est une très bonne occasion. Ne la ratez pas!
- Non!... Je ne partirai pas avec lui. Il parait ne pas avoir besoin de moi comme épouse.
- Comment?
- Il m'a souvent dit qu'il « enjoy being with me » (aime se trouver avec moi) et que je suis « his woman » (sa femme). Il ne cesse de me répéter: You are my woman! You are sweet my dear… I love you! (Vous êtes ma femme! Vous êtes douce ma chérie… Je vous aime!)
- Et puis, rétorqua le maestro!
- Je lui ai donc demandé de se marier à moi si vraiment il m'aime et me considère sa femme… Il m'a toisée et répondu tout bonnement: Never! Blacky! Et pointant du doigt un de ses amis, il avait ajouté: You are as his well. Que signifie cela: I Am as his well?
- Il entend par là que vous êtes aussi la femme de son ami... La femme de tous en général.
- Il se trompe alors. Je ne veux pas aller baigner les chiens en pays étrangers. Je préfère rester ici en Haïti.
A part se rendre à Cuba, en Dominicanie et aux Bahamas, quitter le pays autrefois n'était pas un rêve que convoitaient les Haïtiens. Explorer le monde des Etats-Unis surtout leur était peu attrayant. Ils considéraient cela comme aller s'engager volontairement comme esclaves. Ils envisageaient même qu'aller aux îles Turks à travers les Caraïbes était un voyage vers l'infini si vrai que pour indiquer l'éloignement nous utilisons souvent l'expression créole: « Jis lan (z)il Tik » (Jusqu'aux îles Turks). L'exodus commença vers 1963 quand Duvalier se donna un second mandat.
- D'ailleurs, ajouta-elle avec passion, je n'ai pas besoin de lui; il ne partage pas bien le lit. Je n'ai besoin que de son Washington (dollar); c'est pourquoi je ne l'ai pas longtemps largué.
A entendre cela, Pe Gi fit vite d'interpréter la vibrante chanson du chanteur original de son ensemble: Alfred Daniel eu égard à

l'énoncée elle-même. Et comme ils n'étaient que deux, la dame accourut la chanter avec eux:

*Tan mwen la Ti gason! Tann mwen! (bis)*
*(Arrête jeune homme! Arrête!) (bis)*
*Ti gason rete lan baryè l'ap fè m' siy o*
*(Le jeune homme se tient droit à la barrière me faisant des yeux doux)*
*Si u pa gen dola, u pap sis*
*(Sans des dollars à m'offrir, tu ne m'auras pas)*
*Si u pa gen « Washington », u pap sis*
*(Sans des « Washington », tu ne m'auras pas)*

Il ne fallait que cela; l'auditoire s'affola et le Blanc lui-même se sentant fier qu'une telle femme fût la sienne en profita pour se montrer, et l'appela par son nom:

- Désira darling!

De lui, elle s'en foutait peu et cette fois, compte tenu du nom évoqué, le maestro en saisit l'occasion pour interpréter la vibrante composition « lan mashe lannwit saa ». Cette chanson faisait la une :

*« Lan mashe lannwit saa, m' te wel o » (bis) (O! Je craignais fort ces promenades la nuit (bis)*
*Lan mashe lan nwit, saa m' te we zetwal fanm lan file (Contemplant ainsi cette femme durant ces promenades nocturnes, j'ai vu filer son étoile)*
*Ban m' lanmen Dezire, ban m' lanmen! (Bis)*
*(Tends-moi la main Désirée, tends-moi la main! (Bis)*
*Ban m' lanmen Dezire si m' tonbe m'a leve! (Tends-moi la main Désirée pour que je me relève si je tombe!) »*

Cette façon de concevoir la vie nous fait penser à notre poète déplorant la réalité sociale face aux besoins physiologiques :

*« Ventre contre ventre*
*Ombilic contre ombilic*
*A peine soudés*
*Chacun du fond de soi*

*Demeure un isolé*
*Qui trompe un inconnu. »*

Elle soupira enfin grandement et jetant soudainement un regard timide vers le maestro, lui caressa timidement les cheveux et ajouta capricieusement:
- Je me sens beaucoup mieux près de vous, « gens de bien » de chez moi…
Et lui, gardant son silence, ne pouvait s'arrêter toutefois de penser :
- Dieu soit loué, Sianne n'y est pas… Quelle jolie « kabrit »
Et depuis, l'expression « as his well » devient par déformation le mot créole « azizwèl » pour désigner une femme des rues. Aux dires d'un témoin à la langue fine, jamais de sa vie François Guignard n'avait joué aussi bien Shukun… Qui pis est, comme c'était au mois de novembre, l'époque des « gede » (dieux vodou représentant les morts) et que l'âme d'artiste soit quelque chose d'exceptionnel, il avait quand même interprété la chanson « Awona »:

*« Adonna leve…O, leve non! Awona leve lan simityè, men bawon mande padon. Ewa tègèdèk! » (« Prostituées, réveillez-vous de votre tombeau! Bawon, dieu des morts au cimetière, sollicitera votre pardon. Soyez-en certaines.) »*

Quelqu'un d'autre affirma l'avoir souvent vu avec quelques-unes de ces dames parcourir les rues de la capitale sur sa moto… Et quand on lui avait dit que Pè Gi était infirme, il avait déclaré n'avoir jamais su cela. Que de pensées! Que de bavardages! Toutefois, de notre côté, nous savons pour sûr que de ces jugements et dires jaloux, Sianne s'en foutait. Elle manifestait ses dédains répliquant publiquement:
- J'en suis contente et fière au contraire. Cela écarte de lui les soucis de sa vie. Chose encore pire, ne disait-on pas avant qu'il ne pouvait pas…? Demandez-le-moi! De lui, j'ai donné naissance à une demi-douzaine d'enfants.

Et lui de son côté, amoureusement taquin, il n'hésitait pas d'exclamer en voyant passer une de ces belles dames et en présence même de sa chère Sianne:
- Gade yon kabrit! (Quelle belle femme!)

Partisan de la gaieté et de la joie, François Guignard aimait plutôt faire rire. Il entendait écarter de lui tout signe de tristesse et de mélancolie. Cette jovialité caractérisait toute sa force et toute sa fierté et Sianne partageait vivement cette attitude à ses côtés. Elle l'aimait et l'adorait tel qu'il était. Etoile de son temps, Pè Gi et son super moderne jazz animaient aussi des bals au bar Sylvio Cator du nom de notre olympique vedette. Il ne faut pas confondre ce lieu au stade ci-devant Parc Leconte. Ce bar se situait non loin du Rex théâtre au coin de la rue Capois et de la ruelle St. Cyr. Là, le style cabaret était en mise et le groupe interprétait surtout des chansons françaises en vogue telle la suivante:

*«Cela se danse très simplement*
*D'abord on marche un moment*
*Et tout doucement on pousse un cri parfait: Woo! »*

Le monde port-au-princien aimait surtout la mélodie et la fredonnait sans cesse. Antoine Duverger, étoile de ces occasions se faisait montre avec ses multiples compositions pleines de vie écrites en français. La suivante en est une:

*« Le coco est doux*
*Il a du bon goût*
*Tout le monde aime le coco*
*C'est rafraichissant*
*Et même appétissant*
*Tout le monde aime le coco... etc. »*

# L'adolescence de François Guignard

## Sa vie familiale

Revenons à l'enfance de François Guignard! Cette famille de l'époque eut l'avantage et la possibilité de posséder un piano. Pé Gi admirait cet instrument de musique qui fut pour lui en particulier un jouet. Il le considérait parait-il comme tel. Il apprit le solfège et s'adonna à la musique classique très tôt. Il admirait beaucoup Oxyde Jeanty qui, selon plusieurs, est le plus grand musicien haïtien de tous les temps... François Guignard aimait interpréter les compositions de « Jal Oksid » (Général Oxyde) comme l'appelait tout le monde; notre jeune François n'en fut pas exempt. En effet jusqu'à sa mort, nous ne nous souvenons jamais l'avoir entendu dire Oxyde Jeanny, mais bien: Jal Oksid. De son côté, Oxyde admirait ce jeune talentueux infirme, et sur ses propositions et demandes par devant les autorités concernées, le « Super Moderne Jazz François Guignard » performa en maintes fois tant au palais national qu'aux casernes Dessalines. Notons bien que ces deux musiciens n'étaient pas de la même génération. Le grand chef de la fanfare des casernes, nommé général, a vécu de 1860 à 1936. Il était si grand que la populace changea le nom de ladite fanfare pour l'appeler plutôt à leur aise: Fanfare Oxyde Jeanny. Ainsi donc, depuis son enfance, François Guignard faisait journellement usage du piano et de l'accordéon exécutant les œuvres de tous les auteurs locaux des générations qui ont précédé la sienne.

Cependant, les obligations vis-à-vis sa nouvelle famille avaient écarté de lui certaines possibilités dont il bénéficiait durant son adolescence. Avoir un piano à l'époque n'était pas chose facile. On ne les trouvait que dans certaines régions déterminées de la ville. Et bien que cet instrument fît partie de son domaine, François Guignard n'en était pas exempt non plus. Apprendre de Pè Gi était une envie que convoitaient plusieurs. Ainsi Dodo William en profita pour demander au maestro qu'il lui enseigna à jouer le piano. Conscient de la situation, l'aspirant élève en acheta lui-même un de la marque Playel qu'il plaça chez le professeur. Ce dernier l'utilisa comme s'il était sien jusqu'au moment où, vers 1949, Féfé en acheta un autre de madame Lina Mathon Blanchet, l'une des plus belles figures de l'histoire de la musique haïtienne. Ce piano fut confié à Sonson Duroseau qui rénova son apparence et le remit en état. Sonson habitait la rue d'Ennery non loin de l'église St. Paul, du lycée Toussaint Louverture et du tribunal civil de la section sud. De par sa qualité, ce nouveau piano, que nous avons nous-mêmes connu, était de plus grande valeur que celui de Dodo. Après son mariage, Féfé le passa à Edner.

La théorie qui laisse entendre que la musique est l'art de combiner les sons d'une façon agréable à l'oreille, n'est pas suffisamment définie en ce qui concernait maestro François Guignard. Ce qui peut sonner creux aux oreilles d'un maître-musicien ou musicologue quelconque peut bien paraître normal à un ignorant en la matière. Toutefois, les manifestations sonores ont fait les premiers pas avec l'existence elle-même. La musique n'a de commencement qu'avec l'humanité. Nul ne peut donc définir son vrai début. On comprend dès lors qu'en tant que science à travers partitions et lectures, elle n'est que d'hier historiquement. Il parait donc absurde de qualifier de non-musicien quelqu'un qui ignore les principes de solfège. La musique comme la parole a toujours existé. On est né musicien. Pour mieux s'y approfondir seulement, il est nécessaire de la contourner et de l'explorer scientifiquement. Il nous a fallu du temps pour, plus tard, comprendre avec Dernst Emile comme professeur que la musique est plutôt la science des sons considérés sous le rapport du rythme, de la mélodie et de l'harmonie qui elle-même est l'étude des accords. Maestro Guignard observait parait-il à son aise cette conception théorique et scientifique de la pratique de la bonne et vraie musique. Il observait en un mot les règles de l'harmonisation. L'on comprend dès lors pourquoi il s'attirait tant les admirations surtout durant la période de l'occupation. Ajoutons à tout ceci qu'il parlait bien l'anglais et déchiffrait tant bien que mal l'espagnol.

Avec son « handicap » physique particulier, les possibilités de déplacement de François Guignard s'avéraient quasi-impossibles au temps de sa jeunesse. L'usage des voitures était peu courant; les carrosses tirés par des chevaux étaient plutôt en vogue. Mais avec le temps, sa mère trouva avantageux de lui acheter un tricycle à moteur d'un prêtre français du Petit-Séminaire, devenu lui aussi handicapé, pour qu'il pût s'en servir. Le prêtre qui retournait en France, voulait s'en débarrasser; c'était plus probablement vers 1912. Depuis, l'artiste Pé Gi pouvait se déplacer à son gré à travers les rues de la capitale non encombrante à l'époque. Ce vélo était lors, à part les quelques rares voitures (genre Ti Fòd 4 / Ford 4) et les tramways, beaucoup plus rapide que les carrosses. Pè Gi s'en servit jusqu'à son départ pour l'au-delà en avril 1979 à l'âge de quatre-vingt-deux ans près. Nous vous dirons plus clairement que François Guignard a transité en 1979, car la vraie mort c'est l'oubli, c'est-à-dire quand on ne parle plus de nos disparus. La mort est plutôt, selon nous, une transition de notre monde à un autre spirituel, jusqu'ici inconnu. Les grands esprits et les grandes âmes restent et demeurent immortels; ils ne meurent jamais. Mozart, Célia Cruz, Ray Charles, Nat King Cole, Tino Rossi, Edith Piaf et tant d'autres encore, ne sont-ils pas inoubliables? Pourquoi chez nous avons-nous tendance à jeter dans l'oubli les vedettes du passé et honorer follement les médiocres du présent pour les oublier eux aussi plus tard?

Imbu de connaissances tant en musique, qu'en horlogerie, qu'en radio, et même surtout en mécanique légère, Pè Gi était connu et adulé de tous. Qui du monde port-au-princien ne connaissait pas François Guignard? De plus et malgré son infirmité, il se rendait souvent, dans les autres principales villes du Nord et du Sud, animer les festivités et les fêtes champêtres. C'est ainsi qu'en 1935, un de ses admirateurs l'invita à animer une soirée à Jacmel. Le maestro, comptant s'y rendre en « Grenn Siwèl », s'accompagna de Féfé Clermont au banjo, Hillarion Hilaire à la batterie et Antoine Carpentier au saxophone. Ils montèrent tous quatre dans un camion de transport en direction de cette belle ville du sud-est où attendaient anxieusement des fans assoiffés de plaisirs. Malheureusement, c'était durant la saison pluvieuse. Pour bien décrire combien dangereux était le trajet en ces temps, on disait lors: « Wut Jacmèl... Se san en pas dol wi… » (La route de Jacmel est très dangereuse. On doit traverser cent-une rivière…). En effet, ce n'est qu'une façon vernaculaire de dire qu'il y a plusieurs grands cours d'eau sur la route. Le camion avait des difficultés à traverser une rivière en crue; son moteur s'était éteint et il avait capoté. Les compagnons de François Guignard se sauvèrent de justesse grâce à l'habileté et au dévouement de quelques habitants de la région. C'était vraiment le cas: « Sauve qui peut! Chacun pour soi, Dieu pour tous! » Ils avaient du mal à retrouver leur sens. Par contre, à l'exception du maestro, ils se trouvaient tous sur la rive et le côté leur facilitant le retour à la capitale. Mais qu'en était-il devenu de Pé Gi lui-même? L'un d'eux se souvenait l'avoir vu de l'autre côté de la rivière, se battant désespérément contre les flots.

- Qu'allons-nous dire à sa famille?

- Mon Dieu! Mon Dieu, criaient les gens les larmes aux yeux particulièrement Sianne et les enfants à leur retour à la capitale sans le maestro! Edner n'avait pas un an encore…

On envisageait surtout Pè Gi luttant, se débattant sans espoir dans les flots bouleversants. On avait conclu enfin qu'il avait été emporté par les eaux quand finalement, quatre jours plus tard, l'atmosphère pluvieuse se changea. Le niveau des eaux des rivières était devenu normal et au grand étonnement des gens de son voisinage, un camion en provenance de Jacmel s'arrêta à la rue des Fond-Forts. Un « bèfshenn » (attendant de services) y était descendu portant en mains François Guigmard qui avait pu regagner la capitale et son logis. Il avait pleuré… Sans que les autres camarades musiciens s'en rendissent compte, un groupe de paysans était venu au secours du maestro et lui avait sauvé la vie. Ces bienfaiteurs l'avaient bien gardé et nourri. Ils en avaient bien

pris soin attendant la possibilité que les camions de transport reprissent la route vers Port-au-Prince. Le Bel-Air, sa famille en particulier et le monde musical hurlaient de joie:
- Le voilà! Le voilà!... Merci l'Eternel! Vive Ti Giya! Merci l'Eternel, Dieu tout puissant!
Le grand maestro ne cessa jamais de raconter ses péripéties et surtout les vives expériences de bonté, de loyal respect, d'encouragement et de manière de vivre qu'il a vécues parmi nos paysans lors de cette tragédie qui a failli lui coûter la vie en 1935.

## François Guignard et sa visée culturelle

François Guignard admirait des groupes musicaux, jouer le marimba, mannibula, mannuba, mieux connu en Afrique sous le nom de ‘mba et puisque joué à la main: manu. Au terme manu lui-même nous vous invitons à y penser. Est-il latin ou africain? A cela nous répondrons tout simplement que l'Afrique, selon ce qu'attestent les savants d'autrefois, est le berceau de la civilisation. Pé Gi décida de rénover lui-même cet instrument, le rendre plus chromatique afin qu'on pût aussi bien l'utiliser pour interpréter les multiples mélodies. Il garda la hauteur originale de près de deux pieds facilitant la possibilité de s'asseoir dessus comme conçu mais agrandit sa façade de trois pieds de large et aligna sur deux rangées, conformément aux théories musicales, une trentaine de lames d'acier tirées de vieux phonographes compte tenu des sept notes régulières et des cinq dièses et bémols y relatifs. Ce fut un chef d'œuvre d'instrument. Il le vendit plus tard pour trois cents gourdes à Lulu Erié de la ruelle Alerte qui s'y intéressait beaucoup. Erié était un proche du président Vincent. Il s'était rendu en Europe et plus particulièrement en France avec cette merveille. De grands musiciens là-bas en étaient éblouis. Ils déclaraient tous n'avoir jamais vu pareil. D'un tel chef-d'œuvre, qu'en est-il devenu? Nul ne sait…

Il faut encore signaler que François Guignard s'adonna professionnellement à la musique dansante durant l'époque de l'occupation. Les occupants s'intéressaient beaucoup à mieux connaître notre culture… Il y eut, parait-il, une sorte d'émancipation en ce sens. Attention! Nous ne disons pas apport mais bien émancipation. Etoile de son temps, il enseigna la musique à quiconque s'y intéressait. Pas mal de gens en profitèrent ; ceux qui surtout pouvaient créer des mélodies à caractère même classique et dépourvues d'aucun lyric quelconque mais qui ne savaient que peu ou rien du solfège. Ces genres de mélodies, (mereng lente surtout) étaient en vogue à l'époque. Pè Gi apporta pleinement son apport et sa contribution en ce sens. La mélodie de l'une de nos plus belles et de nos plus populaires mereng: « Dans tes bras », est de Arsène Desgrottes mais, François Guignard fut celui qui écrivit la partition musicale pour qu'un tel classique qui nous sert encore d'héritage pût être remis à l'orchestre Saieh et présenté à Bebo Valdes de Cuba pour orchestration. Il en est de même de certaines des chansons de l'un de nos plus grands chansonniers Canjo Despradines, père de Emérantes Despradines. Le maestro aussi bien que ses deux fils les ont maintes fois accompagnés tous les deux (père et fille) durant leurs performances. Il en faisait de même pour les mélodies de Antoine Duverger et de tant d'autres.

La collaboration de Ti Giya dans le monde musical haïtien est grande, n'en déplaise ceux qui peut-être, n'aimeraient pas l'entendre. Il y eut une époque en Haïti où l'administration communale de Port-au-Prince organisait des concours de «mereng» deux fois l'an. Il ne s'agissait pas lors de choses gouvernementales mais bien de projets culturels planifiés purement et simplement au niveau de la mairie elle-même. Le premier était pour rehausser l'éclat de la période des jours gras. Et le deuxième, réalisé surtout en été, était pour faire valoir plus particulièrement notre folklore. Durant cette toute dernière phase, les grands musiciens présentaient chacun leurs partitions et orchestrations de « mereng lentes » au grand orchestre du palais national pour exécution avant qu'elles fussent présentées à l'appréciation du grand public. Il faut noter que la mereng reste et demeure officiellement le rythme national haïtien et qu'il existe deux genres de mereng : la mereng ordinaire et la mereng lente. La « merengue dominicana » ou mereng dominicaine n'est autre que la mereng haïtienne avec un tempo diffèrent (un troisième tempo), jouée beaucoup plus vite, bien entendu avec quelques petites déformations devant répondre à leurs propres mouvements culturels. Certains prétendent même qu'elle fut tirée des manifestations d'attractions apparentes des « coupeurs de cannes » haïtiens aux temps des durs labeurs dans les bateys (champs de cannes à sucre). D'ailleurs le nom n'a pas changé si ce n'est que la prononciation. La chanson-hit dominicaine: « El Negrito Del Batey » avec la chaude voix de Alberto Bertran confirme cela d'ailleurs. N'avons-nous pas tendance à pleurer nos peines à travers la musique joyeuse et la danse? Nous oublions nos misères et notre pauvreté pour accueillir et jouir des jours gras… Il en est de même du Zouk de la Martinique et de la Guadeloupe qui n'est autre que notre kata remanié sous une forme nouvelle attribuée à notre konpa dirèk ou plus précisément aux mouvements et au style de Tabou Combo. Ironiquement, si les jeunes de notre nouvelle génération méprisent leur kata, ils s'affolent pourtant du zouk en sa qualité de « rythme » venant de l'étranger: « Jete vye shodyè pu shodyè nèf / Tout nouveau, tout bon ».

- Sous prétexte de salissure, nous disait Pè Gi, nous cultivons la tendance à nous cacher pour déguster une mangue mais nous montrer cherchant les regards en savourant une pomme. La pomme, produit importé coûtant une gourde et quart est synonyme de « afè bon » (aisance). Il est encore pire quand vient le temps de s'alimenter d'une ration de maïs moulu, d'hareng saur et d'avocat.

Nous avons personnellement vers 1990 constaté, lors d'un bal Tabou Combo, comment le groupe invité Cassave avait eu un succès d'appréciation incomparable face au groupe d'accueil. La soirée fut réellement en son honneur. N'était la force de frappe insoutenable de Tabou Combo, sa présence aurait pu être totalement négligée. Cassave est un groupe étranger!... Par ailleurs, on joue beaucoup les musiques de Tabou Combo en Amérique Latine; en Colombie, au Vénézuéla et surtout en Honduras. Là-bas, ils interprètent aussi ses chansons en espagnol. La merveilleuse chanson « Jamaican Farewell » n'est autre qu'une mereng... Nous avons un autre exemple presque similaire au Mexique. Il s'agit cette fois non seulement de style, mais aussi de prononciation et d'accent. Des musiciens français, des violonistes surtout, se rendaient souvent dans ce pays de l'Amérique pour performer et animer ensemble des réceptions de mariage, jouant un style « cabaret » propre à eux-mêmes. Ils occupaient lors cette région de l'ouest des Etats-Unis, non loin du Mexique, communément appelée dans son ensemble: La Louisianne. Cette région fut cédée plus tard aux Américains. Les Mexicains avaient tendance à les identifier comme étant des groupes attribués aux mariages. Imaginez quelqu'un ne parlant que l'espagnol dire le mot mariage! Par défaut de prononciation, il devient tout bonnement: mariachi. Ce mot n'appartient qu'au langage mexicain seulement; il n'est pas espagnol et ne figure dans aucun dictionnaire relatif à cette langue. Nous vous invitons à les consulter. Il s'en suit de tout cela qu'à travers l'Amérique latine, le style mexicain et les « mariachi » se différencient de l'ensemble des autres puisque le terme lui-même n'est qu'une déformation de prononciation propre aux mexicains. A entendre le tango de l'Argentine on peut aussi bien déterminer une certaine influence européenne qui en découle. Pour conclure, nous nous pencherons sur un cas vraiment particulier. La guaracha de Cuba qu'admiraient tous à travers l'Amérique latine devient la salsa de Puerto Rico. Qui pis est, les latinos eux-mêmes n'en parlent plus... Et ceux ou celles qui la chantaient autrefois avant ne cessent d'exclamer vivement aujourd'hui durant leurs performances nouvelles: Salsa! Salsa! Rien ne nous étonne; il n'y a rien de nouveau sous ce ciel bleu particulièrement sous celui de chez nous en Haïti. Dans ce même contexte, nous eûmes demandé un jour au maestro:

- Pè Gi! Pourquoi la musique des Noirs américains se différencie-t-elle de celle de chez nous et des autres pays de l'Amérique latine?

- C'est historique, culturel et simple, nous avait-il répondu. Contrairement aux autres Blancs des autres pays colonialistes d'Europe, ceux des Etats-Unis interdisaient aux esclaves de faire

usage du tambour et des vaccines (bambou). Or le tambour particulièrement est l'instrument rythmique primordial chez les Nègres. Cet héritage parmi eux a disparu en Amérique du Nord à travers les générations; c'est tout.
Suivant cette analyse de François Guignard, point n'est besoin d'être anthropologue ni ethnologue pour comprendre qu'au commencement était le son et qu'au début de l'humanité elle-même était la parole. Il s'en suit que dès la parution de l'homme sur terre, la bouche et les lèvres ont toujours contribué à la phonation, élément naturel de la production du son de la voix qui est à la base de la parole elle-même et du chant. Dès lors, l'humanité ayant fait son début au centre de l'Afrique, il y a de cela des billions d'années, on estime possible que la coquille du lambi, les roches (sous forme de castagnettes), le bambou et le tambour soient, dans leur aspect primitif, les premiers instruments conçus qui visaient à contribuer à l'accroissement des mouvements rythmiques devant répondre aux différentes expressions mélodiques. Cela explique pourquoi les autres animaux, quoique capables d'émettre aussi des sons, ne peuvent nullement évoluer en art musical. Le chien n'aboie que pour manifester sa crainte ou sa joie ou pour simplement s'attirer une attention. Nous contemplons certes le chant des oiseaux mais, à l'encontre de l'homme, ils n'ont ni le sens des rythmes, de l'évolution ni de l'invention.

De par ces énoncées, point n'est besoin non plus de vous dire que notre cher pays fut à une époque le centre culturel de la Caraïbe et même partiellement et en toute fierté, de toute l'Amérique latine. Dans ce domaine tout particulier, il n'avait pas d'égal. François Guignard était l'un des meilleurs amis de Luc Jean-Baptiste, chef d'orchestre bien connu de la fanfare du palais national ci-devant fanfare des Casernes Dessalines (notez qu'avant l'invasion du 29 juillet 1958, les militaires du palais national et des Casernes Dessalines ne formaient qu'un seul corps). Haïti, sur le plan diplomatique, fut invité à participer à un concours de musiques classiques et autres communément appelées musiques de salon, à travers la Caraïbe. En sa qualité de chef de la fanfare nationale du pays et instruit d'un tel devoir, Luc Jean-Baptiste courut en informer Pé Gi pour conseils et suggestions.

- Mon cher François, nous venons de recevoir une grande invitation.

- Laquelle, lui demanda-t-il?

- C'est une invitation de haut niveau, à laquelle le pays se doit d'y répondre officiellement et, j'en suis particulièrement concerné. La fanfare nationale, sous ma direction, participera à un concours de musiques entre les pays de la Caraïbe, le mois prochain.

- Luc, vous pouvez vous en sortir très bien si naturellement vous suivez mes conseils… J'ai pu, moi personnellement, durant la période de l'occupation, me rendre compte comment les étrangers apprécient notre culture et notre musique. Je ne sais pas combien de compositions vous allez pouvoir interpréter mais, jouez quand même et surtout à la fin, deux de nos « mereng de salon »! Je vous aurais conseillé surtout « Shukun » de Mauléard Monton et « Quinze jours au Cap » de François Manigat. Ainsi, nous en sortirons grands et vainqueurs pour sûr et certain.

- Je suivrai vos conseils Guignard. Ils sont de poids.

- Merci! Et de Shukun surtout, j'en fais grande considération. Savez-vous pourquoi Luc? Il est vrai que Quinze jours au Cap soit une merveilleuse composition mais la mélodie de Monton fait de nos jours fureur à travers l'Amérique. Aux Etats-Unis surtout, selon ce que j'ai appris, ils l'ont interprétée et se réclament de sa paternité. Il y a un Américain qui se dit être le compositeur. Il la titre: Yellow Bird qui signifie en français: Oiseau Jaune.

- Quoi, exclama Luc! Nous avons en archives la partition originale de Monton. Nous partirons avec un tel document pour le présenter. Nous parlerons d'abord de Oswald Durand et des faits qui l'ont poussé à écrire le poème en 1883 et ensuite de Monton lui-même, auteur de la belle mélodie en 1893. Nous ferons tout cela avant de l'interpréter par devant le jury et le public. Pour cela, nous choisirons un orateur de poids.

- Je vous remercie d'avoir grandement considéré mes suggestions, Luc. Toutefois dans ce même contexte, j'ajouterais qu'il faut éviter d'interpréter certaines autres mélodies populaires telles par

exemple: « Manzè Woza », « Je la chérissais plus que ma mère » et autres qui ne sont pas directement de nous… Elles viennent de nos alentours et plus particulièrement de la Martinique. Rassurez-vous que toutes celles que vous allez pouvoir interpréter sont du terroir et pour sûr d'auteurs haïtiens ou, dans certains cas et peu importe, d'auteurs « haïtien-mélangés », tel le cas de Mauléard Monton dans Shukun!
Il est bon de noter que Monton est né de père haïtien et de mère américaine.

Cela se passa vers 1944 sous la présidence de Elie Lescot et comme prévu, Haïti remporta le premier prix. Nos deux mereng de salon, en particulier Shukun, bouleversèrent l'audience et le jury en général. Ce n'est pas sans raison que plus tard, le jeune Harry Bellafonté épris de la cadence et de la souplesse d'une telle mélodie l'interpréta avec tant de passion que certains étrangers pensent qu'il en est le compositeur. Selon nous toutefois, il ne l'interpréta jamais aussi bien que Herby Widmaïer… Nous remercions le produceur du disque original de la Sonora La Matancera d'avoir mentionné le nom de Mauléard Monton comme étant le compositeur. Cependant, il n'a pas rapporté que Celia Cruz la chanta en duo avec Martha Jean-Claude. Ce n'est que plus tard que cela apparut sur internet sous forme de tribut.
- Pourquoi a-t-on fait cela, se demandait Pé Gi? Ce n'est pas juste. L'honneur revient à tous ceux ou celles qui le méritent. La voix de Martha se distingue clairement d'ailleurs.
Nous profitons de cela aussi pour rehausser la visée folklorique du Jazz des Jeunes dans sa chanson réplique à Nemours Jean-Baptiste: *Jazz des Jeunes est l'enfant chéri du peuple haïtien*. Ecoutant particulièrement ces vers mélodieux: *« Le folklore haïtien mérite d'être tenu bien haut. Il triompha à Cuba, à Paris, en Colombie »* et se souvenant peut-être de ses conseils à Luc Jean-Baptiste lors de la participation de la fanfare nationale au concours international de 1944, Pé Gi murmura sans hésitation:
- Sa se vre mezanmi! (Cela est vrai, mes amis!)

## Les groupes haïtiens et leur conception du jazz

Parlant de jazz haïtiens, nous avions une fois entendu François Guignard dire calmement:
- Le jazz haïtien, cela n'existe pas!
C'était vers 1960, par respect peut-être, nous avions commis l'erreur de n'avoir pas répliqué à son énoncée. Il aurait pu nous la définir pour que nous pussions mieux la comprendre depuis. Nous aurions pu beaucoup plus tôt que maintenant acquérir des notions qui aujourd'hui nous sont révélées utiles vu leur sens et leur logique. De par les analyses et les données requises plus tard en ce même centre-culturel volant de formations nous pouvons de nos jours comprendre et définir enfin son énoncée en ce qui concerne l'incompréhensible existence du jazz haïtien.

Modern Jazz Guignard au studio de la station HH3W

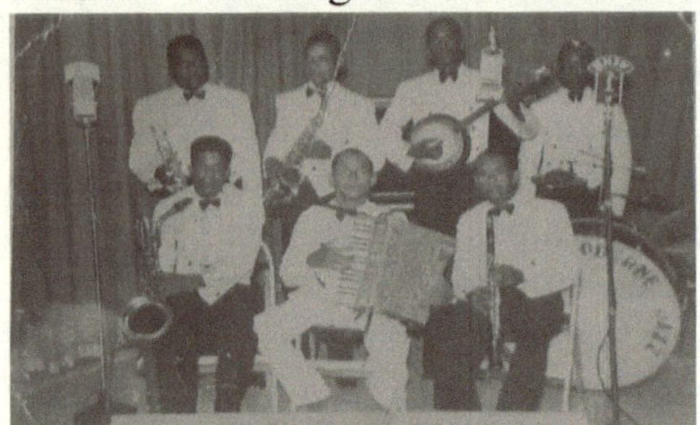

1ère rangée de gauche à droite: Etienne William (sax baryton), François Guignard (accordéon), César Bruno (clarinette) (2ème, de gauche à droite): Hubert François (trompette), Antoine Carpentier (sax alto), Daniel Alfred (chanteur, banjo) Et Sonson ainsi connu (batterie).

L'évolution est l'un des caractéristiques les plus viables de l'histoire de l'humanité. Si en musique, nous les haïtiens nous avons la mereng, le yanvalu, le rabòday, le kongo, le ibo et autres, les américains de la partie sud des Etats-Unis, plus particulièrement les Noirs, ont à côté de tant d'autres, leur swing. Ces rythmes sont tous le résultat de rénovation, de développement et d'évolution culturelle au sein d'un milieu ambiant. Ils dérivent tous de l'Afrique, le continent père. De nos jours en Haïti, qu'en est-il résulté des transformations subies en ce domaine? Qu'on l'accepte ou pas, qu'on le veuille ou non, n'est pas la question… Les résultats d'évolution ne sont pas toujours positifs. Il en fut

ainsi et le sera toute notre existence. Vox populi, vox Dei: Nous avons, après plus d'un demi-siècle d'élaboration, une forme de musique qui est le konpa. Aussi bien que le langage, les différentes cultures se transforment. L'ambiance étant un facteur décisif, nous comprenons pourquoi en effet, nous les haïtiens, nous avons tendance à mieux apprécier la musique latine qu'à la musique américaine. L'analyse à cette constatation suivant la logique y relative est que les américains en musique dansante ne font pas usage du tambour. Cela n'a pas empêché cependant que le jazz lui-même en tant que style soit d'origine africaine. Il se définit comme étant une forme de musique ou de danse basée sur l'improvisation comme le font nos « siwèl » jouant tous les rythmes. Toutefois, le jazz est loin d'être un ensemble ou un regroupement quelconque; il est plutôt le produit, ou le résultat tiré d'un groupe ou d'un ensemble de musiciens. Nous avons appris plus tard que quand il lui fallait titrer son ensemble, François Guignard avait réuni les autres membres pour faire choix d'un nom. Il avait contre lui-même, mais non sans raison, accepté celui de « Super Modern Jazz Guignard » qui à l'avis des autres paraissait grandiose et de genre nouveau; ce fut durant l'époque de l'occupation.
- Non, avait-il déclaré tout simplement, cela n'a pas de sens.

- Pè Gi, pensaient les autres, nous jouons surtout pour des Américains. Nous devons faire valoir leur goût pendant que nous faisons de notre mieux pour aussi paraître être de mise par devant notre audience locale.
- Le public haïtien aime tout ce qui est nouveau et tout ce qui sonne étranger, avait ajouté l'un d'eux de façon toute particulière. De la logique, il s'en fout…
En effet, il avait peut-être bien raison de penser de la sorte. Combien de fois avons-nous entendu un Haïtien titrer de Blanc un étranger n'appartenant pas à la race blanche. Pour plusieurs, tout individu d'origine étrangère est Blanc: « un Blanc à peau noire comme nous autres!!!… Dieu, ayez pitié! » Que dire enfin chez nous de ceux d'origine arabe: « Blanc anba lavil yo / Blan bò d'mè yo » (Les Blancs du bas de la ville/Les Blancs du bord de la

mer). Pour comble de confirmation et d'exemple vis-à-vis ces réflexions permettez-nous de vous présenter ce cas tout particulier! Nous célébrions en 2004 le bicentenaire de notre indépendance et avions offert en même temps la possibilité de l'intervention d'une force multinationale dans le pays. Sachant que les Haïtiens sont fanatiques du Brésil en football, les puissances internationales ont jugé meilleur de faire d'abord appel à la force militaire brésilienne pour garantir la sécurité publique et le calme et ensuite invité amicalement l'équipe du Brésil elle-même à rencontrer celle d'Haïti, une façon socio diplomatique de célébrer cette dite intervention. Ironiquement raconte-on, les Haïtiens manifestaient leur contentement et leur joie face à un tel « honneur » ... Mais pour le pire et selon plusieurs, ils s'étaient déclarés en faveur de l'équipe brésilienne s'opposant à celle de leur propre nation dans une circonstance d'occupation internationale. Les Haïtiens criaient follement: « Vive Brésil! » Est-ce vrai qu'ils avaient manifesté en faveur du Brésil? Si oui, nous ne nous étonnerions jamais car cela fait partie de notre mentalité elle-même d'honorer chez nous tout ce qui est étranger au détriment de tout ce que nous avons de beau et de valeur. Et dans ce cas tout particulier, il s'agit de notre occupation face à notre valeur en tant que deuxième nation de l'Amérique et première nation nègre indépendante de ce continent.
- Camarades, leur avait répondu le maestro, bien que mon nom y soit impliqué, si telle est votre façon de penser en commun, faites comme bon vous semble. Toutefois, elle n'est pas la mienne. Il est de notre devoir d'instruire notre public; j'en tiens compte. Un groupe se définit comme étant un ensemble, un orchestre, un trio, un quintet et autres mais le jazz lui-même est la forme, le style de musique qu'exécute ou interprète cet ensemble, cet orchestre, ce trio, ce quintet ou autres.

Nous avions compris plus tard ce que voulait dire François Guignard quand il avait déclaré: Le jazz haïtien, cela n'existe pas. Nous avions aussi compris par surcroît qu'il ne devrait en aucun sens y avoir de Jazz Scott, Jazz des Jeunes ou autres. Ils auraient dû être des ensembles, des orchestres, des groupes de musiciens jouant ou interprétant une musique de jazz quand bon leur semble, comme la Sonora la Ma tancera interprétant notre « merengue » Shukun. En musique, le terme « konpa dirèk » ne peut pas être synonyme de groupe ou d'ensemble; il ne l'est pas non plus. Il est plutôt synonyme de rythme et de forme. Il en est ainsi du jazz en général qui est une forme de danse et de musique. Une « American band » joue le swing ou mieux joue en jazz. Un groupe haïtien joue le konpa ou mieux en konpa. N'importe quel groupe peut choisir de jouer en jazz tel le faisait le Super Modern Jazz Guignard par devant les occupants. Par évolution, cette mauvaise interprétation de la définition du jazz lui-même s'est concrétisée chez nous et les larges ensembles surtout deviennent tous jazz ne jouant ni du jazz ni en jazz mais bien du ibo, du kongo, du petro, du yanvalu, du konpa dirèk et autres. Qui pis est, nous avons même des mini-jazz. Rien ne nous est nouveau, François Guignard l'avait déjà compris et dit: Le jazz haïtien, cela n'existe pas.

## Le Super Modern Jazz Guignard a-t-il servi de modèle?

Aujourd'hui, nous avons tendance à parler de mini-jazz et de leur apparition sur notre scène musicale vers 1965 comme étant d'ascendance nouvelle. Pourtant, jusque vers 1943 avec la formation du Jazz des Jeunes en particulier, nous n'avons connu que de ces genres de groupes. Le « Super Modern Jazz Guignard » en fut un et cela jusque vers 1949 quand le grand maestro se retira de la scène. Il en fut de même plus tard de Dòdòf Legros et son groupe avec Féfé Guignard comme pianiste, accordéoniste et arrangeur, de l'ensemble du Riviera Hôtel et du groupe de l'hôtel El Rancho sous la direction de Edner.

Ce fut vers 1951, madame Lina Mathons Blanchet était membre-fondatrice et conseillère de la troupe folklorique au théâtre de Verdure que dirigeait Charles Decatalogne. Elle était en même temps le bras droit de Roger Savain, directeur de l'office national du tourisme avec Jean Brière comme ministre. Les membres du

Jazz des Jeunes bien que groupe privé, étaient à côté de ceux de la troupe folklorique elle-même, des employés de ce dit ministère.

- Roger, déclara Lina au directeur du tourisme, notre musique si je crois le savoir, a fait sa route à travers toute l'Amérique grâce aux efforts de tant de nos musiciens. Les étrangers viennent souvent et en grand nombre admirer nos exploits dans ce domaine. Plusieurs fois déjà nous avons reçu la visite de la Sonara la Matancera de Cuba et de tant d'autres… Mais pourquoi nous, de notre côté, n'essayons-nous pas d'étendre nos tentacules vers d'autres rives, telles celles des Etats-Unis par exemple?

- Qu'entendez-vous par là Lina, lui rétorqua anxieusement le directeur?

- Je veux dire exactement pourquoi n'essayons-nous pas d'organiser un voyage au niveau promotionnel afin de faire valoir notre culture par devant un public étranger?

- Ah!... Je crois vous comprendre. Mais ces genres de choses sont très couteux.

- Quoiqu'il en soit, nous avons un ministère relatif à cet effet. Si nous nous mettons au boulot pour penser et travailler à une telle fin, nous trouverons pour sûr une façon de nous en tirer…

- Humm! Je crois vous comprendre. Mais, c'est quand même un gros projet…J'en parlerai au ministre.

C'est tout ce que voulait entendre madame Blanchet. Elle alla aussi discuter de cela au directeur du théâtre qui apprécia sa démarche.

- Cependant, lui dit-il, partir avec la troupe folklorique et le jazz des Jeunes ne sera pas chose facile. Trop de monde!

- Pourquoi penser au Jazz en son entier ? Créons un groupe à l'instar de l'ancien « Jazz Modern Guignard » et…

- Comme vous le savez, je ne suis pas trop madré en ce sens… Consultez alors François Guignard lui-même! N'est-il pas votre ami et conseiller musical?

- Vraiment Roger, n'était le fait qu'il soit infirme, ajouté à celui que le fils soit déjà membre de notre jazz, nous l'aurions choisi comme pianiste à cet effet. Néanmoins, j'en parlerai directement au maestro St. Aude et Murat, son assistant!

Et avant même qu'elle eût fait cela, elle en fit part à Fédé qui à son tour en parla à son père. Pè Gi justifia la possibilité:
- Aussi grand qu'il fut peut-être, mon groupe, de par le nombre de ses musiciens, ne fut pas un gros ensemble, avait-il dit au fils. Il fut plutôt un « mini-jazz » comme le conçoit notre public. J'approuve donc un tel projet. Vous en bénéficierez surtout, mon garçon.
De leur côté, St. Aude et Murat trouvèrent juste la nécessité de réduire l'effectif du groupe pour un tel projet mais… Que penseront les autres, questionnèrent-ils?
- Nous n'aurons pas le choix, continua Lina… A côté de la troupe et du jazz, formons donc une troisième section!
- Et comment, lui demanda Murat?
- Prenons vous deux par exemple, l'un clarinettiste et saxophoniste et l'autre trompettiste, ajouté à Féfé comme pianiste, Dorlette comme contrebassiste et Dor comme tambourineur, nous pouvons former une sorte de quintet ou mieux encore un « siwèl »! Et avec une superbe étoile de la trempe de Lumane, je suis certaine que nous en sortirons vedettes. Pour rehausser l'aspect folklorique et l'éclat du groupe, nous penserons même ajouter Edner Calvin et Ti Roro déjà membres de la troupe…
- Et alors, rétorqua René soucieusement!
Toutefois, croyant comprendre un peu où St. Aude voulait en venir, elle s'empressa de se clarifier:
- Eh bien! C'est facile! Ce groupe, bien que tiré du même Jazz des Jeunes à la seule exception de Lumane et de Ti Roto, lui sera tout à fait indépendant. Il constituera, comme je l'ai déjà mentionné avant, une troisième section du théâtre de Verdure et de son ensemble sans qu'il soit nécessaire pour nous d'embaucher de nouveaux artistes. Nous l'appellerons: « Haïti Chante » (voir photo attachée).
- Nous vous comprenons maintenant, répliquèrent René et Murat. C'est une très belle idée. Espérons seulement que le directeur et son ministre en prennent considération.

Du point de vue administratif, madame Blanchet était très soucieuse. Elle s'en tira avec succès par devant l'office national du tourisme et son ministre. Les démarches furent entreprises en ce sens auprès des ambassades concernées et quelques mois plus tard, des membres particuliers du Jazz des Jeunes regroupés sous le titre de « Haïti Chante » performèrent au Carnegie Hall de New York devant un public étranger et à guichet fermé.

HAITI CHANTE
(Section tirée du Super Jazz Des Jeunes)

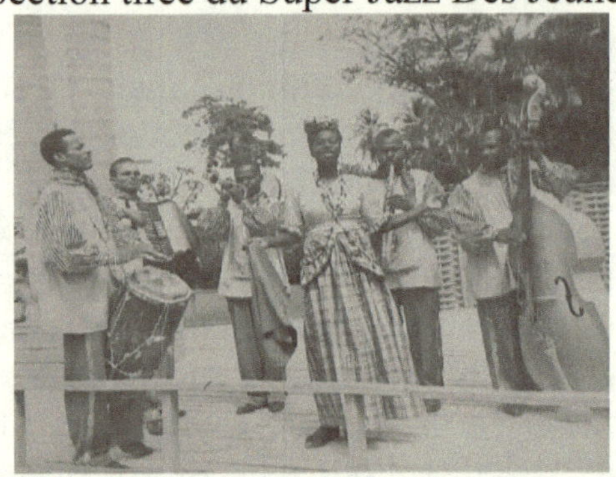

René Dor, Félix Guignard, Antalcidas Murat, Lumane Casimir, René St. Aude, Dieu juste Dorlette
(Courtoisie de Maxime Murat)

Ce fut longtemps avant que commença notre migration; on ne rencontra dans l'assistance que quelques rares haïtiens. Lumane Casimir et Ti Roro éblouirent l'audience. Ils reçurent de multiples ovations. La salle s'ébranla sous l'effet de chauds applaudissements d'un public émerveillé. Haïti Chante devint plus tard synonyme de publicité nationale et touristique; il y eut même une publication éditée à cet effet. On y faisait allusion sur tous les écrans de cinéma. On n'y manquait jamais de jouer surtout: « Mwen fèt lan yon bèl ti peyi » que chante encore de nos jours tout le monde. Cela resta gravé dans les annales de l'histoire du Jazz des Jeunes, de la troupe folklorique et en particulier de Lumane Casimir et de Ti Roro. Quant au jeune pianiste du groupe… Mieux vaut ne pas en parler: il est le fils de l'un des plus grands musiciens que le pays eut connus; celui vers qui l'on devait se diriger pour conseils et orientations dans le domaine musical.

On devait penser au Super Modern Jazz Guignard pour qu'un tel succès fût possible. François Guignard fut le symbole de son temps. Il fut à côté de tant d'autres, tels les Duroseau, les Dor, les Guillaume, le symbole de la musique dansante aussi bien que celui de la musique de « jazz » en Haïti. Il reste et demeure l'un des plus grands pionniers de notre mereng classique.

C'était vers 1951 pour être plus certain, le gouvernement de l'époque pensait célébrer la fête du drapeau de façon plus grandiose que d'habitude au Champ de Mars. L'orchestre du palais national animait d'ordinaire l'ambiance en jouant plusieurs merveilleuses marches. Néanmoins, les autorités voulaient cette fois que les élèves des différentes écoles, outre leur présentation courante aux manifestations, paradassent majestieusement devant la tribune officielle dansant au son d'une mereng à cet effet. Compte tenu d'un possible besoin d'entraînement, les dirigeants de la fanfare nationale jugeaient que la demande était soumise trop tard. A leur connaissance, aucune musique n'avait jamais été composée en ce sens non plus. Cela ne s'arrêta pas là pourtant. Sur les conseils de madame Blanchet, on fit appel au Jazz des Jeunes pour répondre à un tel empressement. Nous rendons hommage en ce sens à Antalcidas Murat qui s'empressa d'écrire « Fleur de Mai » pour l'occasion. Le Jazz des Jeunes l'interpréta en public pour la première fois au Champ de Mars ce 18 mai. A côté de « A l'Ombre des Palmiers en Fleurs », les élèves marchaient symétriquement, joyeusement et en se cadançant avec équilibre d'ensemble au son de cette superbe mereng ce jour. Fleur de Mai se jouait autrefois sans paroles. On avait fait venir un piano pour la circonstance et à l'aide de plusieurs microphones manœuvrés par des employés expérimentés en sons, Félix Guignard en particulier s'était montré de valeur. Maurice Casséus écrivit plus tard la poésie y associée que chantait Gérard Dupervil.

- Quelle merveille, disait François Guignard ! A côté de Antal, rares sont ceux qui peuvent réellement faire preuve de tant de mérite dans une circonstance pareille.

## François Guignard et ses conceptions rythmiques

Pé Gi nous a appris à apprécier le danson cubain. Pourquoi admirait-il lui-même si tant ce rythme et écoutait-il chaque matin : « Les dansons que vous aimez », programme radiodiffusé sur les ondes de la station Radio Caraïbe? C'est simple! Le danson n'est autre que la mereng haïtienne aménagée à leur façon et à leur manière à Cuba. Il n'est pas moins vrai que le monde presque en son entier s'émerveillait de la parution du « brake dance » vers la fin des années 70's. Toutefois, il faut noter que cette même forme de musique et de danse développée à travers la communauté noire des Etats-Unis, est d'origine africaine. Pourtant, elle était déjà connue chez nous en Haïti. « L'homme sans os » des années 40 et 50's, l'artiste qui pratiquait ce genre de danse à travers nos théâtres passa à l'oubli sans que personne ne s'en rappelle. De lui, on n'en parle plus. Il était pourtant unique en son genre. De son vrai nom, nul ne s'en souvient. Il y va aussi de « Ti Simòn », la danseuse qui animait les parcours sur chars de mardi-gras de la Kadans Ranpa du tout début des années 60's. La populace ne s'en lassait jamais de la regarder performer. Malgré tout, vu son appartenance sociale et sous un faux prétexte d'indécence, aucune jeune fille n'essaya d'imiter sa façon de danser. Elles ne savaient peut-être pas encore que cette forme attribuée au pop-disco faisait la une lors aux Etats-Unis. C'est probable que Ti Simòn eût elle-même appris ce style durant ses voyages à Curacao… Elle resta tout de même unique en son genre et marqua une époque. Il est bon de souligner aussi l'aspect culturel de la question. A l'encontre des Américains, nous avons tendance à éviter la pratique de danses chorégraphiques tels: le yanvalou, le pétro et autres. Elles sont pour nous théâtrales. C'est pourquoi la mereng est à la base de la musique dansante haïtienne. A côté du tontonte, du ibo, du rabòday, elle est caractéristique du « danse ploge ». Par ailleurs de nos jours, des jeunes de certains de nos groupes ont tendance à ne danser que le zouk durant des performances culturelles haïtiennes. Qui pis est, ils n'utilisent que les réelles musiques de la Martinique. Leurs instructeurs locaux négligent nos vrais rythmes pour les laisser tomber tout bonnement. Mais, dites-nous, de ces artistes plus haut mentionnés qu'en est-il enfin devenu? Trop de questions, frères… Passons à autres sujets!

Dire aussi que le Konpa Dirk fut emprunté de l'étranger est un peu vague et sans fondement. On jouait longtemps déjà ce rythme en Haïti. Nemours l'a peut-être amélioré face à une nouvelle forme de danse qui répondait aux évolutions ou même aux transformations sociales de l'époque. De là découle le « danse ploge »: « Ploge ploge w'! Serre dan w' lashe kò w… Sa k'ap peze pa bezwen balans (Accroche-toi! Serre-toi les dents, blottis-toi contre moi et vogue librement… Pour se faire peser et se mesurer le poids nul n'a besoin de balance)! Par ailleurs, Pè Gi admirait beaucoup le jazz Murat Pierre et sa façon de jouer le rythme Ibo sous une nouvelle forme. Nous ne voulons que vous renseigner sur le passé pour mieux analyser et critiquer le présent et mieux concevoir l'avenir quel que soit son aspect.

Au jour du dimanche choisi pour le concours de mereng de salon, tout se faisait au Champ de Mars. Le majestueux kiosque Oxyde Jeanty, était à l'honneur. Ce n'était point le temps des « brase ren » et des « gagann »; c'était le jour où la paume de la main droite sur le cœur et le bras gauche un peu élevée à angle droit, jeunes et vieux, hommes, femmes et enfants se balançaient, dansant au son de nos douces mereng; c'était le jour consacré plutôt aux amoureux et à l'amour en général. François Guignard n'y manquait jamais; il s'y rendait toujours. Assis sur sa moto, Adeline, sa fille qu'il dorlotait, derrière lui, Anne-Marie, « Paka pa la », au-devant et Féfé à l'arrière-plan sur la boite servant de coffret à bagages et outils, il y assistait et jugeait à sa façon et de par lui-même tout en battant la mesure. Ender était beaucoup trop jeune pour s'y aventurer sur l'engin; il aurait eu peur d'ailleurs et Ti Lò de son côté, il faut l'avouer, n'était pas de tempérament à s'y mêler. Bien que beaucoup plus jeunes, nous les connaissons tous. Par ailleurs, Edner n'avait que cinq ans à peine quand, se croyant assez macho, il tomba amoureux de la jeune et belle Gisèle de douze ans habitant le quartier. Féfé, adolescent de onze ans lors, trouva son attitude rigolote. Il pensa composer pour le taquiner la chanson que voici:

*Ti Jizèl*
*Ti Jizèl u trò malonèt*
*U konnen Ednè renmen w'*
*W'ape fè l' fè jaluzi*
*Fò u pa fè li sufri*
*U fè li pa ka manje*
*U konnen w' ka fè l' muri*
*Si u vle al di li kare*
*Ke u vle marye avèk li (etc.).*

Notre jeune Edner se sentait réellement flatté. Toutefois, il faisait semblant de ne pas pouvoir tolérer que Féfé chantât cette mélodie:
- Maman! Maman, se plaignait-il, Féfé m'embête!
Mais quand plus tard se tenant en sa compagnie, Féfé feignit de tomber et de perdre connaissance, le garçonnet paraissait perdre contrôle. Il courut auprès de sa mère en criant:
- Maman! Maman, viens vite! Féfé a perdu connaissance, il meurt! Il meurt! Viens vite!
Féfé, lui, prenait réellement plaisir à agir de la sorte plusieurs fois une même journée. Le plus jeune ne se rendit jamais compte que le frère le faisait de son propre gré pour l'ennuyer. Et à chacune des fois, il s'affolait pour courir auprès de Sianne et crier:
- Maman! Maman, Féfé perd connaissance!
- Féfé, je t'en prie, murmura enfin la mère, cesse de bouleverser l'enfant!
Féfé durant son adolescence vers 1942-1943 joua plusieurs fois « Ti Jizèl » en « grenn siwèl » avec Nemours Jean-Baptiste. L'on se demande parfois si cela n'avait pas inspiré Nemours sa vibrante composition-hit « Ti Kawòl » des années 60's.

Vous avez déjà peut-être entendu parler de la belle mereng lente « Caresse » de François Guignard... Si non, nous vous invitons à acheter le CD de son fils Félix Guignard intitulé :

Aubade (trajectoire16). Vous aurez l'occasion de l'écouter en potpourri avec Adeline. Cette merveilleuse pièce fut une fois présentée au concours de mereng classique au Champ de Mars. Elle fut classée deuxième. Mais savez-vous laquelle remporta le premier prix? Ce fut une mereng de Micheline Laudun Denis: Bernadette, qu'il ne faut pas confondre avec celle du même nom, écrite par le trompettiste Delyle Benoit des Gonaïves, que jouait le Jazz des Jeunes. Madame Denis, une grande amie de François Guignard fut l'une des plus belles figures musicales de l'époque. Et de nos jours encore, on ne peut s'en passer de parler d'elle à chaque fois que vient l'occasion d'évoquer la musique classique haïtienne. Elle avait étudié cette belle science en France. Retournée en sa terre natale, elle s'y adonnait à cœur ouvert explorant surtout le monde de la mereng. Elle admirait les talents de Ludovic Lamothe et surtout ceux du maestro Pè Gi.

Les méreng après arrangements et orchestrations à cet effet étaient soumises à l'orchestre du palais pour analyse. Puis, de concert avec la mairie de Port-au-Prince, ce corps musical officiel faisait choix

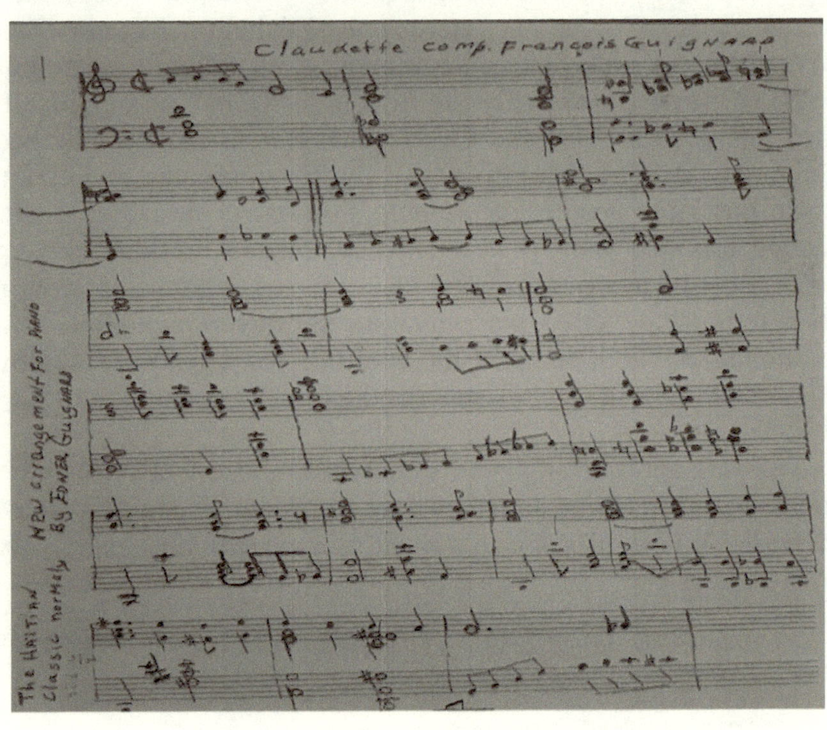
Claudette comp. François Guignard
The HAITIAN
NEW arrangement For PIANO
By EDNER GUIGNARD

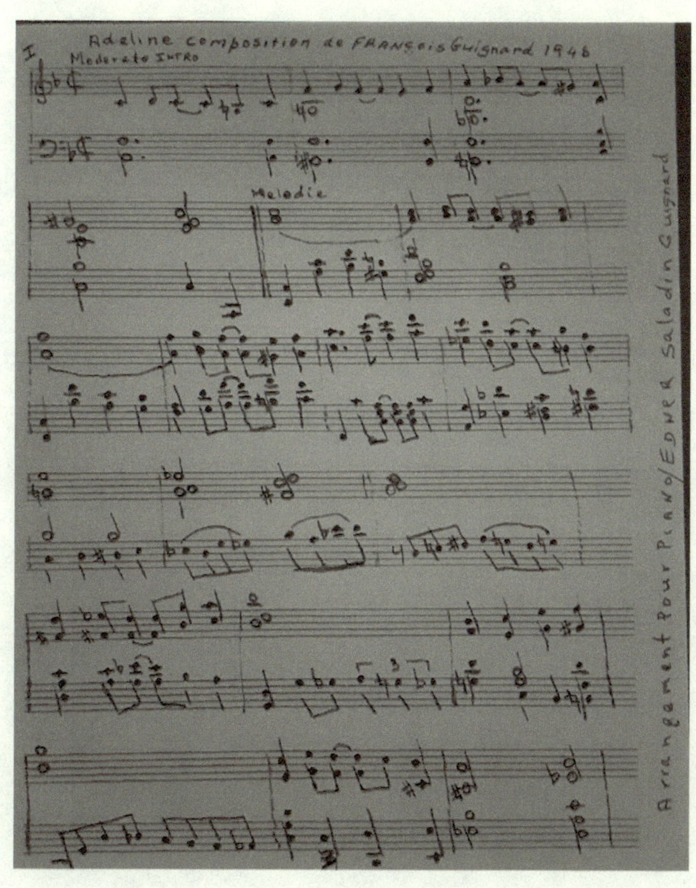
I
Adeline composition de FRANÇOIS Guignard 1948
Moderato INTRO
Melodie
Arrangement pour Piano/EDNER Saladin Guignard

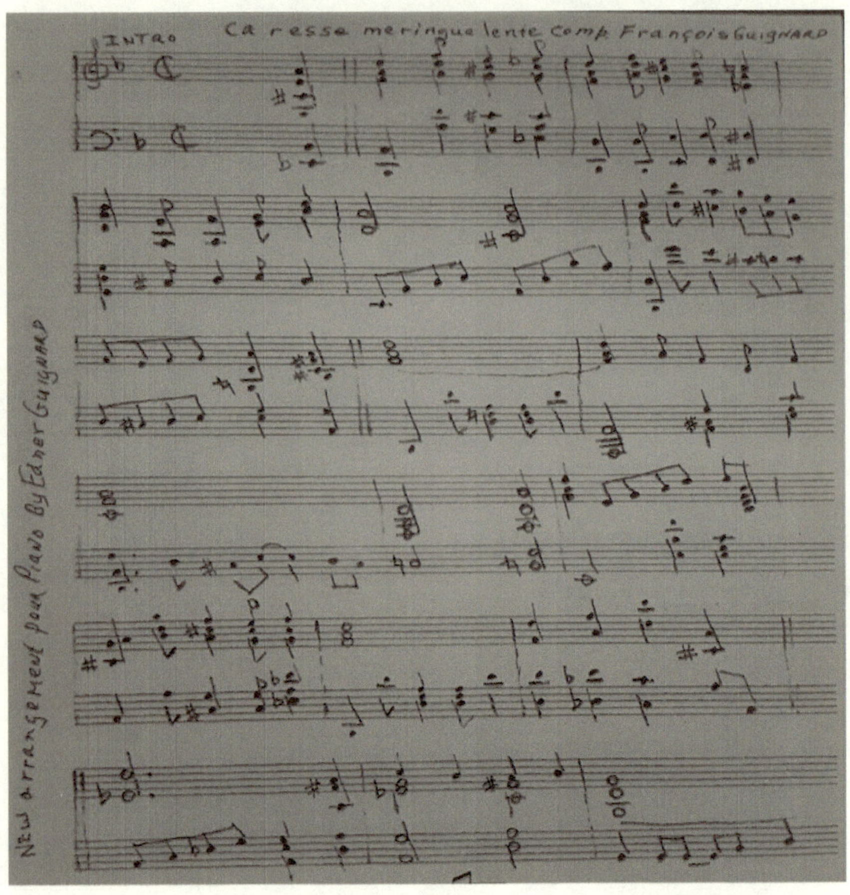


des dix meilleures pour être jouées sur le kiosque devant le public afin de déterminer les deux gagnantes. On pensait pourtant que François Guignard était invincible… La fanfare des casernes Dessalines, selon des sources crédibles, activa légèrement le tempo en interprétant Bernadette. Et voilà, le public s'affola. Tout le monde dansait. Bravo! « Vox populi, vox Dei »: la mereng de madame Denis remporta le premier prix. Pè Gi félicita son amie. Il la jugeait être toujours de valeur et de poids.

Le résultat d'un autre de ces cas vous paraîtra bien différent et comme nous le disons maintes fois déjà, François Guignard fut souvent exploité. Plusieurs musiciens entendaient abuser de ses connaissances pour en profiter. Un jour, il vit arriver chez lui, à la rue St. Honoré, l'un des plus grands musiciens des Cayes. Il était venu présenter sa composition à la mairie de Port-au-Prince et à l'orchestre des casernes Dessalines pour le concours annuel de merengue classiques populaires au Champ de Mars; c'était en 1952. Il voulait présenter d'abord son texte au maestro pour évaluation. Pour éviter des controverses, appelons ce musicien par son qualificatif d'origine. Son nom est donc: monsieur Cayen.

- Mon cher Guignard, je comptais vous écrire le mois dernier pour vous informer de mon intention de participer au concours de cette année; mais j'ai préféré venir ici personnellement vous parler et vous consulter quant à la révision de mon texte musical avant de le présenter à la mairie. Je crois avoir fait de mon mieux… A vous le dernier mot!

- C'est un honneur pour moi, répliqua le maestro. Je suis très enchanté que vous ayez pensé à moi.

Cayen tira de sa valise, une partition qu'il lui longea.

- Voici la composition, lui dit-il! Pouvez-vous la jouer au piano?

Pè Gi la regarda et à première vue lui déclara:

- Mais, c'est la partition pour saxophone… Où est celle de la mélodie et des autres instruments?

- Euh… Euh… C'est tout ce que j'ai avec moi.

- Non, mon ami… Il me faut d'abord la mélodie!

Notre ami secoua négativement la tête mais fit vite de rétorquer:

- Alors maestro, je vous la fredonnerai. Ecrivez-la pour moi! Je sais que vous irez plus vite.

- Je ne refuserai pas d'en faire autant mais, je dois être payé. Cela vous coûtera cinq gourdes.

Pè Gi s'y attendait déjà. Il avait deviné où son visiteur voulait en venir. Il savait ses désirs. Cayen, lui, pouvait ne pas s'y attendre; toutefois, il n'avait pas le choix. Il accepta et le maestro commença son boulot qu'il acheva avec analyse et suggestions. Notre gentil homme du Sud se sentait trop satisfait. Et croyant malicieusement avoir atteint le but désiré pour seulement cinq gourdes, il s'empressa d'ajouter:

- Mais Pè Gi et la partie pour le piano?
François Guignard toujours ne voulant pas cette fois se laisser faire, lui déclara:
- Vous m'avez payé cinq gourdes pour vous écrire la mélodie sur partition. Mon rôle s'arrête là. Si vous désirez aller plus loin pour que j'écrive la partie pour piano, c'est une autre chose. Vous serez donc obligé de me payer davantage.

Monsieur Cayen, déçu de n'avoir pas pu exploiter totalement les connaissances de François Guignard à son profit, préféra se retirer bredouille. Et, comptant plus tard prouver au maestro qu'il était loin d'être aussi grand qu'il le pensait, il alla trouver quelqu'un d'autre. Il s'étonna pourtant de n'entendre citer ni le titre de sa mereng ni son nom propre au classement des dix premières devant participer au concours de l'année. Sa composition en général et la partie pour piano n'étaient pas de qualité. Elle fut rejetée.

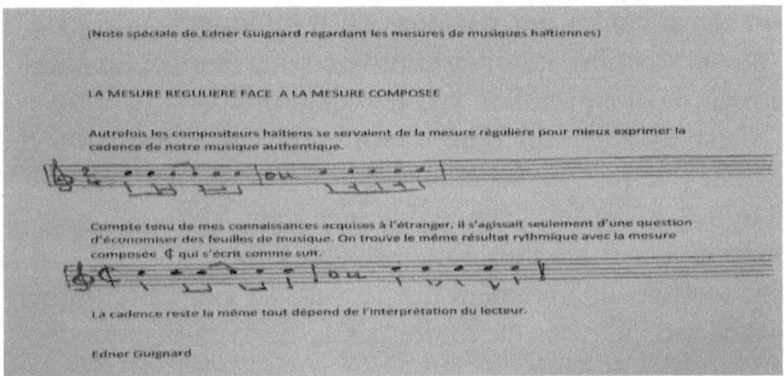
(Note spéciale de Edner Guignard regardant les mesures de musiques haïtiennes)

LA MESURE REGULIERE FACE A LA MESURE COMPOSEE

Autrefois les compositeurs haïtiens se servaient de la mesure régulière pour mieux exprimer la cadence de notre musique authentique.



Compte tenu de mes connaissances acquises à l'étranger, il s'agissait seulement d'une question d'économiser des feuilles de musique. On trouve le même résultat rythmique avec la mesure composée ¢ qui s'écrit comme suit.



La cadence reste la même tout dépend de l'interprétation du lecteur.

Edner Guignard

A ces genres de coopération, François Guignard était toujours en vue surtout quand il s'agissait de réviser des compositions devant participer à des concours. De ces méreng de salons qui remportèrent les premiers prix, on retrouvait souvent son nom qui s'y impliquait. Il en était de même pour l'une d'elles qu'avait présentée Antoine Duvergé, son grand collaborateur en son propre groupe. Le maestro avait écrit la partie de piano. De ce genre de partition qu'il ne faut pas confondre avec celle de la mélodie normale, on peut en tirer d'autres relatives aux autres différents instruments devant servir à l'orchestration en général. De ce fait, il était concevable de remettre cette partie de piano au chef de la fanfare des Casernes pour qu'il fasse de la sorte avant de pouvoir présenter le morceau au public pour appréciation. Celle pour la mereng de Duverger était si bien écrite que Luc Jean-Baptiste, en compagnie du maire de Port-au-Prince, André Louis, alla lui-même féliciter François Guignard. Il n'avait aucun problème à tirer convenablement les autres partitions pour l'orchestration finale. Cette mereng remporta bien entendu le premier prix. Cela se passa dans les années 50's sous le gouvernement de Paul Magloire. Malheureusement, nous ne nous souvenons pas du titre de la composition.

Certains se souviennent peut-être encore du fameux groupe « Les Gais Troubadours » (1944-1945) sous la direction de Hermane Camille, saxophoniste, avec en particulier Yves Leurbour au piano, Cabral (le dominicain) comme chanteur et autres. Cet ensemble performait tous les vendredi soir de la semaine à la Radio Haïti, exécutant surtout des chansons et mélodies de répertoire cubain. Ce groupe était de calibre et était aimé du grand public. Alors qu'existait encore le « Super Modern Jazz Guignard » que dirigeait François Guignard lui-même, ce dernier fut celui qui généralement orchestrait pour Les Gais Troubadours. A l'encontre de plusieurs, ce grand maestro pensait bien que la musique est une science universelle. En ce domaine, il était toujours prêt à contribuer, à collaborer et à coopérer pour une bonne marche des activités et des besoins.

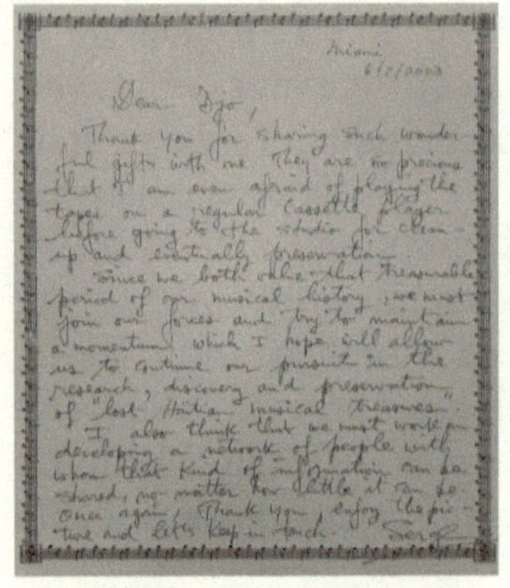

Miami
6/7/2003

Dear Djo,

Thank you for sharing such wonderful gifts with me. They are so precious that I am even afraid of playing the tapes on a regular cassette player before going to the studio for clean-up and eventually preservation.

Since we both value that treasurable period of our musical history, we must join our forces and try to maintain a momentum which I hope will allow us to continue our pursuit in the research, discovery and preservation of "lost" Haitian musical treasures.

I also think that we must work on developing a network of people with whom that kind of information can be shared, no matter how little it can be.

Once again, thank you, enjoy the picture and let's keep in touch.

Serge

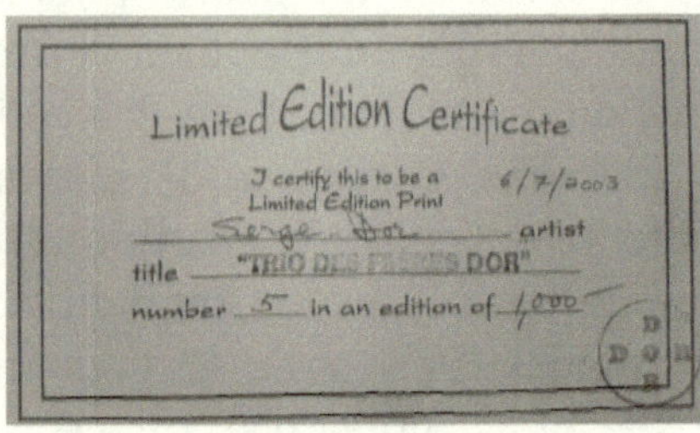

Limited Edition Certificate

I certify this to be a Limited Edition Print — 6/7/2003

Serge Dor — artist

title "TRIO DES FRÈRES DOR"

number 5 in an edition of 1,000

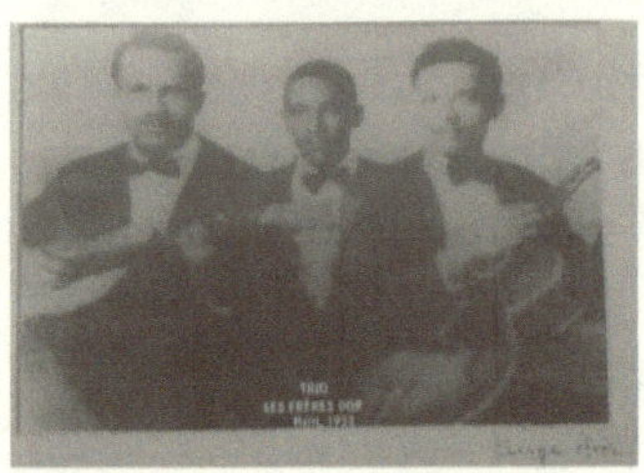

Les remerciements de Serge Dor, fils de Ferdinand Dor du Trio « Les Frères Dor », à notre endroit en juin 2003.

La curiosité des passants les poussait souvent à s'arrêter devant la maison de François Guignard pour écouter ce grand pianiste exécuter des morceaux de haute portée. Ils le regardaient tous avec enthousiasme et attention soutenue. Plusieurs de ces curieux paraissaient ne rien comprendre de ce que faisait réellement le maestro sur le clavier de son majestueux instrument. Toutefois, ils admiraient de l'entendre performer sachant en général que c'étaient des mélodies ou formes de musiques savantes que certaines gens d'aujourd'hui n'auraient pas aimées. Ils auraient dit pour sûr : « Mizik sa yo pase d'mòd… » (Ces genres de musique ne sont plus de mode). Ce n'était pas du « leve de men anlè, ti dwet anlè ». Les bonnes mélodies peuvent être facilement identifiées même par les moins imbus du domaine de la

musique. « *Le respect des valeurs sacrées*, nous dira Jean-Robert Noël, *orne et donne un goût à la vie. Il la prolonge.* »
La maison de François Guignard, ce géant de la musique, représentait le temple musical en plein cœur de Port-au-Prince. C'était le lieu de rendez-vous des musiciens, toutes catégories confondues. On ne pouvait parler de musique sans visionner Ti Giya. Il était, dans les années 40's, la figure emblématique de la HH2S, l'une des plus grandes stations de radio de Port-au-Prince. On admirait surtout le voir malgré son infirmité gravir les marches de l'escalier menant à la salle de retransmission au second étage. Il ne voulait jamais se faire transporter.
- Maman m'a toujours appris dès le jeune âge à faire des exercices physiques; c'est ce que d'ailleurs recommandait mon médecin, répétait-il. Cela me garde en bonne santé.
En effet, malgré son infirmité, son allure d'être en bonne santé se manifesta plusieurs fois. Il habitait la rue des Fond-Forts quand un jeune adolescent plus grand que Féfé le frappa violemment à la poitrine en sa présence. Sans même y penser et sans hésitation ni crainte aucune, François sauta du siège de son tricycle sur lequel il était assis, ramassa une pierre du sol et la tira droit au dos du jeune homme qui tomba pour vite se relever et courir à perdre haleine car d'autres s'en suivaient. Ce jeune homme devint plus tard et avec le temps l'un des meilleurs amis de la famille. Une autre fois, alors que Adeline, jeune enfant jouait et badinait seule, un oiseau noir de la grosseur d'un pigeon vint se poser sur son bras comme pour la becqueter. François, sans hésitation une fois encore, sauta de sa moto, se saisit de l'oiseau et lui tordit le cou. Il faut comprendre qu'à cette époque, Port-au-Prince était encore boisée. Sa faune était encore vivante. Il était donc courant de voir des oiseaux voler à travers la capitale. On comprend bien après de telles histoires que gravir les marches de l'escalier de la HH2S ne constituait rien face à François Guignard. Antoine Rodolphe Hérard, ancien magistrat communal de cette ville au début du Gouvernement de Duvalier et fondateur de la Radio de Port-au-Prince, assurait l'animation des programmes en français tandis que Théophile Salnave dit Zo en était l'animateur en langue créole. Responsable de la section

publicitaire et grand ami de Pè Gi, Salnave jouait souvent les airs du Jazz Modern François Guignard et en parlait beaucoup et à presque toutes les heures de service. La station de la HH2S se trouvait à l'angle de la rue Pavée et de la rue du Centre. Zo lui-même, voisin des Chamblain, habitait la rue du Centre aux environs des hôpitaux St. François de Salle et Asile Français, non loin de l'église sainte Anne.

Il est bon de vous rappeler qu'à l'époque, l'usage de tourne-disques était peu connu et que jusque vers 1949, Cabane Coucoune était l'unique night-club publique des environs de Port-au-Prince; les autres étaient de caractères privés et à cercle fermé. Les groupes musicaux, pour se faire entendre du grand public, devaient se rendre aux stations de radio et performer. L'une de ces stations les plus en vogue et la première si l'on ne se trompe fut la station Sans-Fil fondée durant la période de l'occupation américaine. Plus tard vers 1947, il y eut la HHK ayant Maurice Chassagne comme directeur. Elle se situait sur la Grand-rue non loin de la boulangerie St Marc et face au dos de l'école St. Louis de Gonzague mais avait ses antennes sur la cour du palais des ministères. Elle se transforma en peu de temps en HHRO avant que Chassagne lui-même se joignît à Radio Haïti. Il y avait aussi la HH3W de Ricardo Widmaïer. 3W était tout simplement synonyme des trois Widmaïer dont le père, Ricardo, son frère et son fils Herby. François Guignard et son super modern jazz furent ceux qui inaugurèrent ces particulières stations avant que la HH3W se changea en Radio Haïti vers 1950-51. Elles étaient toutes populaires et diffusaient de la musique du terroir « agogo » (à flux). Cependant, ne pensez pas que n'importe groupe sans capacité pouvait s'y présenter et performer. Non! Les Widmaïer, Herby en particulier, n'accepteraient jamais cela. Pour se mesurer la qualification et pour s'apprécier eux-mêmes, ils consultaient tous Pè Gi avant d'entreprendre un tel projet. Leur gentilhomme les guida souvent à choisir les morceaux dont ils étaient les plus aptes à exécuter et qui selon lui recevraient le plus d'appréciation par devant l'audience radiophonique. Mais, quand toutefois après leur performance ils se

présentaient au devant du maestro pour jugements, il leur disait tout bonnement comme pour les féliciter:
- Chers amis, ça a été magnifique!

François Guignard ne dénigra jamais un musicien ni les performances d'un autre groupe. Il avait l'esprit très ouvert et en musique, il était leur père. De par son caractère réceptif, toujours prêt à accueillir des demandes de conseils, on aimait l'aborder et le contourner. Il ne partageait ses critiques qu'avec ses deux fils: Félix et Edner et dans certains cas: Ernst (Nono) Lamy et Mercène Mirvil qu'il admirait beaucoup. C'est pourquoi on l'aimait tant. Fanatique de la radiodiffusion, il profitait des programmes émis à travers les stations américaines pour écrire les mélodies désirées; en particulier celles des plus modernes. N'oubliez pas que jusque vers 1934 et même longtemps après, il jouait surtout pour une audience étrangère. Et s'il lui arrivait parfois de n'avoir pas pu écrire une musique en son entier, il était suffisamment capable, de la compléter, d'inventer ou de créer, comme bon lui semblait et à sa façon, la partie manquante qui serait la sienne.

## François Guignard, Saieh, Bebo Valdes et autres

Il fut un temps où pour être reconnu musicien, il vous fallait l'approbation indispensable de François Guignard. Cela peut vous paraître un peu drôle mais croyez-nous, il en fut ainsi. Homme de caractère et non grossier, il n'a jamais dénigré personne. Il n'hésitait pas non plus de louer de façon méritée un quelconque musicien quand toutefois se présentait le cas. Il arriva souvent d'entendre de lui: un tel est un très bon musicien; mais jamais: un tel est un crétin, un piètre. De nos jours encore, nous lançons un défi à quiconque de prouver le contraire. Pè Gi était le conseiller, le confident de chaque musicien en particulier. Pour cela, il était admiré de tous.

Par contre, il fut l'un des rares super-musiciens à présenter à un étranger comme pour lui dire: « De grands musiciens, nous en

avons aussi en Haïti. En voilà un! » Cela arriva plusieurs fois durant la période de l'occupation américaine où certains de nos occupants étaient assoiffés de connaître ce qu'est notre culture surtout dans le domaine musical. Avec l'évolution de la communication sur tous ses points, Haïti connut un certain essor dans son développement culturel; essor, dans le sens d'ouverture. Qu'on le veuille ou non, Issa Saie a beaucoup contribué en ce sens. Il a lui-même grandi aux Etats-Unis et étudié le jazz. Il a eu l'opportunité de faire la connaissance de plusieurs grands musiciens américains tels, Bud Johnson et tant d'autres encore. Il s'était aussi créé beaucoup de relations à Cuba. C'est là qu'il rencontra Bebo Valdes. Notons qu'en sa qualité de pianiste international cubain, la participation de Bebo au développement du « jazz » chez nous fut excellente. Sur une demande directe de Saieh, il décida de rentrer en Haïti. Il était anxieux de connaître ce pays voisin.
- Mon cher Issa, lui déclara Bebo dans son langage propre à lui, j'aimerais connaître Haïti. Je trouve sans flatterie que les rythmes cubains se rapprochent beaucoup de ceux de chez vous; faut-il bien qu'il y ait un certain rapport…
Saïeh lui fit un bref récit de ce qu'est notre pays vis-à-vis le sien et comment sont les rapprochements culturels. Voilà! C'est tout ce que voulait entendre notre Bebo.
- A votre départ Issa, je vous accompagnerai.

De Cuba étant, Saïeh écrivit à ses amis haïtiens pour leur annoncer la bonne nouvelle: « Le grand pianiste cubain Bebo Valdes sera avec nous à mon retour ». « Toutefois, pensait-il lui-même, Bebo est un pianiste de calibre, un musicien international. Il peut bien me connaître, mais je dois à mon arrivée lui présenter à quelqu'un de classe, quelqu'un de son calibre ou encore mieux. Ah, ça, il le faut! Je le présenterai donc le premier à François Guignard! » Il finit sa lettre pour que tout de suite, à sa réception, on fît savoir au grand maestro qu'il sera chez lui à la rue St. Honoré le jour même de son retour en compagnie du grand Bebo Valdes. Pè Gi lui-

même aimait écouter les enregistrements du pianiste cubain. Il l'attendait impatiemment, joyeux.
Il en était ainsi et François Guignard fut, à travers le monde musical haïtien, le premier à recevoir le grand Bebo Valdes qui de son côté s'émerveilla de l'accueil chaleureux qu'il reçut et de la démonstration musicale dont il fut témoin. La rencontre dura plus que trois heures de temps. De musique, d'orchestration et d'arrangements, ils en discutèrent beaucoup. Bebo lui-même avait du mal à quitter ce jour ce lieu culturel de la rue St. Honoré. Nous sommes certains qu'il en apprit beaucoup car d'Haïti, il en fit plus tard sa seconde nation. Daniel Santos en pensait de même.

De Jérémie à Léogane, des Cayes à Marigot en passant par Côtes-de-Fer, Bainet et Jacmel; de Saltrou à la Croix des Bouquets en passant par Pétion-Ville et au cœur de Port-au-Prince ; de Mirebalais à Hinche dans tout le Plateau Central jusqu'à Pignon et Dondon, Maïssade, Cerca-la-Source en passant par Thomonde; de St. Marc au Môle St. Nicholas en passant par Gonaïves et Port-de Paix et se rendant jusqu'au Cap-Haïtien, on ne parlait que du Super Modern Jazz Guignard et de ce qu'est son maestro. Il faut l'avouer, le Nord a toujours connu de grands musiciens tels Manigat et autres. Menio fut un grand pianiste et accordéoniste classique de la région.
- Mon cher, lui demanda un jour son ami Turgot Fidèle, vous paraissez explorer à merveille l'art musical et son aspect classique. N'avez-vous jamais joué en présence de François Guignard?
- Est-ce Ti Giya, le grand maestro de jazz à Port-au-Prince?
- Oui Pè Gi! C'est bien lui. Il accorde les pianos; il arrange les accordéons et tout, et tout…
- Je l'ai vu performer deux fois ici avec son grand orchestre, rétorqua Menio, mais…
- Il est un grand maestro! Il est aussi un grand conseiller. Il est celui qui approuve tous grands musiciens.
C'est tout ce que voulait entendre Menio. Il se savait imbu de principes et de théories mais l'entendre d'un grand à l'instar de François Guignard lui aurait absolument plu et satisfait. Le trajet

du Cap à Port-au-Prince n'est pas non plus court. Comment rencontrer Pè Gi, se demandait-il? Il se souvenait à temps que son grand et superbe accordéon avait besoin d'un petit ajustement et pensa aller trouver le maestro. Il se rendit sans tarder à Port-au-Prince avec bien entendu son instrument qui selon lui nécessitait une réparation. Etait-ce un prétexte? Nul ne le sait. Nous ne croyons pas non plus que Pè Gi eut lui-même réellement ajusté l'instrument qui, paraît-il, ne le méritait pas. Un fait certain, Menio en fut trop satisfait quand il revint le jour suivant chercher son merveilleux accordéon. Il le fut encore davantage quand le grand maestro lui demanda de l'essayer en sa présence. Il exécuta trois grands morceaux classiques populaires. Il interpréta en plus une partition que lui avait tendue François Guignard et en reçut une copie… C'était sans nul doute de Adeline.

- Mon accordéon sonne beaucoup mieux maintenant, déclara avec joie le capois!

- Vous êtes beaucoup plus grand que je l'aurais cru, Menio. Vous êtes doué d'une si belle maîtrise. Cela fait longtemps déjà que vous pratiquez?

- Oui maestro! Mais je ne fais que de la musique classique.

Menio se retira, satisfait d'avoir été approuvé par François Guignard.

- Fidèle, il a ajusté l'accordéon pour presque rien du tout. J'ai joué pour lui… Il fut plus que satisfait. J'ai interprété sur partition une de ses compositions. En voilà la copie écrite de ses propres mains! Il m'a complimenté. Ah! Merci cher ami ; merci beaucoup de m'avoir conseillé en ce sens.

- Eh bien Menio, sachez qu'il est unique! Guy Durosier en parle souvent. C'est là chez lui, à la rue St. Honoré et en sa présence qu'il a écrit des mélodies telles: a) Manbo Trafik: Shofè mete w' su kote! Mandé m' yon shans, m'a kite w' ale!…b) Lontan trè lontan te gen yon ti shanson… Se istwa yon ti blan… Marabu, milatrès, bèl brinèt, bèl negrès… Tut bèl, tut enfòm, men nanpwen yonn ki asepte ale… Là, en cet endroit, nul n'oserait écrire un texte musical sans le présenter au maestro François Guignard. Qui pis est, de sa collaboration, il n'en parlera à personne, si ce n'est que peut-être à ses fils seulement.

Nous avons tendance à établir une unique relation entre la rue St. Honoré et François Guignard comme étant celle d'une équation relative au maestro et à sa région. Cela peut paraître vrai pour la génération d'après 1940; cependant, ce centre dont nous parlons souvent est loin d'être celui du début de sa carrière. Rappelez-vous que Pé Gi naquit au Bel-Air non loin du Petit Séminaire collège St. Martial en 1897. Vers 1925, après son union avec Sianne, lui et sa petite famille allèrent habiter une maison voisine de celle de madame Clément Jean-Baptiste à la rue des Fond-Forts près de l'ancienne cathédrale. C'était surtout là qu'il commença à se faire connaître et valoir avant de se déplacer encore pour occuper un habitat à la rue Monseigneur Guilloux face à l'ancien édifice du bureau de la police. Cette période de sa carrière, celle aussi de l'occupation américaine de 1915 à 1934, fut la plus excellente et la plus prospère, vue la possibilité en ces temps de performer souvent devant un public étranger en quête de plaisirs et d'ambiances musicales avec la capacité de dépenser dans un pays dont le barème économique est très faible en comparaison au leur. François Guignard, musicien de grande valeur fut l'un des plus capables, des plus sollicités et des plus recherchés. Son groupe le Super Modern Jazz Guignard était le plus connu et tous autres musiciens de quelque calibre qu'ils fussent, désiraient pour une raison ou une autre le connaître et partager son amitié. On aurait vraiment du mal à les citer tous.

La maison de Normil Charles, en sa qualité de grand sculpteur fut lors le centre de réunion des artistes en général. C'est là, vers 1934, que Pè Gi rencontra le général Oxyde Jeanty avant que cette grande figure de notre folklore passât de vie au trépas en 1936. C'est là aussi qu'il rencontra Ségnès Guillaume (trompettiste du jazz Scott). Mais durant cette période de l'occupation, sa rencontre avec Joseph Dor, l'impressionna le plus. Aux dires de François Guignard lui-même, Joseph Dor (Pè Dò) quoiqu'il ne fût pas un professionnel du domaine de la musique populaire dansante, était l'un des meilleurs musicien-pianistes que Haïti eut connus. Outre cela, il était un bon arrangeur et un bon accordeur de piano. Pè Dò, comme tout le monde l'appelait, aimait aussi la pêche et la cuisine en général. La cuisson des poulets était sa spécialité préférée. Leur saveur laissait à désirer et à féliciter ; il aimait toutefois qu'on le lui dît. Et comme il était voisin et ami des Guignard, il partageait souvent les résultats de ses bonnes recettes avec eux; mais surtout, entre lui et le maestro, ils se partageaient les connaissances musicales. C'est ce qu'admirait en lui François Guignard. Il fut son collaborateur, celui avec qui il pouvait partager les idées et les pensées. Par ailleurs, Pè Gi aimait beaucoup déguster les bouillons de crabes de mer (ciriques) que préparait souvent Sianne. Il profita de cela pour nous démontrer lui-même un jour combien grande et vraie est notre devise: L'union fait la force. Il prit un tout petit morceau de carcasse de crabe et le déposa au sol. Nous vîmes arriver une fourmi qui essaya de s'en emparer; ce fut en vain. Elle décida de retourner bredouille.

- Attendez un moment et suivez, nous disait-il anxieux, tout souriant! Vous verrez.

Se montra enfin un groupe de fourmis faisant partie d'un essaim. L'une d'elles paraissait bien se distinguer; c'était elle, la reine. En peu de temps, elles s'emparèrent du morceau de carcasse et regagnèrent toutes ensemble leur refuge près du grand sablier avec de quoi à manger.

- S'entraider est l'un des rôles les plus importants auquel l'homme doit s'adonner dans la vie. Il est dans la pratique plus facile de réussir en groupe que de réussir seul.

Là au centre artistique de chez Normil Charles, François Guignard avait aussi fait connaissance du fils Hibermane Charles, de Rigaud ainsi connu qui se spécialisait dans la vente et la réparation de pianos; il habitait non loin de chez les Charles eux-mêmes. En un mot, cette maison à la rue De La Réunion était adjacente à la superficie où se trouve de nos jours le nouvel édifice à plusieurs étages du bureau des contributions. Elle fut durant l'époque de l'occupation le centre culturel des artistes. Les amis se réunissaient pour jouer aux cartes, au domino, aux damiers (jeux de dames), parler de musique, de peinture, de théâtre, de sculpture et bien entendu discuter de l'aspect sociopolitique de la vie. Voilà en un mot ce que fut ce centre d'avant celui de la Rue St. Honoré.

Mais la rencontre de Pè Gi avec Mercène Mirvil fut celle qui marqua le plus sa perception musicale. Qui était Mercène Mirvil et pourquoi l'admirait-il si tant? Originaire de Petit-Goâve, il enseignait le français chez Alcindor. Autrefois on avait tendance à citer les institutions scolaires de par les noms de leurs fondateurs… Avait-il vécu en France? Nul ne s'en souvient; cependant, il était musicien et jouait lui aussi le piano. Nous ne cesserons jamais de nous le demander: Qui ne connaissait François Guignard? De lui tout le monde en parlait. Mirvil ne savait que peu de la musique authentique de chez nous; il ne jouait que de la musique classique européenne. C'était vers 1950, il longeait la rue St. Honoré et entendit le jeune Edner jouer Adeline au piano. En effet, ce jour plus précisément, profitant de la présence de son fils, le maestro ne faisait qu'écrire un solo de trompette pour sa dite composition. Ebloui, intéressé et curieux, maître Mirvil ne pouvait se retenir. Il décida alors de s'approcher comme le faisaient plusieurs et de se présenter:

- Bonjour maestro, salua-t-il, permettez que je me présente! Je suis Mercène Mirvil… Cette mélodie se joue en fa!

- Bonjour monsieur, je suis François Guignard, répliqua le maestro étonné et souriant, et je suis enchanté de faire votre connaissance… Comment puis-je vous être utile?

- Ah oui, monsieur Guignard, Je suis originaire de Petit-Goâve. Là-bas, on parle souvent de vous. Je cultivais longtemps déjà cette envie de vous rencontrer un jour. Je passais de ce côté par accident. J'ai entendu le son du piano et j'ai vite deviné qu'il s'agit d'une belle mereng. Je ne peux ne pas m'arrêter pour mieux l'écouter, l'apprécier, faire votre connaissance et découvrir davantage. Et voilà! Je me suis bien tombé.

- En effet monsieur Mirvil, j'ai moi-même réalisé avoir affaire à quelqu'un d'envergure musicale élevée puisque vous avez pu penser positive à première ouïe. Cette mereng se joue vraiment en fa.

Vous devez comprendre qu'il n'est pas facile à un quelconque musicien d'énoncer une note ou un accord à première écoute sans que ce ne soit à partir d'une autre de base déjà énoncée. Pour faire autant, il doit d'abord être né musicien et ensuite être un de calibre.

On jouait réellement la musique en fa, sa tonalité d'origine. Qui pis est, Pè Gi avait sa partition et son crayon en main. Et Edner, ne sachant non plus de quoi s'entretenaient les deux, continuait de jouer.

- C'est une très belle mereng, monsieur Guignard. Je ne l'ai jamais entendue avant… C'est vous qui l'avez écrite?

- Ah oui, mon ami… Je l'ai composée, il n'y a de cela pas trop longtemps. Au contraire, avec l'aide de mon jeune fils au clavier, j'essaie d'écrire un solo pour trompette.

Et voilà, nos deux amis s'entretenaient déjà de conversations poussées. Le maestro lui-même en fut joyeux. Il aimait ces genres de rencontres de gens avec lesquels il pouvait parler et analyser ; des gens dont la connaissance dépassait celle de l'ordinaire. La musique est une science ; elle n'a pas de frontières. Un vrai musicien, est toujours en quête de savoir et d'exploration. En effet, Mercène Mirvil vivait dans un monde purement classique en dehors de la musique du terroir. Les mouvements rythmiques européens en sa connaissance différaient grandement des nôtres. Il paraissait voir son rêve d'étendre ses possibilités se réaliser. Il devint l'un des plus grands amis de François Guignard. Il apprit beaucoup de lui aussi. En peu de temps, il en profita pour pratiquer les vrais mouvements relatifs à nos propres rythmes. Aux yeux du maestro, Mirvil fut l'un des personnages les plus chaleureux et les plus talentueux qu'il eut la chance de connaître. Il fut si grand que le Jazz des Jeunes fit appel à lui quand Féfé quitta le groupe vers 1953. Toutefois, il avait refusé. Il pensait après avoir consulté Pè

Gi qu'une telle aventure aurait risqué d'empiéter sur ses obligations d'enseignant déjà multiples.
- Sincèrement Mercène, lui avait dit notre humble François, je vous considère comme un fils. Je vous conseille de ne pas accepter une telle offre. Imaginez seulement avoir à dispenser un cours de français par devant une classe un lundi matin après avoir passé une fin de semaine, par exemple aux Gonaïves, à jouer au sein d'un groupe aussi populaire qu'est le Jazz des Jeunes! Mes propres fils en ont fait l'expérience comme élèves… Ils ont dû s'absenter de classes plusieurs lundis. Le cas de maître Murat diffère. Son itinéraire de classes et d'enseignement musical n'est pas aussi vaste que le vôtre.
Il soupira un peu comme pour réfléchir et continua:
- Faites de l'enseignement votre véritable carrière. Quant à la musique, faites-en un passe-temps plutôt. Je vous parle en connaissance de cause. J'ai personnellement connu plusieurs tourments y relatifs: accidents de camion, rivières en crue, nuits sans sommeil, pour ne citer que cela. Je vous en prie, mon ami, gardez votre distance! Vous aurez assez de temps pour explorer ses aspects artistiques et scientifiques.
Le professeur Mercène Mirvil ne cessa jamais de glorifier lui-même le maestro:
- Bien que Haïtien, j'ai appris nos styles et nos mouvements musicaux de François Guignard. Et croyez-moi, j'en ai beaucoup appris!

Le Jazz des Jeunes pesa sa perte. Félix était de poids. Il eut durant sa jeunesse des professeurs de piano de valeur tels: son père et Nono Lamy. De Micheline Laudun et Lina Mathon Blanchet il avait appris les grands principes avancés de solfège et de théories musicales. Il est un maître dans les interprétations et les exécutions des musiques haïtiennes surtout, et des musiques latines (latino) tant en vogue à l'époque. St. Aude et Murat pensaient pouvoir trouver un remplaçant de qualité en la personne de Mirvil bien qu'il fût un peu nouveau dans le genre et le style communément appelés « jazz ». Face à son refus de les rejoindre et après qu'ils eurent de leur côté refusé d'accepter Edner qui leur a été présenté (on verra plus tard comment), ils décidèrent de faire appel à Joe Duroseau qui de son côté pensa que succéder à un pianiste du genre de Félix Guignard, n'était pas chose facile. Il jugea à son tour nécessaire de consulter lui aussi Pè Gi qui lui conseilla d'accepter l'offre. Croyez-nous, Joe fit de son mieux et marqua l'une des époques les plus florissantes du Jazz des Jeunes : celle de Pierre Blain jusqu'au début tant fructueux de Gérard Dupervil. Encore une fois, François Guignard fut l'homme de son temps.

## Les Guignard et leur relation avec le Jazz des Jeunes, le Jazz des casernes Dessalines et l'orchestre Citadelle

Nous étions déjà au tout début de l'année 1943 sous le gouvernement de Elie Lescot, Sianne envoya Féfé, qui n'avait lors que quinze ans, acheter du pain à la boulangerie St. Marc à la Grand-rue. Sur son chemin du retour, il entendit deux voix l'appeler :

- Hey Ti Giya!

C'étaient celles de Pierre Riché et de Hercules Rousseau. Ce dernier habitait lors la rue du Centre face au pénitencier national. Ils étaient tous deux des amis de la famille des Guignard. Il alla les trouver.

- Bonjour messieurs, salua-t-il!
- Ay, ti Giya, saluèrent-ils à leur tour?
- Comment va votre papa, s'empressa de lui demander Hercules?

En effet, ce n'était qu'une façon de s'introduire pour faire marcher la conversation. Les deux avaient rendu visite à Pè Gi au soir, la veille et parait-il, ils lui avaient parlé de leurs intentions.

- Il semble se porter mieux qu'avant… mais il est toujours souffrant.
- Avez-vous entendu François et Sianne parler du trio Des Jeunes, lui demanda Riché?
- Bien sûr lui répondit le jeune Féfé.

- Chéché… répliqua Hercules, comment pourrait-il ne pas connaître le trio Des Jeunes? Il est le fils de Pè Gi! ... Soyons sérieux!
- Eh! Eh…, continua-t-il! Comment vous appelez-vous encore?
- Je suis Félix… Eh, Eh… Féfé le plus grand garçon !
- Il Joue au piano lui aussi, rétorqua Riché.
- Oui, je le sais, Chéché; nous en parlions à peine… Vous me l'avez déjà dit.
- Oui, répliqua à son tour le jeune Féfé.
- Nous avions déjà transformé ce trio dont nous parlons en quintet, continua Hercules, nous aimerions en faire un vrai et réel jazz. Ce sera, ajouta-t-il comme pour rehausser l'éclat de leurs rêves, le Super Jazz Des Jeunes. Nous avons besoin d'un pianiste.
- Oh…oh, je vois, répondit à nouveau le jeune.
Il n'avait jamais pensé à l'époque que ces deux musiciens de profession aurait fait allusion à lui-même pour un tel projet. Il se préparait même à leur fausser compagnie quand allant droit au but, Chéché lui déclara:
- Nous pensions à vous pour ce « job ».
Et Féfé lui, qui ne faisait surtout que du piano classique ne fit que rétorquer avec étonnement:
- Je suis beaucoup trop jeune et je ne pratique pas le jazz! Ah… Non!
- Mais, il n'y a de cela que deux semaines, n'avez-vous pas accompagné Candjo pour aller jouer jusqu'au Cap?
En effet, Candjo était un chanteur peu connu qu'il ne faut pas confondre avec Candjo Despradines, grand superstar troubadour. Son vrai nom était Nicolas Duverseau. A l'époque, on surnommait souvent « Candjo » ceux qui, d'une façon ou d'une autre, courtisaient le domaine du chant populaire. Il en fut ainsi de Anilus Cadet au début des années 50's et de Ti Paris durant les années 60's qui s'en suivirent: « Misye se yon Ti Paris » (Celui-là est un Ti Paris); ce qui signifie qu'il aime beaucoup chanter à l'instar de Ti Paris. Ce dit Candjo, originaire des Gonaïves, avait reçu l'offre du maire de la ville du Cap, son ami, de venir performer en cette grande cité. Pour paraître super, il avait décidé de se faire

accompagner d'un pianiste; toutefois, il ne pouvait en trouver aucun. Ami des Guignard, il avait alors prié Sianne de le laisser partir avec le jeune Féfé qui lui de son côté s'affolait de visiter le Cap. Candjo connut un grand succès peu de temps après le départ de Lescot. Il avait composé une chanson à l'endroit du président déchu:

*Se Washington ak Trujillo (Washington et Trujillo)*
*Ki fè Lescot pran dlo (Ont poussé Lescot à partir)*
*Paske pèp la te vle pran Lescot... etc*
*(Parce que le peuple*
*voulait sa peau... etc.)*

- C'est vrai, lui dit Féfé. Mais, ce n'était qu'une simple occasion, rien qu'une occasion; une simple entreprise d'amateur. J'ai profité de cela pour visiter le Cap-Haïtien... Il est vrai que je joue parfois en « grenn siwèl » avec Nemours mais, je n'en fais pas pratique. Je ne suis pas un musicien de « jazz » non plus.
- Je vous comprends cher ami... mais, cela ne fait rien, lui répondit vite Hercules. Il fut un temps où votre père aussi ne faisait que de la musique classique. Ne lisez-vous pas très bien les partitions? La musique sous quelle que forme qu'elle soit reste et demeure ce qu'elle est : musique... Alors! C'est de là même que nous vient l'idée de créer un super jazz. Vous êtes, j'en suis sûr, fier d'être le fils de Pè Gi! Votre père, je vous le jure, est un grand maestro. « Ah!... Pa gen konsa! » (Ah!... Il n'y a pas comme lui!)
- Mais...Mais...Euh, murmurait Féfé!
- Je ne vous comprends pas réellement, continua Hercules, vous nous parlez de manque d'expérience mais, vous oubliez déjà combien forts furent les applaudissements que vous avez reçus lors du bal carnaval à Lalue!
Pour être plus clair, durant deux ou trois années suivies, le super jazz Guignard avait animé les bals carnavalesques organisés par la populaire madame Tassy durant les jours gras. De telles ambiances se déroulaient à la maison Ducaste ainsi connue à l'angle de Chemin des Dalles et Lalue. Organiser une soirée avec le jazz Guignard lors était une chose de grande envergure. Un

organisateur payait jusqu'à deux cents gourdes par soirée allant de samedi à mardi. De vives chansons populaires carnavalesques telles:

*1) Sa Ki mande pu men (A ceux qui veulent me connaitre)*
*Di yo m' se kriminèl! (Dites-leur je suis un criminel!)*
*Di yo, di yo m' se kriminèl,(Oui, dites-leur, je suis criminel,*
*Tut fanmi m, se kriminèl. (Né d'une famille de criminels.)*

*2) «Lan mashe lan nwit sa a*
*M' te wè l' o... etc. »*

étaient à l'honneur. Féfé y était avec son père quelques deux mois avant. Il avait, sous de forts applaudissements de l'audience, accompagné l'orchestre exécutant ces deux hits.
- Oui mais… J'étais avec mon père, rétorqua-t-il!
Et sans même lui laisser le temps de trop y penser, Hercules ajouta, lui tapant l'épaule:
- D'ailleurs, comme le répète souvent Pé Gi lui-même: « On passe par l'inconnu pour rencontrer le connu ».
Il soupira un moment et conclut:
- Ne vous en faites pas, nous en parlerons à Sianne.
Le jeune Féfé ne voulait pas entendre davantage. Il se retira vite et s'en alla.
- Au revoir messieurs!
- Mon Dieu, pensait-il tout de suite, « Lan ki sa mwen ye laa! » (Quelle confrontation!) Que dira mon papa? « Mizik dyaz! » (Musique de Jazz)!
En effet, François Guignard paraissait déjà en être au courant… Il était lui-même hospitalisé depuis une bonne période de temps suite d'un accident de camion sur la route de Cabaret pendant qu'il se rendait à St. Marc avec son groupe, animer une soirée dansante. Il résistait fortement à ses douleurs et Sianne ne savait que faire. En sa qualité de père de famille et comme de coutume chez nous, François, bien qu'infirme, était le bras droit de la maison.

Le jour suivant, un peu vers les dix heures du matin, Hercules et Riche se présentèrent auprès de Sianne pour lui mettre au courant de leur projet et de leur choix. Après tant de discussions concernant ce rêve, ils finirent par convaincre madame Guignard qui ne savait plus que faire car la famille était à court d'argent.
- Pensez-vous que Pé Gi acceptera, lui demanda Hercules?
- Sa santé est si précaire depuis l'accident… Toutefois, je m'en occuperai. Ce sera une grande opportunité pour Féfé et pour nous-mêmes. Faut-il bien qu'il accepte! Je parviendrai certainement à le convaincre moi-même.
Et voilà! Félix Guignard devint membre-fondateur du Jazz des Jeunes, son premier accordéoniste et pianiste. Dès le jeune âge, il accompagna ce grand orchestre dans tous ses succès tant en Haïti qu'à l'étranger, à Cuba et aux Etats-Unis, à New-York surtout, au Carnegie Hall et partout ailleurs. Rien ne nous étonne… Il est, à côté de son très jeune frère Edner (Edner est né le 9 août 1934), le fils de François Guignard. Pour eux, la musique n'a pas de limite. Hercules Rousseau et Pierre Riché, leur unique chanteur de l'époque, étaient plus que satisfaits de leur trouvaille. Pourtant quand plus tard, sur les conseils de Duverger, les membres du jazz Ti Giya voulurent que Féfé quittât le Jazz des Jeunes pour s'intégrer à celui de son père, Sianne s'y était opposée.
- Non, avait-elle rétorqué fermement! Je ne veux pas qu'il se joigne à vous. Il gardera sa place au sein du Jazz des Jeunes.

Le cas introduisant Edner à la musique et au « jazz » diffère beaucoup de celui de Féfé. Ils sont de par nature de tempérament différent. Nous les connaissons tous les deux… Comme leur père, ils ne tolèrent pas le défi; mais Edner, parait-il, à un niveau plus poussé que Féfé et à l'instar de Pè Gi lui-même, aime davantage le challenge. Féfé est de qualité: musicien né. Edner de par son tempérament aime en musique « fouye zo lan kalalou », faire des recherches et explorer son monde. Ce n'est pas sans raison qu'il aime à la fois les mélodies et les lyrics. Très jeune, il admirait regarder et entendre son père jouer. Il fut aussi influencé dès son adolescence par la fréquentation courante chez lui de plusieurs chansonniers tels Antoine Radule, Dòdòf Legros, Antoine Paquit et surtout Guy Durosier un peu plus avancé, avec lequel il pratiqua le piano et le solfège. Mais, la participation de son frère Féfé, jeune de quinze ans lors, au Jazz des Jeunes, avait depuis et pour certain augmenté son envie et son orgueil de devenir lui aussi grand musicien d'orchestre; il n'avait que huit ans.

C'était vers 1949-1950, Charles Paul Ménard, maestro du jazz des casernes Dessalines, ami de François Guignard, s'approcha du jeune Edner pour lui demander s'il aimerait faire partie de son orchestre. Il n'avait que seize ans. Il faut noter que depuis vers la fin de 1948, sous prétexte d'assister son père dans son infirmité, ce jeune qui voulait sans doute se montrer, l'accompagnait souvent dans ses performances. Se faisant passer pour un invité d'honneur, il en profitait pour jouer le tambour.
- De quoi me parlez-vous, demanda-t-il à Ménard? Vous savez très bien que mon père n'acceptera pas! De plus, je ne suis pas militaire!
- Pourquoi n'accepterait-il pas? S'il est vrai que Féfé soit membre du Jazz des Jeunes, mais lui, votre père, il ne pratique plus le jazz. Faut-il bien qu'il ait un remplaçant! Faut-il bien qu'il y ait survie dans la famille!
- J'aimerais bien me joindre à vous mais… Et mes études! Je suis encore au lycée.
- Quoiqu'il en soit, à votre âge, Féfé brillait déjà à travers le Jazz des Jeunes dont il est membre-fondateur! D'ailleurs aussi jeune que vous êtes, vous n'aurez pas besoin de vous enroller dans l'armée.
Et Edner, un peu plus décisif qu'indécis lui répliqua tout bonnement :
- Parlez de cela plutôt à « man Sianne »!
En effet, il savait que son père aurait du mal à rejeter les décisions de sa mère qui elle-même vivait un peu dans le stress à cette époque. Cette situation avait poussé le maestro à écrire Détresse, l'une de ses plus belles compositions à côté de Adeline, de Claudette et de Caresse. Et voilà, Charles-Paul s'adhéra à la pensée

du jeune Edner et en parla directement à Sianne. Il en était sorti satisfait. Mais…

François Guignard voulait-il réellement que Edner se joignît au jazz Casernes? Peut-être que non car, quelques deux semaines plus tard, il paraissait appuyer Féfé qui s'y opposait avec force.
- Non papa, disait le frère, Edner est trop jeune. Il ne peut pas se joindre à un tel groupe. Cela entravera la poursuite de ses études scolaires. Sa place est sur les bancs du lycée… Pas au sein du jazz des Casernes parmi des militaires. Non! Mille fois non!
Pè Gi avait fait savoir tout simplement à Edner que vu son âge et ses activités scolaires, l'ambiance ne lui était pas favorable.
- Cela ne peut vous garantir aucun futur mon fils, lui avait-il dit. Je connais un soldat-musicien de la fanfare des casernes qui à court d'argent hypothéqua une fois ses souliers blancs d'uniforme pour pouvoir nourrir ses enfants. Peu de jours après, notre pauvre homme devait s'habiller formellement pour la célébration du 18 mai. Et comme il lui était impossible de s'acquiter de sa dette et les reprendre, il dut, utilisant l'amidon, recouvrir de papier blanc ses souliers marrons. Une fois de plus mon fils, le moment ne vous est pas favorable.
Le jeune ne répondit rien, mais… A cette époque où François Guignard venait tout juste de prendre sa retraite, Féfé paraissait avoir pleine écoute. Edner avait longtemps déjà entamé ses études secondaires au lycée Toussaint Louverture; il dut quitter le jazz Casernes. Il avait vu son rêve se ternir. Charles-Paul et son orchestre furent grandement déçus. Ils admiraient si tant les talents du très jeune pianiste. On verra trois ans plus tard, Féfé lui-même accepter de quitter le Jazz des Jeunes pour rejoindre le jazz des Casernes Dessalines. Ce groupe quasi-militaire a connu un succès merveilleux en Haïti. De la vibrante interprétation de « O, Ezili nennenn O » et de « Ozanana » avec la voix chaude de Louis Lahens, de nos jours encore, on en parle.
Comment enfin Edner parvint-il à s'intégrer à son monde musical?
- Féfé n'a pas le droit de décider de mon futur, pensait-il. Il n'est ni François ni Sianne. Je ferai mon chemin.

Quelques mois plus tard, alors qu'il jouait au ballon avec les amis du quartier, il vit Hercules Rousseau s'approcher de lui:
- Jeune Edner, comment allez-vous?
- Bonsoir Hercules, ça va bien.
- Selon ce que je vois, vous préférez le football à la musique…
- Non mon cher, c'est Féfé qui, je ne sais de quel droit, refuse que je joue de la musique dansante. Je me sentais si bien durant cette courte période au sein du jazz des Casernes…
- Avez-vous toujours en tête de vous joindre à un autre groupe?
- Bien sûr, lui répliqua-t-il! Pourquoi pas!
- N'importe, lui rétorqua alors Hercules en guise de question!
- N'importe groupe! Pourvu que ce soit pour jouer le piano. Et cette fois, à part ma maman, nul ne pourra m'en empêcher.
Il savait bien qu'il aurait l'appui de « man Sianne » pour que se réalisât son rêve.
Après avoir laissé le Jazz des Jeunes, Hercules Rousseau était devenu membre-fondateur de l'orchestre Citadelle. Cet ensemble répétait au centre culturel chez François Guignard lui-même à la rue St. Honoré numéro 58; ce fut après que Joseph (Joe) Duroseau laissa le groupe pour rejoindre celui du jazz Cabral qui jouait au casino international. Ils avaient grand besoin d'un remplaçant. Quoi de plus simple et de plus viable alors! Le jeune Edner Guignard devint en 1950 le pianiste du dit orchestre et y demeura jusqu'en 1953. C'est là vraiment qu'il débuta sa carrière en musique dansante. Ce fut un an avant que Nemours Jean-Baptiste en 1951 fût nommé son maestro. Point n'est besoin de vous dire les contributions qu'a apportées François Guignard au bon développement de cet orchestre. Non seulement que son jeune fils en était le pianiste, mais encore, le groupe dès son début répétait chez lui sous son appréciation. Cet orchestre interpréta deux des plus beaux hits des années 50's: « Maria leve » avec la vibrante voix de Auguste Durosier et « Li bon shushu li bon » avec celle sonore de Louis Lahens.

Se renversant sur elles-mêmes, les occasions et les actions se répètent parfois et l'on se demande souvent: Qui l'aurait dit? Les deux jeunes Guignard fleurissaient de popularité en popularité. Vers 1953, le jazz des casernes courtisait grandement l'idée d'avoir Féfé en leur sein. Les dirigeants décidèrent donc d'en faire appel. L'offre, parait-il, était attirante et très alléchante; il l'accepta. On lui avait même offert de l'intégrer au sein de l'armée avec un salaire indépendant de l'institution, ce qu'il avait toutefois refusé. Selon ce que nous croyons comprendre, sans avertissement préalable, Féfé se rendit auprès de René St. Aude et de Antalcidas Murat du Jazz des Jeunes avec son jeune frère Edner pour qu'il le remplaçât. Ainsi, il leur avait soumis sa brève décision de démissionner. Les deux dirigeants se sentant froissés, rejetèrent son offre et firent plutôt appel à Joe Duroseau.

Quand pourtant en 1963, Joe les quitta, parait-il, sans préavis, il leur vint à l'idée cette fois d'embaucher Edner.
- Comment nous présenter devant lui, se demandaient-ils, et solliciter son aide après avoir rejeté son offre de se joindre au groupe une décade plus tôt aux fins de remplacer son frère démissionnaire?
Ils en trouvèrent facilement la réponse. Daniel Mayala fut un très proche collaborateur de Hercules Rousseau et des Guignard. Il fut, avant de se joindre au Jazz des Jeunes, le batteur du Super Modern Jazz François Guignard et celui de l'orchestre Citadelle quand Edner lui-même en était le pianiste. Ils décidèrent donc de le déléguer auprès de lui.

Ce même jour, sans tarder et suivant les instructions de son père sans que même Mayala en fût au courant, Edner, accompagné du batteur, décida vite de répondre au désir des deux principaux dirigeants de le rencontrer. Il dirigeait lui-même l'orchestre du Riverside d'Haïti lors.
- N'utilisez pas le mépris, mon fils! Ils sont des professionnels comme vous. Allez les rencontrer et dites-leur avec respect et grandeur pourquoi vous refusez!

La présence de Edner, semblait déjà signifier pour eux une acceptation. Toutefois, fallait-il qu'il y ait des mots d'accueil à son endroit et à son honneur:
- Edner, lui disaient-ils, nous regrettons que nous ayons rejeté dix ans de cela, votre requête de remplacer Féfé. Aujourd'hui, nous vous prions de nous excuser et d'accepter ce poste.
Edner les regarda droit aux yeux et répliqua:
- Je vous remercie confrères d'avoir pensé à moi. En effet vous aviez plein droit de refuser avant notre demande et de ce refus, j'en ai grandement bénéficié au contraire. Il m'a permis de parcourir un trajet assez viable à travers l'orchestre Citadelle et deux grands ensembles de deux grands hôtels: le Riviera et le El Rancho. Je crois avoir donc fait chemin alors. Cependant, ne vous en déplaise messieurs, en ma qualité de chef d'orchestre du Riverside d'Haïti, l'un des meilleurs groupes musicaux d'aujourd'hui à côté du vôtre bien entendu, je suis obligé de rejeter votre offre. Je vous remercie une fois de plus camarades d'avoir pensé à moi et souhaite que vous trouviez un bon remplaçant à Joe. Encore, mille fois merci!

C'était en présence de Gérard Dupervil, de Daniel Mayala lui-même et de tous les autres membres du Jazz des Jeunes. Ils gardèrent tous leur silence. Et comme il n'en était plus question, ils parlèrent sans embarras aucun de tous autres sujets eu égard à l'orientation et l'avenir de la musique en Haïti avant qu'enfin Edner se retirât. Malgré tout, il avait évité de faire allusion aux aspects reliant la politique gouvernementale à un possible déclin de notre culture musicale dans un futur proche. Il avait suivi les conseils de François Guignard, son père. Cela se passa au début de l'année 1963, quelques mois avant qu'il quittât le pays. Ce fut l'une des époques où le Jazz des Jeunes lui-même eut vivement marqué la musique haïtienne. Avec l'arrivée vers 1959 de Gérard Dupervil comme chanteur-charmeur, le groupe, tout en conservant son caractère folklorique, s'était orienté vers l'adaptation d'une toute nouvelle forme se rapprochant du style cabaret des chansonnettes françaises et des groupe-troubadours: Fleur de Mai devint chanson-poésie. Et ce fut l'époque des mélodies et chansons telles: Comme Jadis, J'ai Péché, En Vacances, Denise, Les Seize Joe du Bel-Air, Gen Zanmi, Pa Marye w'a Plase, Tut Mun Du et autres. Ce fut aussi, du côté de l'orchestre Riverside, l'époque de l'inoubliable et vibrant pot pourri de boléros: « Bigote Gato » arrangé et orchestré par Féfé Guignard, de « Loray Kale », un chef-d'œuvre du grand compositeur francais Leo Ferré, traduit en créole par Jacqueline Scott, de « Ti Gason Woze Jaden la », une composition trinidadienne de Mighty Sparrow, traduite en créole et orchestrée par le saxophoniste Jean William Antoine. Ces chansons étaient interprétées avec la voix sonore du grand Joe Lavaud.

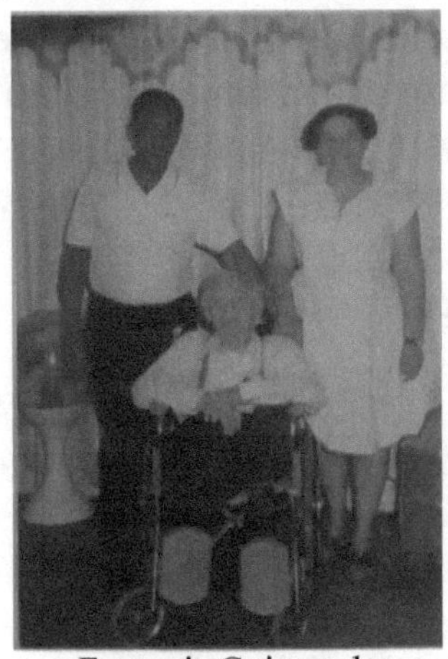

François Guignard
sa fille Anne Marie
et son mari Justin Thomas

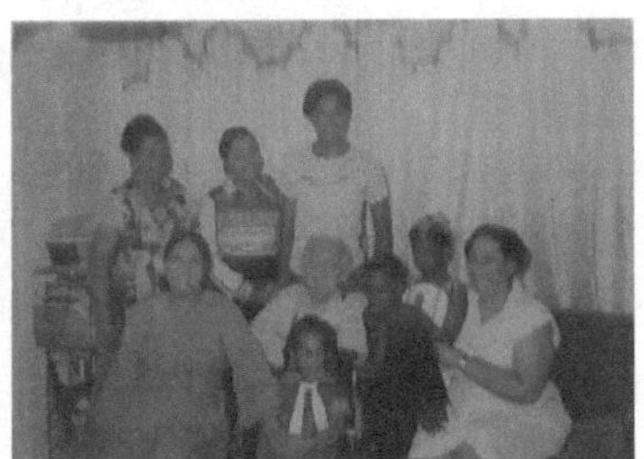

Pè Gi, ses trois filles et
quelques-uns de leurs générations
dont trois arrière petit-fils
De gauche à droite, 1ère rangée:
Laure et Anne-Marie
$2^{ème}$ rangée: Adeline et sa fille
Margarette (Poupie) et Marilyn,
fille de Laure (New-York, 1978)

# TROISIEME PARTIE

## Le konpa dirèk fut-il créé en 1955?

Le konpa dirèk fut-il créé en 1955? Nous vous invitons à lire, à penser et à analyser sans passion les données qui nous sont offertes. La vraie réponse à cette question pourra vous paraitre un peu arrogante cependant, notre conception est basée sur une théorie philosophique telle la suivante: *« Rien n'est plus beau que le vrai. Le vrai seul est agréable* (Voltaire).» Si oui alors, l'honneur reviendrait plutôt au groupe carnavalesque Tana et son fameux tambourineur Kretzer Duroseau secondé par Pasquett (ainsi connu). Kretzer devint plus tard l'original tambourineur du konpa. Pour ceux qui ne sont pas d'une première jeunesse vous n'avez qu'à vous rappeler de cette mereng carnavalesque de la fin des années 40's: Ay Tana…lamaricu Tana… Ay Tana… Pourquoi une telle inspiration espagnole à travers un tel air? La raison était simple. Kretzer lui-même, frère du grand accordéoniste Richard et l'une des plus grandes étoiles de Tana, était né d'un père haïtien: Emmanuel Duroseau et d'une mère de nationalité dominicaine. Il partageait, à côté de sa mère, le goût de la mereng dominicaine qui elle-même est d'origine haïtienne puisque le nom même l'indique. Et voilà en gros, le konpa dirèk.

C'était vers 1951, pour des raisons dont nous ignorons les causes, le groupe carnavalesque Tana se transforma en Titato avec Nemours Jean-Baptiste comme saxophoniste et chef d'orchestre. Ce dont nous sommes certains, il avait fait choix de Lucien Noël comme président du club. Aussi, le jeune, brillant et talentueux Wébert Sicot membre du « Jazz Atomique » que Nemours lui-même avait lors fondé, en faisait partie. Il avait au préalable décidé de nommer la bande et la mereng carnavalesque y relative: « Revoltillo », mot espagnol qui signifie : méli-mélo. Nemours, il faut l'avouer, était de tempérament à aimer ces genres de mots qui résonnent et qui vibrent. Quand il avait fait part du nom à François

Guignard, le maestro lui avait conseillé de bien y penser. C'était tout juste après la chute du président Dumarsais Estimé suite d'un coup d'état militaire:

- Attention mon fils… Réfléchissez-en, lui avait-il dit! Je sais certainement ce que signifie le mot Revoltillo… Pensant créole, je suis sûr qu'il résonnera autrement aux oreilles de certains. Et de nos jours surtout… Hmmm!

En guise de suggestion continue, Pè Gi avait ajouté comme pour conclure:

- Quand il s'agissait du beau groupe Tana, la populace s'affolait, chantant allègrement: « Ta…ta…to…to… en guise d'inspirations et d'exclamations. La syllabe « to » résonnait souvent plus attrayante aux oreilles des manifestants que la « na ». Alors Nemours, compte tenu de ce fait, pourquoi ne pas nommer le nouveau club: TiTato? Le public, je suis certain, en serait ravi.

Mais Nemours s'en foutait pas mal; il admirait le nom Revoltillo. Il avait donc en bonne et due forme rempli le formulaire d'application aux droits de participation aux activités carnavalesques et le soumit sans crainte au bureau de l'administration communale de Port-au-Prince pour régistration conformément aux règles établies par la loi. En guise de suivie et suivant les normes requises, ce dit bureau a pour devoir et obligation de soumettre au département de la police la liste des groupes devant participer aux défilées durant la période des jours gras. Grande ne fut pas tellement la surprise de certains d'apprendre que le nom du club fut rejeté par le major Marquez Prospère. Nemours lui-même a dû comparaître devant les autorités policières pour les mêmes motifs déjà mentionnés et sur lesquels François Guignard lui avait conseillé:

- Nous comprenons bien la signification du nom choisi pour le club carnavalesque dont vous êtes fondateur, lui avait déclaré le major. Nous comprenons aussi, monsieur Jean-Baptiste, que vos pensées sont purement culturelles. Elles n'ont rien à voir avec la politique et ne renferment aucun esprit de rébellion non plus. Cependant, la populace peut interpréter ce mot à sa façon et en faire une sale

histoire. Choisissez-en un autre! De Revoltillo, nous ne voulons pas en entendre parler malgré sa signification espagnole propre.
Et voilà! Là en ce dit bureau même, Nemours changea le nom du club pour choisir plutôt celui de Titato que lui avait suggéré François Guignard au préalable. Cela ne contrariait en rien leur mélodie en question puisqu'il s'agissait de trois syllabes: Re...vol...tillo, compte tenu de l'emploi de deux demi-notes liées pour « tillo », et Ti...ta...to. Par ailleurs, Webert Sicot démissiona de ce club après les festivités carnavalesques pour former l'année suivante, soit en 1952, un tout nouveau qu'il dénomma : Domino du Morne-à-Turf. Il avait fait choix de Danilo ainsi connu comme président. Danilo était un haïtiano-dominicain. Et si Titato commençait à animer les festivités populaires à partir de quatre heures de l'après-midi, chaque dimanche gras, Domino le faisait le matin après dix heures.

Il est bon de vous rappeler que deux cours avoisinantes s'intercalaient dans ce carré du Morne-à-Turf que tous appelaient Koridò Kavanyak: Laku Giya et Laku Siko. François Guignard a donc vu Wébert grandir sans omettre pour autant qu'autrefois au Bel-Air, il était voisin des Jean-Baptiste. Il avait bien avant vu Nemours grandir lui aussi. Il devint par contre leur conseiller surtout dans le domaine de la musique dans tous ses aspects. Ajouté à cela, il était l'ami de Lucien Noël. Il n'adhérait donc pas à l'idée du jeune Wébert de s'écarter du club carnavalesque Titato du Bel-Air pour former un nouveau au Morne-à-Turf malgré que les heures d'animations publiques fussent différentes. Par surcroît, suite à certains conflits, le « jazz Atomique » n'existait plus. Le jeune Wébert s'était vu forcé de se joindre à l'orchestre Citadelle. C'était avant que Nemours lui-même reçut l'offre de Hercules Rousseau pour être le maestro de ce dit ensemble et bien avant qu'il eût créé le Cojunto International. Hercules administrait lors ce groupe qui brillait à merveille.
- On a déjà trop de « bandes » populaires sur la scène carnavalesque, avait suggéré Pè Gi à Wébert. D'où qu'elles viennent, elles parcourent toutes les mêmes rues de cette même

capitale. Vous êtes encore très jeune, mon fils, mieux vaut continuer de vous associer à Nemours et son club.
Au Bel-Air et dans toutes les régions de Port-au-Prince, le club Titato, siégeant jusqu'au haut de la rue des Fond-Forts dans la zone communément appelée Morne Marinette, était très admiré.
- Nemours est d'un dynamisme sans pareil; il est très actif, avait-t-il ajouté comme pour conclure. Vous aurez besoin de sa collaboration dans le futur. On ne sait jamais ce que réserve l'avenir... Essayez d'éviter les conflits déjà trop multiples!

Wéber Sicot semblait ne pas prêter oreilles aux conseils du sage. Ainsi, le jeune et fougueux saxophoniste, déjà membre de l'orchestre Citadelle jouant le premier alto, anxieux de possibilités d'accession devint maestro en charge de la section musicale du club Domino du Morne-à-Turf qu'il avait lui-même fondé. De Labou Kavanyak, il en avait fait son quartier général; c'était en 1952. Et en guise de rappel, l'orchestre Citadelle ayant le très jeune Edner Guignard comme pianiste, répétait au centre culturel chez François Guignard à la rue St. Honoré. Eu égard à cela particulièrement, Pè Gi avait accepté de réviser l'orchestration de la mereng carnavalesque de Domino titrée à partir du cola Citadelle puisque la compagnie le produisant (Usine à Glace nationale) patronnait le club:

*Citadelle se w' bon kola (Citadelle est un bon cola)*
*L'apetisan, li nurisan (Il est appétissant, nourissant)*
*Li rafreshisan, li gen bon gu (Il est rafraichissant...)*
*Gade ki jan m' manke muri (Ah! J'ai failli perdre la vie*
*Putèt yon kola Citadelle! (A l'envie de boire du cola Citadelle)*

Cette mereng carnavalesque avait connu du succès. François Guignard fut le premier à recevoir un « oshan » (salut musical d'honneur) le jour même de sa première sortie et ceci, à chacun de ses défilés. Savez-vous ce qui arriva cette même année à la fin de la saison des carnavals? Hercules Rousseau, admirant le dynamisme de Nemours Jean-Baptiste, fit appel à lui pour être le maestro de l'orchestre Citadelle dont Wéber Sicot était déjà membre. Wébert paraissait trop jeune pour remplir un tel rôle. Les voici jouant ensemble à nouveau dans un même groupe. Nous sommes certains qu'il médita lors les conseils de sagesse que lui avait dictés François Guignard ; conseils qu'il avait ignorés. Si de nos jours encore ceux de notre génération se rappellent tous du club Titato et de ses vibrantes mereng carnavalesques, de Domino ils n'en gardent que peu le souvenir. Nous étions jeunes enfants au quartier. A part la mereng « Citadelle se w' bon kola », nous ne nous souvenons qu'à peine de ce club. Il n'avait pas sillonné aussi bien que le Titato et n'avait pas duré non plus.

Nemours rêvait toujours d'être musicien-chef d'orchestre. Epris de ce bel art qu'est la musique, il avait voulu dès son jeune âge s'y associer. Avec l'aide de Pè Gi, il apprit très tôt à jouer le banjo. Comment devint-il alors saxophoniste? Vers le début des années 40's, arriva en Haïti l'orchestre Sibone de Cuba. Le jeune Nemours s'affolait d'écouter les variations du fameux Emilio jouant le sax alto au sein de ce groupe. Son fanatisme à l'endroit du « star » cubain fut tel que les gens de son entourage l'appelèrent presque tous de ce nom comme surnom. Adorant cela, il décida de laisser tomber le banjo au bénéfice du sax. Il courut ainsi auprès de René Chardavoine, saxophoniste et professeur de musique qui accepta de lui enseigner la pratique d'un tel instrument. Il le courtisait si vivement et ceux qui le maniaient qu'il s'attachera beaucoup à Wébert Sicot qui, quoique beaucoup plus jeune lui servit de tuteur. L'on comprend dès lors pourquoi Wébert s'était arrogé le droit de le lui rappeler dans l'une des chansons du début de la polémique: « An 50 - 54 ou te konn rele m' pwofesè... Lan kòdonye ri Shan'n Mas... Al refleshi ou timal! etc. (En 1950 et jusqu'en 1954, vous m'appeliez professeur... A la cordonnerie de la rue Champ de Mars... Réfléchissez-en mon frère! etc.) ». Nemours habitait autrefois la rue Champ de Mars. Non loin de là au local d'une cordonnerie, lui et Wébert se rencontraient pour instructions et pratiques. Quoique son maestro, il paraissait surtout avoir besoin de la présence constante du jeune en son sein pour mieux apprendre de lui et acquérir les connaissances désirées. C'est pourquoi on les retrouvait tous les deux toujours ensemble tôt durant leur carrière. De son aide et de celui de certains autres, il en profita rapidement et devint enfin saxophoniste. Et bien qu'il n'eût pu jamais varier et jouer à l'instar de Enemilio, il s'était, en guise de souvenir, dépêché de former le Jazz Atomique. Il pensait sans doute faire écho à l'instar de la bombe atomique de l'ère. Ainsi débuta la réalisation de son rêve outre de jouer le sax mais surtout d'être chef d'orchestre. Pour rehausser un peu l'aspect latino du groupe, il avait fait appel à Joe Lavaud à peine venu de Saint Domingue et vieux seulement d'une quinzaine d'années, ne parlant qu'à peine le créole haïtien, voire le français, pour chanter avec eux. Joe est originaire de la Dominicanie. De cette attitude, à tort ou à raison, le Jazz des Jeunes en avait malicieusement profité plus tard lors de sa polémique avec Nemours et son ensemble. Suite à une simple affaire de refus d'un des musiciens de l'orchestre de collaborer au co-paiement régulier d'achat d'instruments, et malgré les conseils de Pè Gi sur la nécessité de s'entendre à ce sujet, une inimité s'établit entre les membres du Jazz Atomique. Ce groupe a connu en réalité une fin non agréable et des membres les plus proches ont dû se présenter au tribunal pour en faire face. Sous la direction de Nemours lui-même, ce fut un ensemble de poids et de valeur, l'un des meilleurs de la période de la fin du Super Modern Jazz Guignard. Pour valider la qualification, on n'a qu'à citer des noms tels: le maestro Nemours Jean-Baptiste, le jeune Wéber Sicot et Dante Pierrot (saxophonistes), André Desrouleau (tambourineur), Antoine Oslin (batteur), Robert Camille (pianiste), le fameux et très jeune Joe Lavaud (d'où son surnom Ti Djo Atomik) et André Toussaint (chanteurs). Suite à cela et toujours en compagnie du jeune Wébert Sicot, Nemours créa le Cojunto International qu'il ne faut pas confondre avec le Cojunto Panaméricain ayant pour maestro Dieuveuil Dugué, Cabral (le dominicain) chanteur et Julien Paul contrebassiste. C'est surtout cela qui crée la confusion car, Julien lui-même se joignit au Cojunto International plus tard pour être le principal chanteur. Le

Cojunto Panaméricain de son côté performait bien avant au Casino du Bicentenaire par devant des touristes. Et c'est durant cette période de performances du Cojunto International que Hercules Rousseau avait fait appel à Wébert Sicot d'abord et Nemours Jean-Baptiste ensuite pour être membres de l'orchestre Citadelle.

Dans leur long parcours ensemble et pour des raisons dont nous ignorons les causes, Nemours et Wébert firent scission tous deux de l'orchestre Citadelle. Avec Mozart Duroseau à l'accordéon et au piano et quelques trois autres, ils se rencontrèrent toutefois à travers un plus léger groupe qu'ils dénommèrent vaguement « Pwèl Mondong », une façon à Nemours de prouver qu'il ne s'agissait pas d'un réel et vrai ensemble mais d'un simple « grenn siwèl ». Performant à Kenskoff dans un club que dirigeait Jean Lumarque, ils s'attiraient certainement la présence des hauts fonctionnaires « banbochè/tafyatè » du gouvernement de Paul Magloire. Etait-ce peut-être la raison pour laquelle ils se détachèrent de l'orchestre Citadelle? Ce dont nous sommes certains, les revenus s'annonçaient meilleurs autour d'une telle ambiance. Jean Lamarque plus tard vers 1955 laissa tomber ce club pour former un tout nouveau à Carrefour. Le cadre s'élargissant, Nemours pensa ajouter d'autres musiciens au groupe qui devint Ensemble Aux Calebasses du club du même nom. Cet ensemble comptait huit musiciens: *« Konbyen nu yen? De, kat, sis, set, wit! Konvwa jeneral, kote n'pase nu mete gete! Tout mun apresye n'! Kote n'pase nu mete gete...* » (Combien sommes-nous?...). Il ne s'agissait pas encore de konpa dirèk comme certains le pensent et que Nemours lui-même le laissait entendre. Ce dit style se concrétisa pour de bon après que lui et son groupe eurent laissé le club Aux Calebasses. Et ce ne fut qu'à partir de 1958 qu'on commença à évoquer ce cri joyeux: Vive le konpa dirèk. Qu'on le veuille ou non, le « grand public » aussi bien que les dirigeants jouissaient d'un calme apparent sous le gouvernement de Paul Magloire (Kanson Fè). Les groupes musicaux berçaient le peuple avec des chansons tant réjouissantes et qui parfois faisaient éloge du gouvernement. Tout paraissait se changer sous celui de

Duvalier et plus particulièrement après l'invasion du 29 juillet 1958. A côté du départ pour l'étranger de plusieurs de nos musiciens populaires, les ensembles avaient tous tendance à ne plus jouer les musiques qui caractérisaient cette période. S'en rendaient-ils compte pour autant? Peut-être que non… Selon nous, cela se manifesta d'abord à travers les chansons de l'ensemble Dodof Legros (Ibo Lélé) ayant Félix Guignard comme arrangeur et pianiste. Comment cela? Parait-il, la station Radio Commerce de l'époque située à Cazaux dans la plaine du Cul de Sac avec de brillants annonceurs tels: madame Bertha (Bébée) Posy l'une des rares figures féminines de la radio de lors et Oswald Douyon, avait des relations étroites avec le gouvernement Magloire. Elle promouvait si tant les chansons de l'ensemble Ibo Lélé que les gens appelèrent couramment ce groupe: Ensemble Radio Commerce. A la montée de Duvalier, on fit donc changer le nom original pour la nommer: Station de la voix Duvaliériste tout court. Pensant ainsi tout modifier, on ne joua presque plus les chansons du groupe Ibo Lele. N'était la chanson « Dife lan Kay la » cornant les oreilles de tous à chaque fois que l'atmosphère politique était surchauffée, on aurait totalement oublié cet ensemble.

- Cette maudite station, pensait Pè Gi, ne joue plus les belles mélodies de Dòdòf. Mais au soupçon de n'importe quel complot politique, elle entonne à nous crever le tympan: Dife lan kay la (La maison est en feu)

Le Jazz des Jeunes n'en fut pas exempt; il ne joua plus depuis Mwen Paralezi, Afè jèn jan avèk jen demwazèl, Oto otomobil oo, Fanm se Kokoye, pour ne citer que celles-là. Pourtant ces chansons à part certaines autres n'avaient aucun caractère politique… Quant à l'orchestre Citadelle, l'interprétation en 1957 de « Kòk la shante lan basku li kokiyoko » promouvant la candidature de Daniel Fignolé avait terni son ampleur. Il a fallu attendre plus tard, vers 1960, l'arrivée du chanteur Leconte Villevalex pour voir son éclat se rehausser. Il en fut de même de l'orchestre du Casino International qui interprétait aussi ce même morceau. Nemours de son côté devait s'orienter à nouveau puisque les autorités du régime précédent se réjouissaient trop souvent de Pwèl Mondong, de Cojunto International et de l'ensemble aux Calebasses et ses hits à succès tel par exemple: *« Lenglensu papa* (sous-entendu: général-président Paul Magloire) *kote u te ye papa! ».* Sur les conseils de Pè Gi, il ajouta donc un guitariste au sein du groupe. A part le gong, cette addition lui avait permis de prôner une toute nouvelle forme: le konpa dirèk pour, intelligemment survivre.

Ayant fait montre de grande capacité, Wébert Sicot, lui, reçut l'offre du nouvel ensemble Casino International proprement dit de se joindre à eux. Il n'en fallait pas plus; il se sépara alors de Nemours et son groupe. Il fut remplacé par Frank Brignol. C'est surtout au casino qu'il exposa le plus ses talents pour se faire réellement valoir du grand public; il se créa lui-même une audience. Il laissa tomber Domino et devint maestro musical du club Maison Hantée que dirigeait Léon Volcy à la Grand'rue. En fin de compte, en 1959 il forma son propre groupe qui participa aux défilés publics des jours gras la première fois en 1960 sous le nom de Kadans Ranpa. Ce fut un succès sans pareil. Toutefois, si mélodiquement la méreng fut séduisante, les paroles ne furent qu'inspirationelles et populaires: « Gade w' bokit k… » (Je vous laisse le soin de compléter le dernier mot à votre guise. Cela ne se traduit pas non plus). Nemours de son côté, après une mésentente avec Jean Lumarque et son épouse dirigeant tous les deux le club dansant, avait enfin laissé tomber le nom Aux Calebasses de son groupe pour celui de Ensemble Nemours Jean-Baptiste d'où en 1958 la chanson de réplique: « *Matant Ti Kam… U gen zye tupatu; se u k' te fè m'; se pu w' fè yon lôt!* ». Après avoir fait usage d'expressions créoles si brutales à l'endroit de la directrice, il s'était fait dieu du Konpa Dirèk, forme qu'il eut popularisée en toute logique. Il n'avait alors pas eu le temps de s'organiser face à une telle surprise de la part de Kadans Ranpa, groupe critiquant amèrement le sien en réplique. L'orchestre et ses activités nécessitant son plein temps, il s'était vu, trois ans avant, obligé de se détacher de Titato. Lui et son ensemble s'associèrent donc rapidement au club carnavalesque « Deranje » pour en faire face durant les jours gras. Ils se cantonnèrent au Bois Verna adoptant un nouveau système « Balanse an plas » sans qu'ils eussent besoin de parcourir les rues. Et ce fut la toute première mereng carnavalesque du Konpa Dirèk: « *Apiye Pa Frape* » avec la voix sonore de Louis Lahens.

*«Ala w' bèl kanaval, se kanaval 60!*
*Apiye pa frape, konpa dirèk kanpe!*
*Pa yo byen kontwole, tut mun ape danse... » etc.*

Ils s'organisèrent eux-mêmes pour de bon l'année qui s'en suivit (1961) et voilà: « Polemik su tut la liy ».
- Que de choses, disait souvent François Guignard ! Notre mereng, surtout celle dite carnavalesque, les rend fous: « Madigra su tut la liy ». Ils perdent enfin la raison et deviennent eux-mêmes des « madigra mal maske ». Dieu soit loué que Féfé ait déjà quitté le pays... Je n'aimerais pas que Edner s'en mêle.

En effet, ces activités ne nécessitaient la présence d'aucun pianiste. Et Edner n'étant pas accordéoniste ne s'en mêla jamais. Ces données peuvent paraître insignifiantes à certains cependant, à bien y penser, elles aident à comprendre les parcours qu'ont suivis nos formes de musiques dansantes, nos mereng carnavalesques en particulier, durant la première moitié du vingtième siècle surtout, tant avec Nemours Jean-Baptiste qu'avec Wébert Sicot, son compagnon de carrière, pour mieux définir ce qu'est le konpa dirèk en sa qualité de forme de musique particulière la plus contemporaine. Elles permettent de concevoir le chemin nouveau qu'il eut tracé à travers notre société culturelle dansante. Elle permet aussi de mieux définir le rôle que joua François Guignard dans ce domaine.

On comprend dès lors, comment ayant Kretzer au sein de son groupe depuis 1955, Nemours, en 1958, n'a fait qu'achever de développer sous une nouvelle forme ce genre ibo-mereng que battait longtemps déjà le tambourineur. Il le rendit encore plus facile à apprécier compte tenu de la nouvelle mode de danse

« danse ploge ». En effet, dans l'une des chansons de l'ensemble Aux Calebasses, il le disait sans s'en rendre compte à la troisième et à la quatrième ligne:
3) Wooh! Nos jeunes filles en général. 4) Dansent toutes notre mereng avec joie!

(1) *Oshan! Oshan! Bel oshan pu prezidan*
*Bel oshan! Bel oshan! Bel oshan pu jeneral*
*(3) Mezanmi se pa yon sèl bebe*
*(4) Ki konn danse mereng o way o*
*Ala w' bagay sansib o!*
*Bebe sila a se w' bebe k'ante*
*Lè l' kòmanse lage pa lan kay la*
*Tut mun se kanpe vin gade...*

La première ligne de la chanson paraissait refléter la pensée du président Magloire lui-même qui aimait passionément les divertissements (1): (Salut! Salut! Grand salut d'honneur à l'endroit du président!) Nemours ne pouvait donc plus l'interpréter après le départ du général-président. Le fameux troubadour Anilus Cadet faisait partie du groupe Aux Calebasses tôt durant sa formation. Il apporta lui aussi sa collaboration en ce sens. Anilus est l'auteur-compositeur de plusieurs de nos chansons courantes telles: « Atshuputshu » et plus particulièrement « Maryaj ki bèl se maryaj solanèl » que jouait ce groupe. De par le fond musical même de l'ensemble, la présence de Boston avec son gong, fut exceptionnelle. Ses mouvements d'appel étaient directs d'où le qualificatif du konpa dirèk emprunté de René Diogène comme expliqué dans un autre chapitre. En effet, la musique de fondation principale même du kompa dirèk de l'ensemble Aux Calebasses: *« Ay kalbas... mashann vinn vann kalbas ... Avèk Jean Lumarque, Aux Calebasses kanpe... Kalbas kanpe, kalbas kanpe nan pwen pwoblèm, etc »* avec la voix de Julien Paul comme chanteur original, n'est autre qu'une version nouvelle « jazz » de: *Ay Tana, lamaricu Tana*: même mélodie, même tambourineur, même fond rythmique et qui pis est, un des mêmes saxophonistes dont

Nemours lui-même dirigeant cette fois un nouveau groupe sans la participation de son proche collaborateur d'autrefois: Wébert Sicot. A ce sujet, écoutant une fois la merveilleuse musique konpa « Les Trois Dangers », Edner Guignard et moi avions fait l'analyse à savoir que l'énoncée évoquant Nemours, Raymond, Richard d'être les trois piliers à la base des mouvements musicaux du konpa dirèk, est fausse. Bien que Nemours lui-même soit l'étoile principale à contribuer au développement de cette forme, le danger primordial comme conçu positivement dans notre langage haïtien, est bien Kretzer à côté de son jeune frère Richard à l'accordéon et Raymond à la guitare. Donc l'énoncée aurait dû plutôt être: « Kretzer, Raymond, Richard, tulè twa se danje » à moins qu'il soit question de cinq dangers incluant Boston avec son gong puis Nemours.

Ne nous prenez pas à tort si nous essayons souvent de souligner l'aspect sociopolitique de cette époque. Ne verrons-nous pas plus tard ce même orchestre interpréter cette même mélodie avec un lyric (troisième version)? En effet, le « Ay Tana » original et le « Ay Kalbas » deuxième version deviennent: Duvalier... Duvalier kanpe, Duvalier kanpe ... nan pwen pwoblèm... Si les trois syllabes de Ay Tana, Ay Kalbas, et Duvalier correspondaient bien aux palabres, ils correspondaient aussi bien aux mesures musicales si ce n'est que seulement en lieu et place du « ti dwèt anlè » de la génération actuelle, les hommes aux lunettes noires de l'époque soutenaient leur colt 45 ou leur 38 à leurs ceintures pour bien montrer ce dont ils étaient capables. Par ailleurs, qu'est-il devenu de Anilus Cadet? Au tout début des années 60's, on trouva son corps, aux dires de certains, attaché au tronc d'un arbre dans la région de Fontamara, une balle à la tête. Est-ce vrai? Nul ne sait.

Toutefois, nous louons Nemours Jean-Baptiste à qui l'honneur revient d'avoir été le premier à assurer l'évolution en Haïti d'une nouvelle forme de musique correspondant à une nouvelle forme de danse. Kupe Klue de son côté, n'a-t-il pas librement appelé son style troubadour « Konpa Manba »? De nos jours encore, grâce à l'astuce et au dévouement de Nemours, cette même forme continue de poursuivre sa trajectoire à travers notre société. De « kadans ranpa », on n'en parle presque plus malgré que Sicot, et plus que Nemours lui-même, eût fait école. D'où vient donc la « kadans ranpa »? Lors de sa polémique avec le Jazz des Jeunes, le roi du konpa se félicitait glorieusement d'être à la base d'un nouveau rythme musical que, selon lui, les autres jeunes ensembles exploraient eux aussi avec goût, joie et envie. Le groupe Latino en particulier en faisait vivement éloge. A côté de l'ensemble de Nemours, cet orchestre était très aimé du public. Au départ de son maestro Paul Kahara, quelques uns des membres avaient fait appel aux frères Sicot pour diriger le groupe. Les activités au Casino International étaient lors en baisse et son orchestre était quasi-inexistant. Certains malheureusement paraissaient ne pas partager ce choix. Ils avaient, parait-il, de meilleures alternatives... Ainsi, Wébert décida de changer le nom du groupe d'où: « Les frères Sicot » animant des soirées à Cabane Choucoune night club, lieu de repère apparent d'une société à caractère bourgeois et semi-bourgeois. Cela rehaussait certes la valeur de l'orchestre titré: La Flèche d'or d'Haïti par le grand public. Malheureusement l'ensemble fut l'objet d'une mésaventure impliquant directement Raymond Sicot; le groupe fut donc chassé de Cabane Choucoune. Nemours utilisa à fond cette affaire: « Sa'k te di w' tushe de fwa! » Sicot y répliqua avec audace: « Sa k' te di w' peye m' de fwa! » Mais... Ce nouvel orchestre bien que jouant aussi le style konpa, ne comptait point évoquer un nouveau rythme à l'instar des membres de l'ancien Latino car selon Sicot lui-même, il n'y avait rien de nouveau; on s'y était longtemps déjà attaché. Le groupe trouva aisément un autre contrat et performa à Carrefour d'où sa chanson: « Nu prale lan Paladium, ti cheri; nu prale pu n'al danse Les Frères Sicot... » Nous vous demandons d'essayer de comprendre notre société: Cabane Choucoune (Pétion Ville) face à Palladium (Carrefour)!!! Chassé d'un tel club à caractère « gwo kote » (site de classe et de valeur), l'ensemble de Wébert Sicot venait de perdre un peu du bénéfice y approprié, et celui de Nemours se combla davantage d'éclat.

- « Ala bagay… Gran zòn ak ti zòn » (Que de choses… Elite et bas peuple), disait Pè Gi! Ne sont-ils pas tous sujets à danser les mêmes musiques quel que soit le lieu?
C'est dans ce contexte que vous verrez plus tard Nènè Domingue et Napoléon (Ti Napo) laisser l'ensemble de Sicot pour répondre à l'offre de Nemours de rejoindre le sien.

De tempérament taquin et après avoir jugé bon, par crainte d'incompétence peut-être, de ne plus continuer son duel musical avec le Jazz des Jeunes, Nemours, revenant de l'étranger et constatant l'ampleur d'appréciation que connaissait ce groupe durant son absence, avait orienté depuis ses attaques contre Sicot: « U di w' konn jwe, demele w' pu w' kraze m'!... Kanta u menm u p'ape janm kraze m'.» Pour se différencier alors, Wébert de son côté, outre ses variations de sax propres à lui, élimina catégoriquement le gong qui soutenait la mesure de silence provoquée par le tambour. C'est en effet le trait caractéristique même du konpa dirèk. Avec l'aide de Dufond Mayala, frère de Daniel, il utilisa plutôt deux tambours pour y rémédier et appela cette toute nouvelle forme: kadans ranpa. Pour comble d'enthousiasme, il associa à la ligne vocale André Dorismond, chanteur de konpa dirèk que Nemours avait malhonnêtement révoqué sous pretexte de n'avoir pas bien chanté le boléro « Hantise » ni la succulante chansonnette francaise « Loin des Guitares ». Et au départ de Gary French (second chanteur), Wébert fit appel à Gérard Thésan qui lui, avait été déçu de l'indifférence que Nemours avait manifestée à son endroit peu de temps avant. Sachant que le maestro était à la recherche d'un chanteur, il courtisait ouvertement ce poste. Il se montrait souvent durant les répétitions. Après un incident de plage où un jeune fut attaqué par un requin, Gérard Thézan avait composé le merveilleux hit: « Tutu de mer » (Chien de Mer) qu'il avait soumis au maestro pour mieux se faire valoir et attirer ainsi son attention vers lui. Malgré la chaleur qu'avait suscitée cette chanson par devant les fanatiques, Nemours l'avait ignoré pour faire choix plutôt de quelqu'un d'autre. Et voilà: polémique! De gidon! De gidon! De gidon! Men pa w' vwazen! Krab malzòrèy!

Nous croyons devoir dans ce même contexte expliquer les raisons de la polémique Nemours/Jazz des Jeunes. Nous jugeons nécessaire de le faire parce qu'à notre connaissance, la cause de ce grand souvenir du passé ne fut jamais ni lue ni racontée avant. Nemours fut durant le début de sa carrière l'un des plus grands fanatiques du super Jazz des Jeunes. Il admirait surtout Antalcidas Murat qu'il appelait en toute sincérité et en toute appréciation, vues ses connaissances tant intellectuelles que musicales: Maître Antal. Vers 1951, Nemours devint maestro de l'orchestre Citadelle avec Edner Guignard comme pianiste. Daniel Mayala était aussi membre de ce dit ensemble à cette époque avant de rejoindre le Jazz des Jeunes.

Selon Edner lui-même, le groupe était invité à performer à Jacmel un samedi du début de la période de mardi-gras. Là en cette ville, Nemours s'était épris d'entendre un groupe rabòday interpréter la chanson « Sheshe deyò ».
- Edner, exclama-t-il au jeune pianiste, quelle jolie musique!
- Elle est réellement mélodieuse, répliqua le jeune Guignard. Si vous le voulez bien, nous pouvons l'interpréter, nous aussi.
- Mais, l'orchestrer ne sera pas chose facile, murmura le maestro... C'est un rabòday!
- Ce ne sera pas difficile non plus, rétorqua Edner. J'écrirai à l'instant même la mélodie. On s'y arrangera pour l'orchestration.
Le jeune pianiste prit un morceau de papier sur lequel il traca les lignes de portée et vite écrivit la mélodie et les mots. Et voilà, Nemours s'affola pour de bon.
- J'ai une idée Edner... Apportons-la à maître Antal! « Master » en ce sens, lui seul peut nous aider. N'oubliez pas!... C'est un rabòday!
Et battant la mesure de la main droite, il fredonnait joyeusement: Sheshe deyò ooo...etc.

De retour à Port-au-Prince, Nemours courut auprès de Antal qui lui fit savoir que la chanson ne leur était pas nouvelle.
- C'est un ancien rabòday, lui déclara-t-il. Nous l'avons entendu maintes fois déjà aux Gonaïves. Au contraire, nous avons décidé de l'interpréter nous-mêmes. Nous sommes en train d'achever son orchestration pour la présenter cette saison au public.
Cependant, dans son affolement et son rêve de trouver la coopération qu'il voulait, Nemours paraissait n'avoir prêté aucune attention à ce que lui disait Antal. Il se retira alors attendant que l'orchestration fût conclue. Féfé était à l'époque membre du Jazz des Jeunes et selon nos analyses de concert avec Edner lui-même: outre Antal, le groupe, en particulier Pierre Riché, s'affolait de cette chanson car elle renfermait le mot « sheshe » correspondant au surnom propre du chanteur; cela paraissait en plus rehausser sa valeur comme tel. Ils voulaient tous l'interpréter pour la saison des carnavals. Au grand étonnement de Nemours, trois semaines plus tard, cette musique constituait le « hit » du super Jazz des Jeunes que Antal titra: Carnaval Gonaïvien. Pris de rage, il avait fait la déclaration suivante: « Yon ju Antal gen pu l' bezwen m'! » (De mes services, Antal en aura besoin un jour!). Et réalisant enfin combien le public se réjouissait follement de cette nouvelle musique carnavalesque, il avait conclu rageusement: « Mwen gen pu mwen kraze Dyaz dè Jèn! (Je contribuerai à faire disparaître le Jazz des Jeunes!)

Pour comble de reproches vis-à-vis maître Antal et son groupe, l'orchestre Citadelle que dirigeait encore Nemours Jean-Baptiste, fut, peu de temps après et sur l'ordre de Gérard Féquière lors secrétaire administratif du théâtre de Verdure, ordonné de surseoir à performer durant un bal populaire au club « Les Rossignols » de Karl Laraque. La raison était que le club se trouvait trop à proximité du dit théâtre où performait ce soir le Jazz des Jeunes. On prétendait qu'il s'agissait d'éviter un problème de forte interaction sonore et de bruit dérivant de la performance de deux grands orchestres en un même moment et à une distance trop rapprochée. En guise de rappel: ce club et le théâtre de Verdure étaient tous deux en plein air. Nemours reprocha ces faits à Antal en particulier et près d'une décade plus tard, devenu très populaire avec le début du konpa dirèk, il qualifia le Jazz des Jeunes d'être un ensemble démodé. Il exprima vivement sa pensée dans sa chanson hit: Vye granmun u pa wè tan w' fin pase... (Vieillards, ne voyez-vous pas que vous n'êtes plus maintenant de mode...) Malheureusement, il utilisa une mélodie cubaine et le Jazz des Jeunes en profita:

*«Jazz des Jeunes est l'enfant chéri du peuple haïtien,*
*Son orgueil, sa fierté, c'est de manger son propre bien.*
*Vivant de son jardin, il aime bien être ancien*
*Car prônant l'étranger on ne fait que trahir les siens.*

### *Refrain*

*Vous n'avez qu'un seul rythme... Quelle honte, konpa voisin! etc.».*

En guise d'ironie et bien que les mouvements soient nôtres, Antal utilisa la même mélodie cubaine. En fait, les critiques n'étaient pas justes car « El Zapatero » (Le Cordonnier) fut à sensation le hit de clôture des bals et des festivals du Jazz des Jeunes... L'attaque nécessitait toutefois une réponse.

- Quelle histoire, murmurait souvent Pè Gi, je ne savais jamais que la méreng, le ibo étaient des rythmes cubains. Que de stupidités!
- Nous honorons certes la possibilité d'un groupe haïtien, ajouta-t-il, de vouloir rehausser notre culture musicale et de pouvoir jouer tous nos rythmes. Nous vénérons malgré tout Antonio Ma Omeo de Cuba et son orchestre jouant seulement le danson ou un quelconque groupe argentin ne jouant que du tango. Pourtant, d'autres critiquent amèrement Nemours ne jouant que le konpa dirèk!... Ce n'est pas juste.

Néanmoins, Nemours a dû se calmer. Pensait-il ne pas être capable de continuer à faire concurrence au Jazz des Jeunes? Il profita alors de la percée de l'ensemble Les frères Sicot pour orienter plutôt ses attaques vers ce nouveau groupe qui devint plus tard Kadans Ranpa comme expliqué avant. Certains font croire cependant que l'ordre de mettre fin à la polémique entre son orchestre et le Jazz des Jeunes venait, parait-il, de haut lieu. Ils disent que Nemours et Antal ont été convoqués à cet effet au palais national. Est-ce vrai?... Et de nos jours la question se pose à savoir : Nemours, a-t-il fait disparaître le Jazz des Jeunes? Il reste certain que si l'ensemble Compas Direct n'existe plus, le Jazz des Jeunes malgré tout, qu'on le veuille ou non, pour le meilleur ou simplement à titre d'honneur, existe du moins à notre connaissance sous la direction du batteur Jean Jean-Pierre de la génération des mini-jazz, malgré ses rares performances!

Plus tard, Les Shleu Shleu en particulier, Les Ambassadeurs, Les Fantaisistes utilisèrent cette même forme mais beaucoup plus intelligemment que Nemours et Sicot bien entendu. Ils jugèrent inutile ou même encombrant l'usage de plus de quinze musiciens à travers un groupe jouant le konpa (quatre saxophones, quatre trompettes où les musiciens, outre Wébert Sicot, instruments sur leur poitrine, ne faisaient qu'en partie se balancer sur les côtés: 1,2… 1,2 laissant libre choix au guitariste et à l'accordéoniste de varier).

Vers 1965 avec la parution des mini-jazz, les groupes réduisent le nombre total de musiciens à sept ou huit. Compte tenu de cela, il devint beaucoup plus facile et moins coûteux aux propriétaires des night-clubs de les embaucher en lieu et place de Nemours et Sicot et leurs ensembles. Il en résulte d'autre part que le butin était partagé entre des groupes de jeunes beaucoup plus restreints qui y mettaient tout leur dévouement vu le montant que recevait chacun après partage. Envisagez un propriétaire de club qui payait par exemple mille six cents gourdes à Nemours et son groupe de seize musiciens pour animer une soirée! Au cas où cette somme fût partagée à part égale, chacun recevait cent gourdes. Ce même propriétaire aurait pensé mieux embaucher Shleu Shleu et payer mille deux cents gourdes. Ce montant partagé entre huit jeunes

musiciens, chacun d'eux recevrait cent cinquante gourdes. De par leur enthousiasme, ils entrainaient avec eux une foule immense prête à savourer leurs mélodies. D'ailleurs, de la polémique parait-il, on en avait assez. Ces simples faits ont contribué au déclin de ces deux étoiles Nemours et Sicot qui périclitaient alors que brillait encore la forme de musique populaire dansante dont ils furent autrefois les seuls maîtres. Il en demeura ainsi malgré que Nemours, cherchant à se récupérer et à l'instar des « mini jazz » en vogue, eût enfin changé le titre de son ensemble pour l'appeler: Super Combo de Nemours Jean-Baptiste. Le public n'en parlait que peu.
- En effet, en toute possibilité de jugement, disait souvent Pè Gi, les groupes musicaux des années 50's, en particulier le Jazz des Jeunes, l'ensemble La Gaieté, l'orchestre Citadelle, Dôdôf Legros et son groupe, l'ensemble Murat Pierre, l'orchestre du Riviera hôtel, celui de l'hôtel El Rancho, Raoul Guillaume et son groupe, l'orchestre du Casino international, et surtout l'orchestre Riverside d'Haïti, sans omettre l'original ensemble Aux Calebasses de Nemours lui-même avec beaucoup moins de musiciens, sonnaient musicalement mieux en comparaison aux deux grands ensembles en polémique.

Avec l'aide de Tit Pascal comme arrangeur, le Tabou Combo utilisa le rythme « tontonnte » de l'Otofonik Labé pour continuer d'innover le fond rythmique du konpa dirèk. Dernst Emile, de façon encore plus intelligente plus tard, rénova cette même forme à travers le Skah Shah en se rapprochant plutôt cette fois du second fond rythmique à doux tempo du même Otofonik Labé: « bel manman li ju ». Il introduisit comme il se doit une section-cuivre (deux saxophones dont un alto et un ténor, une trompette et un trombone). Et la façon dont on joue le malaca ou tyatya n'est pas différente de celle de Ti Pyè à travers le groupe Otofonik lui-même. Tit Pascal et Dernst Emile, se sont-ils déclarés pour autant créateur de nouveaux rythmes? Il est toutefois important de noter que si en termes de forme les mini-jazz jouent le style konpa dirèk, en termes de fond cependant ils se rapprochent beaucoup plus de la kadans ranpa. A l'encontre de Webert Sicot, il est difficile ou presque impossible de nous rappeler d'un solo ou d'une partie de sax quelconque marquant individuellement le passage de Nemours Jean-Baptiste en ses propres groupes. Webert Sicot et Toto Duval ont en ce sens fait école à travers la kadans ranpa. Dès leur apparition sur la scène musicale, les saxophonistes surtout et les guitaristes des groupes tels: Les Ambassadeurs, Les Shleu Shleu et Les Fantaisistes en particulier, n'ont fait que varier harmonieusement comme ces deux grands pionniers. Qui pis est, si ce n'est qu'à l'exception des Ambassadeurs et de Tabou Combo en leur tout début, ces mini-jazz ne faisaient usage ni de l'accordéon ni du piano. Ils avaient jugé meilleur d'ajouter une seconde guitare accentuant l'accompagnement à la manière de Raymond Gaspard. Il est bon de vous rappeler aussi qu'avant le konpa dirèk, les ensembles n'utilisaient pas la guitare comme instrument de fond. On l'utilisait plutôt en trio ou en « grenn siwèl » seulement. François Guignard fut celui qui conseilla à Nemours d'ajouter cet instrument à son ensemble.

- Nemours, lui avait-il dit dans l'une de ses conversations avec le saxophoniste-maestro, je vous conseille d'ajouter une guitare au sein du groupe.

- Une guitare, lui avait rétorqué anxieusement Nemours! Et pourquoi Pè Gi?

- Le jeune Richard aime beaucoup varier... Une guitare d'accompagnement pour le seconder augmenterait de beaucoup sa performence et nuancerait aussi la forme.

- Ah... Je vois! C'est une très bonne idée; j'en parlerai à Raymond Gaspard. Il est un bon guitariste. Il a un style d'accompagnement propre à lui qui ferait bien l'affaire.

Rares sont les nouveautés sous ce ciel bleu. Il nous faut connaître l'origine des faits pour enfin les soumettre à de bonnes analyses.

On continue malgré tout d'appeler cette forme: Konpa dirèk. Pourtant, on oublie longtemps déjà que le Morne-à-Turf fut le berceau de ce konpa qu'il a vu naître. C'est pourquoi la célébration de la création de l'ensemble de Nemours Jean-Baptiste et de son

« rythme konpa dirèk » coïncide avec la fête de Ste. Anne, le 26 juillet. Comme de coutume, tout se déroulait autrefois chaque année et en grande pompe la veille, au soir du 25 juillet, jour de la St. Jacques sur la place Ste. Anne. Nemours et son groupe animaient les festivités sur le gazon face à l'église. Aussi jeune que fut lors Jean-Robert Noêl, il s'en souvient encore.
- Allo! Allo! Vive le Konpa! Konpa toujours devant, criait Nemours à chaque coin des rues du Morne-A-Turf dans sa Simca, là où se regroupaient surtout les jeunes ! Je vous attends tous ce soir dès six heures sur la place Ste. Anne pour célébrer avec nous en « grande manchette » l'anniversaire du Konpa. Konpa! Konpa! Ala bagay! (Quelle affaire!).
Il n'avait pas besoin que le service du département des informations en fît une telle annonce publique. Et quand il passa devant le centre culturel à la rue St. Honoré, voyant Edner qui dirigeait lors le groupe El Rancho, jouant aussi le même style ibo-mereng (konpa dirèk), il ne pouvait ni retenir ni mesurer son attitude hautaine et son ego. Il ralentit sa voiture pour crier fort, pointant du doigt le jeune pianiste:
- Ti Edner, M'ap fè sa u pa kab fè! (Jeune Edner, je fais ce que toi, tu n'es pas capable de faire!)
Edner de son côté ne lui prêta guère attention. Toutefois, Nemours, par simple respect peut-être salua vivement de la main le père:
- Hay, Pè Gi!
François Guignard en fit de même et lui répondit du même geste:
- Hay, Nemours!
Tournant le regard vers Edner, il lui dit:
- Edner, ne t'en fais pas de Nemours! Tu sais bien qu'il est taquin. Continue de jouer le « soit-disant » konpa comme à l'ordinaire à travers le El Rancho. Rien ne nous est nouveau…

A quoi bon d'y penser… Nos mémoires sont courtes. On oublie même les Guignard. Par ailleurs, les deux frères Nemours et Monfort Jean-Baptiste ainsi que Wébert Sicot, son frère Raymond et ses sœurs, en particulier Paulette, sont comme des fils à François Guignard. Augustin Bruno chef de la section musicale de l'école des arts et métiers était un grand ami du maestro. Un jour, alors que les deux s'entretenaient de musique, Bruno s'étonna de voir et d'entendre le jeune Wébert jouer une flûte faite de tige de papayer. Il était réellement ébloui et émerveillé.

- François, qui est ce jeune, lui demanda-t-il?

- C'est le garçon de Sia. Il est le jeune frère de Raymond.

Et comme Sia, la mère, s'intéressait à ce que le jeune s'incorporât dans une école du genre de celle des arts et métiers, Pè Gi en parla à Bruno enseignant la musique à la Centrale pour qu'il s'y inscrivît. Et là, Wébert apprit à jouer l'alto à trois valves.

L'école des arts et métiers mieux connue sous le nom « Centrale », fondée sous la présidence de Riché en 1846, se trouvait au bas de la rue Oswald Durand, non loin du Bicentenaire. Que l'on ne s'étonne pas qu'un ancien élève de la Centrale se sente un peu abaissé qu'on le qualifie d'ancien centralien. Ce même musicien se sentirait fier pourtant qu'on sache qu'il eût au contraire étudié la musique dans un pareil centre à cet effet en terre étrangère, à la Martinique, Aux Bahamas, à Cuba, à Curacao, à la Jamaïque ou même en République Dominicaine... Cela y va de notre mentalité. Cette grande école de formation utile aux jeunes de l'époque avait son propre orchestre: Fanfare de la Centrale. Webert bien imbu des données de base acquises de maître Bruno, apprit plus tard à jouer le saxophone au corridor Cavanagh avec l'aide surtout de Pè Gi. Il se sentait toujours fier de dire qu'il est un centralien. Ce dit établissement a formé plusieurs de nos grands trompettistes en une même promotion dont trois des meilleurs: Kesnel Hall, Alphonse Simon, Luc Mondésir et pour des raisons que nous ignorons, quand mourut Hubert François (trompettiste du Super Modern Jazz Guignard première version), il fallait au maestro choisir un remplaçant. On lui présenta Raymond Sicot (tromboniste) et Luc Mondésir. Il fit choix du second. Notons toutefois que Raymond bien avant Wébert s'était lui-même formé en cette école des arts et métiers et qu'il s'était intégré dans la fanfare des Casernes Dessalines comme tromboniste mais non comme trompettiste. Il quitta l'armée de très tôt. Raymond apprit à manier la trompette pendant son séjour aux Bahamas vers 1950-51. Il aimait passionnément cet instrument et devint l'un des plus grands trompettistes d'Haïti. De nos jours encore, les plus imbus ne se lassent pas de citer son nom.

Il n'en est pas moins vrai de Guy Durosier. Il est certain que Guy avait bien étudié le solfège à l'école, en l'institution St. Louis de Gonzague. Mais grand ami de Féfé et de Edner surtout, il apprit de Pè Gi tous les principes musicaux, en particulier l'orchestration et l'arrangement. C'est à la rue St. Honoré qu'il apprit à admirer la voix et le style de Dòdòf Legros. Il l'entendait souvent chanter chez Pè Gi. Aux dires de Edner, la première fois que Dòdòf lui-même entendit Ti Gi à la radio, il exclama, demandant: « C'est qui, ce jeune que j'entends chanter? » Et quand on lui répondit que c'était Guy Durosier, il avait rétorqué disant avec enthousiasme: « Il est super excellent. Je lui aurais prié de continuer d'implorer les filles dans ses chansons comme si celle qu'il chante se trouvait réellement devant lui. C'est ce qu'on appelle s'exprimer en chantant. Avoir une belle voix en est un… Mais pouvoir s'exprimer est encore beaucoup plus important. Et s'il en est ainsi, il dépassera Auguste, son frère, quoique Auguste soit, lui aussi, un superbe chanteur ».

Il ne se rendait pas compte que Ti Gi (On surnommait Guy Durosier « Ti Gi » qu'il ne faut pas confondre avec Pè Gi lui-même. De par ce surnom, et le voyant à presque toutes les heures du jour chez François Guignard, certains pensaient qu'il était fils du maestro) le suivait de très près quand au quartier général à la rue St. Honoré, il se faisait accompagner au piano par Féfé. Dòdòf n'avait pas réalisé qu'il faisait école. Si de nos jours encore nous fredonnons des airs tels: « Manman Nanòt », « Padon…padon », « Men sheri puki w' pa vle fè m' yon ti konfyans », nul ne peut oublier ceux de Guy Durosier. Ils furent pour la plupart vérifiés, approuvés et arrangés par ou chez François Guignard. Guy et Edner étaient de bons vieux ami-frères. Ils étaient compères car c'est Edner qui baptisa Guy junior, fils aîné de la première union maritale de Guy Durosier avec Madeleine Marcel, celle qui vers 1960 a chanté le merveilleux hit à succès: « Jozèf u te jure vwazin Franswaz » de l'ensemble Raoul Guillaume. Et Guy junior lui-même porte le prénom de son parrain comme initial d'où: Guy Edner Durosier fils.

Inspiré assurément d'une musique qu'avait composée Augustin Bruno en l'honneur du président Vincent:

*« Ki mun ki met komès andetay la?*
*Se prezidan Vincent »*

que chantait souvent sa mère, le jeune Guy Durosier composa à son tour la chanson suivante:

*«Yo voye Lamèsi lan dlo,*
*Li pa tunen »*

Quand il la fredonna face à Edner, pour jugement et appréciation, celui-ci le regarda timidement et lui chanta la version de Bruno. Au tour de Guy d'y répliquer :
- Mon ami, moins que l'alphabet français, comportant vingt-six lettres, la musique n'a que sept notes fondamentales… Alors!
De par cette logique, Edner a dû se taire un moment mais pas pour longtemps. Il lui déclara juste quelques secondes après:
- Guy, savez-vous que la théorie que vous venez d'énoncer à savoir que la musique n'a que sept notes n'est pas générale:
Jetant un regard un peu ironique vers son ami, il lui répondit:
- De quoi parlez-vous Edner? La musique est universelle et scientifique. Elle demeure partout ce qu'elle est: musique.
- Guy, ces qualifications ne sont pas générales comme vous l'entendez parce que la musique orientale diffère même phonétiquement de celle de la civilisation à laquelle nous appartenons. C'est pourquoi les mélodies sonnent moins ardentes à nos oreilles et ne peuvent ni nous attirer, ni nous séduire.
A cela, Guy réfléchit un peu et lui demanda:

- Vous avez peut-être raison... Mais comment expliquez-vous alors cela?
- Conformément à leur culture, leur façon de concevoir les mélodies et les mouvements rythmiques depuis l'antiquité, et à l'encontre de la forme chromatique courante plus récente visant sept notes naturelles et cinq dièses ou bémol (do, do#, re, re#, mi, fa, fa#, sol, sol#, la, la#, si) compte tenu des demi-tons, les orientaux n'utilisent que cinq notes en total dont trois naturelles et deux dièses d'où: do, ré, mi, fa#, sol#. Voilà donc les causes de la différence!
- Edner, répliqua alors soucieusement Guy, vous savez beaucoup plus que je le pensais. J'aimerais que vous m'expliquiez en détail cette affaire. Je veux en être bien imbu, moi aussi.
- Nous en reviendrons là-dessus plus tard. Finissons d'abord avec cette nouvelle composition de vous: *Yo voye Lamèsi lan dlo*, conclut enfin le jeune Guignard!
En effet, dans leur seule possibilité de ne viser que des triades parfaites (1, 3, 5), les notes dans leur ensemble et dans le context oriental ne peuvent contribuer qu'à former des accords majeurs qui tous deviennent tout bonnement diatoniques. Notez bien qu'un accord est un ensemble de notes. Si do est une note, l'accord do naturel lui-même est une triade formée des notes: do, mi, sol (1, 3, 5). Et si malgré tout vous nous entendez dire, do, mi, sol… do, cela ne change en rien la structure de la triade puisque la quatrième note n'est qu'une répétition de la première en octave. Toutefois, il est bon de signaler que grâce au développement de la communication facilitant un rapprochement des multiples et différentes cultures, cette théorie appliquée à la musique orientale peut de nos jours ne pas être complètement de mise. Les formes et les mouvements semblent se confondre à travers le temps pour rendre plus valide l'universalité en ce domaine. Maintenant les orchestres et les ensembles orientaux se rapprochent un peu davantage de ceux de nos civilisations. L'énoncée de Edner date de plus de soixante ans déjà.

Cette composition avait quand même fait parcours. « Atansyon pa kapon / Avoir à faire attention ne signifie pas pour autant qu'on soit poltron », le Super Jazz des Jeunes après les événements politico-militaires de 1958 utilisera une version proche avec des paroles se rapprochant de celles du même concept politique de la version originale. Mais si la première était conçue pour faire éloge, la dernière était bien pour se sauvegarder la peau:

*«Kilès pèp ayisyen te vote*
*Se François Duvalier*
*Kilès ayisyen met o puvwa*
*Se François Duvalier*
*Duvalier yo ba u kanno u pa muri*
*Se Bondye ki voye w' isit pu kòmande*
*Duvalier w' mete w' an militè pu w kòmande*
*Se Bondye ki voye w' isit pu kòmande..., etc*

S'il fallait citer davantage, on n'en finirait jamais. De son côté, François Guignard, évitait de se mêler de la politique. A travers son propre groupe, il n'interprétait pas ces genres de chansons.

- A notre connaissance, disait-il, il n'y a pas de musiques conçues pour faire éloge de présidents à travers les autres pays. Cela ne se fait, parait-il, qu'en Haïti.

Seul cependant et en guise de réminiscence, il fredonnait certaines fois: *« Pa Plere »* autrefois composée à l'endroit du parti « Libéral » en détresse aux élections parlementaires. Il paraissait surtout se moquer de la forte gravité sonore (basse) assez accentuée du mot Libéral du refrain. En cette partie, les paroles étaient des plus marquantes:

*«Pa plere, Liberal, pa plere*
*Pa plere, sheri, pa plere!»*

Par ailleurs et en guise de rappel, les Haïtiens s'étonnaient grandement d'entendre vers la fin du vingtième siècle, un de nos

chansonniers jouer une musique à l'endroit du président Bill Clinton des Etats-Unis... Cette attitude avait froissé plusieurs; elle paraissait flattante. L'auteur a dû arrêter sa diffusion. Michel Desgrottes, aimant entendre Pè Gi chanter celle attribuée au parti Libéral d'autrefois, la fredonnait souvent à son tour. Et quand il devint plus tard membre de l'ensemble du Riviera hôtel à côté de Edner Guignard et de Guy Durosier et qu'il entendit quelqu'un d'autre la fredonner en guise de réminiscence, il pensa l'interpréter lui aussi mais à sa façon. Il attribua donc sa version à une fille (Seliz) tout en conservant le refrain original. Toutefois, Edner y répliqua un peu mais Michel lui fit à son tour rappel de: « Yo voyé Lamèsi lan dlo » face à « Ki mun ki met komès an detay la se prezidan Vincent... » Ce fut en présence de Guy lui-même. Et quand le jeune pianiste raconta cela à son père, le maestro lui fit savoir tout bonnement:
- Combien de fois ai-je moi-même complété des textes et mélodies américains pour les jouer par devant des étrangers... Michel aime cette mélodie ; qu'il soit libre alors de l'exécuter à sa façon pourvu qu'il ne se dise pas en être l'auteur. En termes d'interprétation, mon fils, Guy avait bien raison de vous dire que la musique est universelle.
« Pa plere » devint, à côté de « De pti pwason », hit de l'année 1954. Dans ce même contexte, nous avons entendu plusieurs chanteurs interpréter la belle chanson Rosa de Oro. Pas un selon nous ne le fit aussi bien et avec autant d'expression que Guy Durisier.

Quoique nous l'ayons maintes fois déjà écrit, redisons encore que François Guignard fut une icône particulière de la musique en général durant l'époque de l'occupation américaine. Il aimait entendre l'orchestre du palais national interpréter le brillant hymne présidentiel américain: « *The Stars and Stripes Forever* » du grand compositeur John Philip Sousa. Sousa avait écrit cette marche en 1897 correspondant à l'année durant laquelle naquit François Guignard lui-même. Connaissant ce que représentait le compositeur américain dont il admirait les talents, il aimait par surcroît entendre un orchestre de danson cubain l'interpréter à la radio. Il faut l'avouer, jeune adolescent, j'aimais aussi l'écouter. Par simple coïncidence, la chorale de l'école des frères du Sacré-Cœur au Bicentenaire dont je fus membre, outre un hymne de l'école qui nous était propre: *« Serrons les rangs jeunesse ardente et fière! »,* avait un hymne particulier attribué à notre drapeau dont l'air correspondait à l'original hymne américain. De nos jours encore plus d'un demi-siècle plus tard, nous nous souvenons du poème :

*Salut au drapeau rouge et bleu*
*Cher emblème de l'indépendance*
*Sur le sol de notre passé*
*Tu ressuscites nos preux*
*Auréole de notre passé*
*O drapeau, témoin de nos victoires*
*Garde sur notre territoire*
*L'égalité, la liberté, la fraternité!*

Qui a écrit ce poème? Nous ne le savons pas. Nous rendons toutefois hommage au révérend frère Fabert de nationalité canadienne qui dirigeait la chorale.

Que de souvenirs à travers l'histoire musicale de ce pays! Et combien nombreux sont ceux qui se sont glorieusement proclamé auteur-compositeurs! Il y eut plusieurs de ces cas. Celui de « Oro baso » en fut un autre. La version lyrique originale était: « Mwen di w' wi u di mwen non » qu'interprétait longtemps avant le trio Les Frères Dor vers 1940, 1941 au lieu de celle du Casino International: « Mwen rive an Italie ». Qui pis est, à partir du lyric tant historique, le grand public pensait que la chanson était de Webert Sicot lui-même, l'étoile en question, puisqu'elle fut écrite à première personne (« mwen », je), racontant l'histoire d'une vendeuse des rues en Italie qui trompa la vigilance de Wébert Sicot et lui distribua à vil prix et sans qu'il s'en rendît compte un tas de bijoux de faux métal d'or (oro baso) à partir desquels Wébert lui-même pensait pouvoir s'enrichir en les revendant en Haïti à son retour. Ainsi, notre saxophoniste avait dépensé et perdu tout l'argent qui lui revenait de droit en vertu du contrat. Cependant, Joe Trouillot déclara publiquement en être le compositeur… Est-il l'auteur de la nouvelle version lyrique ou de la composition musicale elle-même? Toutefois, ne vous étonnez pas d'apprendre qu'à son retour en Haïti vers 1970, et malgré la décadence de notre centre culturel auquel il s'y était grandement attaché, Ti Gi (Guy Durosier) avait continué à visiter la demeure de François Guignard à la rue St. Honoré presque comme autrefois jusqu'à ce qu'il quittât à nouveau le pays.

## Chez Pè Gui, centre de rencontre continu

Durant la période de la deuxième guerre mondiale, Haïti a connu un certain développement dans le domaine musical et surtout après la construction du Bicentenaire. Nous n'allons pas nous attarder là-dessus et essayer de l'expliquer davantage; il en fut ainsi cependant. Des musiciens tels Nemours et Sicot, François Guignard les a connus depuis leur enfance. Il les a vus tous grandir. Il en est de même des frères Dor et des Guillaume. En un mot, les jeunes Guignard, les Jean-Baptiste (Nemours et Monfort), les Dor, les Guillaume, les Sicot et certains des Duroseau qui habitaient à l'angle des rues Du Centre et Champs de Mars, ont tous grandi amicalement ensemble embrassant une même carrière.

Ce centre musical fut une école. Il fut une époque où plusieurs jeunes Haïtiens, surtout ceux du Sud du pays, se rendirent à Cuba. Là, certains avaient appris la musique et surtout la forme troubadour développée à travers le trio Matamoros. De retour en Haïti, ils avaient évolué dans le même sens. Nous rencontrons en particulier de grands chansonniers tels: a) Antoine Radule, le fameux compositeur de « Dezakò »… *Ah gade kijan w'ap bulvèse m', w'ap maltrete m', men pukisa sheri…..Medam lè n' gen menaj evite…evite deblozay etc.* b) Féfé Clermont, auteur et compositeur de « Mwen paralezi » qu'interpréta le jazz des Jeunes avec la voix chaude et romantique de Pierre Blain. La rue St. Honoré, chez Francois Guignard, fut le quartier général de ces deux grands chansonnier-compositeurs plus haut mentionnés. Antalcidas Murat appréciait leur style un peu cubain et l'explorait. Il le qualifiera plus tard de néo-mereng mais n'a jamais pourtant pensé avoir créé un nouveau rythme…

Dòdòf Legros aimait écouter Antoine et Clermont chanter. Il rêvait les rencontrer. Il s'était rendu personnellement à cette fin à la rue St. Honoré pour se présenter et s'introduire à eux. Et depuis, le centre devint son quartier général à lui. Il s'y arrêtait journellement. Il eut le double avantage de rencontrer le jeune Nono Lamy, l'un des meilleurs pianistes de chez nous. Comment cela s'était-il produit? C'était vers 1943, 1944, la mère de Nono, madame Lamy, était directrice de l'école nationale Thomas Madiou, à la rue des Casernes non loin de la rue du Centre et Nono lui, jeune d'à peu près seize ans, faisait la troisième secondaire au St. Louis de Gonzague. Il pratiquait le piano classique. Toujours dans le cadre de décrire pour les plus jeunes ce que fut Port-au-Prince dans une antiquité non trop lointaine, nous prenons soin de vous informer qu'autrefois, certains des directeurs et directrices des établissements scolaires publiques, primaires ou secondaires, s'étaient vus obligés d'habiter, eux et leurs familles, les locaux des principales institutions qu'ils dirigeaient. C'était une façon pour eux de s'y adonner entièrement et complètement. Un ami de Pè Gi, Fernand, charpentier responsable du maintien de l'établissement que dirigeait la mère, entendit un jour le jeune Nono interpréter de belles pièces classiques. Il le félicita:
- Vous jouez bien! J'admire votre style.
- Merci lui répondit Nono!
- Avez-vous jamais vu François Guignard jouer, continua Fernand?
- Non, rétorqua-t-il. Je ne l'ai jamais rencontré non plus; mais j'ai entendu souvent son orchestre performer à la radio. Je le trouve merveilleux. Ah oui!... Il est merveilleux.
- Aimeriez-vous le rencontrer et faire sa connaissance?
- Oh, bien sûr!

- Il est mon grand ami. Je peux vous introduire à lui; il habite non loin d'ici...
- Quoi, s'écria le jeune Nono avec enthousiasme! Vous le connaissez! Il est votre ami! Allons-y maintenant, je vous en prie! Je l'ai vu parfois passer sur sa moto, mais... J'ai si grande envie de le rencontrer. C'est un grand maestro!
Et voilà! Nono Lamy rencontra François Guignard. Il en fut plus que joyeux et là débuta ses rêves d'être l'un des plus grands pianistes de son temps car il devint plus tard et sur les conseils de Duverger, pianiste du Super Modern Jazz Guignard première version. C'est là que Dòdòf Legros fit sa connaissance. Il venait souvent contempler les talents du jeune pianiste opérant sous la supervision du maestro. Nono quitta Haïti vers 1954 pour se rendre en république Dominicaine et se joindre à l'orchestre Angelita de San Jose. Ce groupe devint formidable, populaire et très écouté. Il performait souvent sur les ondes de La Voz Dominica. Le président Trujillo supportait aveuglément la station et l'orchestre.

Que de musiciens, professionnels ou amateurs ont fréquenté ce centre à la rue St. Honoré! A les citer tous, on n'en finirait jamais. Nous avons nous-mêmes connu plusieurs d'entre eux. Nous les avons contemplés et admirés chacun à sa juste valeur. Qui pouvait ignorer en ces temps la présence de Joseph Bréseau? Nous le regardons encore, comme si c'était hier, caressant le clavier du piano à la rue St. Honoré. Il y était presque tous les jours. Il fut l'un des plus proches amis de Pè Gi. Le fait le plus marquant relatant Bréseau fut qu'il était un très bon théoricien. Il admirait beaucoup la connaissance et les talents du maestro. Disons sans discrimination aucune que cela lui a coûté le fait de n'avoir jamais achevé une œuvre de qualité tant qu'il s'intéressait à la modifier lui-même ou à y ajouter de temps à autres de nouvelles phrases musicales. A chacun des cas, sa question était toujours la même: « Comment la trouvez-vous maintenant Pè Gi? » Cette composition qu'il titrait: « Malgré Tout » aurait pu être l'une des meilleures de l'époque; mais... De tous les fils et filles de François et de Sianne, y comprise Immacula (Maku), une toute dernière adoption au berceau, Anne-Marie et Edner furent, il faut l'avouer, les plus avenants. Que l'on ne s'étonne pas que Anne-Marie changeât elle-même le titre de la composition de Bréseau pour enfin l'appeler plutôt: Mereng inachevée. Elle la concevait ainsi. Nous ne nous rappelons jamais avoir appris que notre compositeur eût achevé son œuvre. Elle aurait fait route car elle promettait d'être de qualité. Nous l'écoutions souvent presque tous les jours.

Quant à Loulou Jean-Jacques, il était considéré, à l'instar de Richard Duroseau peut-être, comme l'un des plus grands autodidacte-routiniers. Il fréquentait jours et nuits le centre à la rue St. Honoré pour mieux parfaire ses oreilles, entendait-il souvent. Il interprétait au piano surtout les morceaux d'Oxyde Jeanty qu'il admirait beaucoup. Il parvint toutefois à composer sa propre mélodie qu'il appela lui-même: La grande valse.

Le centre musical populaire de chez Pè Gi ne nécessitait ni rendez-vous ni horaire. Sa fréquentation dépendait des règles relatives à la société, au respect de soi et des autres et au bon jugement. Napeau Marey, un admirateur de Frédéric Chopin y restait certains soirs jusque vers huit heures sans pour autant s'y rendre compte. Il jouait au piano plusieurs fois une même soirée et sans s'y lasser « La grande valse brillante » (OP 18) de Chopin, dédiée à Laura Harsford. Napeau fut un amant de la musique classique et un grand ami de François Guignard de qui il voulait toujours apprendre. Par contre, cela ne plaisait guère à Sianne de voir Pè Gi descendre du lit vers onze heures du soir pour sauter au piano quand lui venait à l'idée le besoin de formuler un quelconque accord ou arrangement, mais…

- Qu'adviendra-t-il de lui sans piano, sans accordéon, se demandait-elle souvent?

De son côté, le maestro, se référant à Victor Hugo, analysait ainsi le jour par rapport à la nuit: *« La nuit on pense mieux car la tête est moins pleine de bruit.* »

Michel Pressoir, l'un des vocalistes les mieux connus de la fin des années 50's et du tout début des années 60's et ami de Edner, s'y trouvait souvent. Pè Gi enseignait à eux tous les préceptes à appliquer pour mieux s'entendre, apprendre et progresser dans la vie. Il formulait constamment en guise de mise en garde cette négative compréhension de notre société vis-à-vis de nos musiciens pour mieux instruire ses collègues et ceux de ses fils:
- Il y a des super-stars partout à travers le monde, leur disait-il souvent. Il y en a en Amérique du Nord et en Amérique du Sud, en Europe: particulièrement en France, en Espagne et en Italie et à travers les pays des autres continents. Ils sont tous aimés, admirés, vénérés et respectés. Chez nous pourtant, les musiciens sont considérés comme des vagabons. De notre société, méfiez-vous en donc collègues de peur d'être ses victimes!
De tous les préceptes et proverbes que Michel eut appris du maestro, celui-ci parait lui plaire le plus: « Granmèsi diri, ti wòch gute sèl » (Grâce au riz, les minces cailloux goûtent au sel). De nos jours encore, il ne cesse de le dire à chaque fois que se présente une occasion à laquelle il s'y applique. Mais la chose qui marqua le plus la carrière de ce chanteur fut son bref passage au sein de l'ensemble de Nemours Jean-Baptiste. En effet, après avoir fait montre de maîtrise à travers le groupe de l'hôtel El Rancho et après le départ de Edner Guignard, suivi de la fin d'un contrat avec le club Africana, Michel, à côté de Georges Neff (notre ancien condisciple de classe chez les frères du Sacré-Cœur « Bicentenaire ») comme guitariste, performait le soir en troubadour avec le groupe Les Gitans dans un club non loin de Cabane Choucoune. Déçu des maigres paiements qu'il continuait de recevoir malgré ses multiples demandes d'augmentation auprès du comité administratif, il avait menacé de ne plus se montrer. Et voilà, un soir alors que Nemours et son ensemble répétait au Cabane Choucoune, il s'y présenta. Louis Télémaque (Télé), son ami, co-membre de l'ancien groupe musical à El Rancho et membre de l'emsemble de Nemours, lui invita donc à chanter quelques morceaux de konpa. Les autres applaudirent joyeusement son style et son aisance à performer en leur sein. Carlo Claudin,

chanteur principal du groupe était lors malade. Ce fut une belle soirée de répétition; on en parlait beaucoup. Quelques jours plus tard et encore par l'intermédiaire de Télémaque, sa présence fut sollicitée cette fois pour un bal au club Cabane Choucoune le samedi qui s'en suivit. On lui avait facilement trouvé un remplaçant à travers son propre groupe musical puisque le comité de direction du club là où ils performaient avait longtemps avant soupçonné son possible départ. Toutefois, son absence ne resta pas inaperçue car là, l'audience hurlait, réclamant: Michel! Michel! La dame en chef se sentit froissée. Selon ce qu'atteste Michel lui-même, il ne savait jamais qu'elle s'était liée à un Lalaud et qu'elle avait changé son prénom adoptant celui de Fillette… (Tonton makut est un nom associé aux sorciers de l'époque coloniale. Ceux de sex féminin se nomment après Fillette Lalaud, la sorcière.) Ce samedi soir à Cabane Choucoune, le chanteur performa sous les chauds applaudissements de l'audience. Ebloui, Nemours lui fit offre de se joindre à l'ensemble pour de bon; il accepta sur place. Grande pourtant fut sa surprise et celle de tous après le bal: un policier accompagné d'un milicien s'approcha de lui et lui longea un papier.

- C'est quoi ça, Michel, lui demanda un makut fanatique, grand partisan du konpa qui faisait toujours montre de soi?

Il s'agissait d'un mandat d'amenée. En créole on aurait dit: « papye tenbre » (papier timbré). Le « chef » le déchira en présence de tous.

- Ne vous en faites pas Michel, vous êtes le nôtre maintenant, avait-il exclamé autoritairement et à haute voix tout en se frappant la poitrine pour se faire mieux valoir!

Michel Pressoir fut arrêté le jour suivant sous accusation d'avoir déchiré un mandat d'amenée du tribunal. Il fut tabassé et torturé durant quatre jours dans un cachot des casernes de Pétionville. Il ne connaissait même pas le nom du makut qui avait déchiré le mandat. Il eut la vie sauve grâce au dévouement et aux démarches de Gérard Dupervil auprès d'une haute figure de la famille présidentielle elle-même.

Selon ce que rapporte de plus Michel, de troubles aux tympans, de nos jours encore il en souffre car il avait reçu si tant de giffles et de soufflets aux oreilles... Un tortureur se tenant face à lui frappait fortement celle du côté gauche tandis qu'un autre placé à l'arrière-plan frappait celle de droite. On voulait parait-il éliminer ses capacicités et ses possibilités d'entendre pour qu'il ne fût plus capable de performer dans le futur ; du moins, pour n'être capable de chanter seulement: Pobre Miguelito/ Pauvre petit Michel avec Nemours et son groupe... Cela se passa en 1965.
- Dieu soit loué, murmura François Guignard ... Mes fils ont déjà quitté cette atmosphère de haine, de crime et d'abus dont nul n'est exempt maintenant. Michel aurait dû longtemps faire autant.
Imbu des circonstances et des faits, Pè Gi pensait au fond de lui-même comment cette fois on n'avait pas voulu que la révolution « mangeât ses propres fils » (expression tirée d'un discours de Duvalier lui-même) puisque le mandat fut déchiré par l'un des leurs. Le « ti mizisyen » (jeune musicien) en paya les conséquences.

Victime, après l'incident, du mépris d'un collègue de grand rayonnement qui refusait de lui payer un certain montant lui revenant de droit et qui lançait à son égard des propos et des jugements le qualifiant sournoisement de « kamoken », et ne pouvant lui-même s'acquiter de ses propres dettes, Michel jugea nécessaire de quitter le pays. Il y eut même une interdiction de départ à son endroit. Des démarches furent entreprises en ce sens et il put enfin laisser Haïti.

Louis Lahens fut plus chanceux en ce sens. Vers 1962, doutant de la possibilité d'un futur à travers la musique en Haïti et suivant les conseils de François Guignard plus particulièrement, il avait laissé le pays, sa femme et ses enfants pour se rendre à la Martinique. En sa qualité de bon chanteur-animateur, on l'accueillit en cette province de France à bras ouverts. Là-bas et en peu de temps il devint super-star et paraissait mener bon train économiquement. Moins de deux ans plus tard, il décida de visiter son Haïti chérie et sa petite famille. Il n'en est pas moins vrai que s'il avait évoqué Duvalier dans de multiples chansons à travers le konpa dirèk, il fut aussi celui qui chantait Louis Déjoie durant la campagne électorale de 1957… Certains paraissaient donc vouloir encore de sa peau ou de sa présence, en profiter d'une manière ou d'une autre. Le bruit courait déjà à travers les milieux concernés que Ti Lwi était rentré semer la bagarre et la division au sein de l'ensemble de Nemours Jean-Baptiste qu'il comptait détruire à tout prix. Il ne fallait que cela et le chanteur se vit obligé de répondre à une convocation en haut lieu.

De la tenue de cette convocation, il en était un peu au courant la veille par l'intermédiaire d'un ami. Ces genres de rencontres étant souvent douteux, il avait alors décidé sur les conseils de Pè Gi de prendre le devant. Il pensa donc se présenter, habillé en vrai superstar aux riches allures : montre, bracelet, bague, tour de cou, tous en or, et poches bourrées. Content d'être parmi eux, il s'empressa à première approche de leur expliquer comment les affaires allaient bien là-bas. Et ce fut le sujet particulier de la rencontre:
- Là-bas à la Martinique, mes frères, notre groupe Tropicana sous la direction de Féfé Guignard comme maestro leur a démontré ce que nous les Haïtiens en sommes capables dans le domaine de la musique. Ils nous admirent tous : Joe Lavaud, Gary French et moi en particulier. Les Français viennent en masse nous entendre performer. Ils sont éblouis, leur avait-il dit. Les demandes de performances se multiplient à mon égard surtout.
Il leur fit savoir enfin combien il a lui-même manqué son pays, ses amis et que compte tenu de cela, il rentrerait plus souvent. Pour prouver en fait, comment il les aimait et comment il a un peu souffert loin de leurs « acquaintances » fanatiques (les makut furent pour la plupart des fans de la polémique konpa/kadans et Ti Lwi fut en particulier chanteur de l'ensemble Nemours Jean-Baptiste), il leur donna ses bijoux en cadeau-souvenir. Il leur distribua en plus des multiples « billets verts » de dollars américains.

- Nous sommes heureux de vous avoir revu Luisito, déclara sans hésitation celui en charge. Nous avons tellement de choses à accomplir en notre bureau, c'est pourquoi nous avions plutôt pensé à vous faire appeler pour que tous nous puissions vous revoir ensemble avant que vous repartiez. Nous vous remercions de votre chaleureuse visite.
Néanmoins un autre ajouta avec la mine un peu sournoise:
- Evitez de vous associer là-bas aux « kamoken », Ti Lwi! Ils sont dangereux… C'est surtout pour cela que nous vous avions fait appeler.
- Duvalier toujours plus haut, rétorqua-t-il fermement et en se serrant haut les poings!
Louis Lahens fit plus tard le récit de sa convocation à Pè Gi qui à son tour lui félicita de son intelligente attitude face à ces détracteurs de notre société:
- Ne restez pas longtemps ici, Ti Lwi! Gardez un bas profile malgré votre popularité et retournez vite à la Martinique, lui avait-il recommandé! A l'encontre de Anilus Cadet, croyez-moi, vous êtes plus que chanceux d'avoir vécu jusqu'à nos jours.

En effet, Anilus Cadet fut l'un des plus grands supporteurs de Daniel Fignolé lors de la campagne électorale de 1957. Il fut celui qui animait musicalement les meetings du « professeur ». Les deux chansons les plus en vogue posant Daniel Fignolé face à François Duvalier furent: a) Pikan Kwenna et, b) Fignolé. La deuxième peut ne pas paraître provocative dans son ensemble. Mais la première pourtant est une forme d'accusation impliquant Duvalier dans de multiples attaques à la bombe:

*Pa dòmi lan raje a, raje a genyen pikan*
*Si w' dòmi lan raje a, pikan va pike w' lan do*
*Ay pikan kwenna: bonm lan!!!*
*Komisyon dankèt: bonm lan!!!*

Ainsi, à sa montée au pouvoir, Anilus fut l'un des premiers à être incarcéré. Selon plusieurs, le troubadour, très tôt un matin, entendit citer son nom à la porte de sa cellule qui comptait plus d'une dizaine d'autres prisonniers; il était déjà cinq heures. Suivant certains, cela entendait en ces périodes qu'on était venu le chercher pour aller le fusiller sous les bayahondes (arbres sauvages des savannes) de la région…

A son grand étonnement pourtant, on lui avait ordonné d'aller se baigner et après quoi on lui avait tendu des habits propres lui informant qu'au nom du président de la république il était libéré et qu'on l'emmenait chez lui. Toutefois, la suivante recommandation lui a été faite qu'en ce jour particulier, jour du tirage de la loterie nationale, avant huit heures, il devait se présenter au bureau de cette dite institution avec son groupe musical, guitares en mains, pour performer et animer l'audience avant que débutent les jeux.
Anilus trouva sans trop de difficulté deux de ses anciens collaborateurs qui avaient désiré volontiers l'accompagner. Ils arrivèrent, tous trois, juste à temps pour la performance. Le public en était réellement surpris. On ne savait que dire mais nul n'osa crier: « Viv Anilis ». En effet, durant les performances quasi publiques de ce genre, il est toujours recommandé de jouer une musique glorifiant le président de la république. Que faire alors! Anilus se souvient juste que les prénoms aussi bien que les noms des deux anciens rivaux ont une même quantité de syllabes correspondant aux mesures musicales équivalentes d'où:
a) 1) Da, 2) niel…, 1) Fran, 2) çois
b) 1) Fi, 2) gno, 3) lé…, 1) Du, 2) va, 3) lier
- Merci bon Dieu, soupira-t-il!

Que le temps a changé! Depuis la chute de Duvalier on ne fait plus éloge des présidents à travers des chansons… D'autres changements en mentalité, nous en aurons aussi besoin. Il signala des pieds et « konpadirèkteman » la mesure : 1, 2…1, 2 et débuta:

*L'Amerik di se yon sèl pawòl : Duvalier!*
*François Duvalier se yon senbòl : Duvalier!*

Tous répétèrent avec lui: Duvalier. Pas un ne commit l'erreur d'exclamer: Fignolé en guise d'inspiration et comme conçu originalement deux années plus tôt lors de la campagne électorale de 1957. A travers l'audience, tout le monde criait: « Viv Divalye! », et François Guignard, tout surpris d'entendre Anilus Cadet performer à la radio ce matin du tirage de la loterie, pria Sianne de lui préparer une potion de feuilles de verveine: cela contrôle les palpitations du coeur et calme les nerfs. Il s'étonna davantage quand il lui entendit interpréter cette même chanson qu'il utilisait autrefois pour Daniel Fignolé:
- Ah çà, il a vraiment l'âme d'artiste, avait-il conclu.
Anilus fut depuis, forcé de performer régulièrement en l'office de cette dite institution durant les tirages. On lui exigea souvent de monter à bord de la camionnette de la loterie et jouer en guise de publicité avec son trio à travers les rues de la capitale. Angoissé, et ne pouvant plus supporter ces faits, il mourut, dit-on, moins de deux ans plus tard sans avoir eu le temps de nous chanter son chant rituel d'adieu:

*M'apr'ale, m'apr'ale* *(Je m'en vais, je m'en vais)*
*M'apr'ale, m'pa sa rete* *(Je ne peux plus y rester)*
*Anilis Kadè di'n orevwa* *(Anilus Cadet vous dit aurevoir)*
*Ba mwen gita mwen!* *(Donnez-moi ma guitare!)*
*Pu m'ale… Ay manman!* *(Oui, je m'en vais avec!)*

Certains rapportent qu'il a été arrêté une seconde fois pour disparaître à jamais. D'autres disent cependant qu'il fut plutôt fusillé à Boutilier. On n'en parlait que peu d'ailleurs et, son nom ne figure pas non plus sur la liste partielle des victimes de Duvalier.
- Que c'est drôle, pensait Pè Gi, d'avoir des doutes sur comment mourut Anilus Cadet, grand troubadour et étoile de son temps! De vive peur, nul ne peut s'en informer non plus.

En guise d'information supplémentaire, le Jazz des Jeunes lors d'une performance vers 1960 jouait la chanson méringue-lente/contre-danse Da: « *Nan pwen mun dan lemond antye k' pu fè m' blye ti Da... etc »*. Suite à l'appréciation de l'audience face à une interprétation si berçante, un makut se leva et déclara sans discrétion aucune pointant du doigt l'orchestre: « Bande de fignolistes! De nos jours encore vous louez Daniel… » Le groupe n'osa plus jamais jouer ce morceau.

- Gardez-vous bien fils, collègues et amis, vous surtout musiciens, de vous mêler des affaires politiques d'Haïti, recommandait souvent François Guignard. Vous en serez, pour certain, les victimes. Nous pensons toutefois que devant une pareille situation à caractère sociopolitique, la musique quoique universelle et culturelle n'ira pas loin chez nous. Pourtant: « Tanbu frape Ayisyen kontan… Se yon bagay yo pran lan nesans ».

*La musique vivra avec le temps.*
*Elle est éternelle face à l'humanité. (P.J.J-B)*

## La musique, est-elle simplement artistique ou scientifique? Tolère-t-elle l'addiction?

Vous pouvez ne pas l'admettre, mais de part notre conception, la musique est encore beaucoup plus artistique que scientifique; elle est humaine. Elle est une forme de langage que comprend tout le monde; elle est universelle. Elle traduit les pensées, les pleurs et les joies. Elle fait manifester les sentiments; elle traduit plus que tout l'amour et même la haine. Elle console les bébés qui pleurent et fait pleurer les gens les moins sensibles; elle fait aussi pleurer de joies. Son côté scientifique se révèle moins valide parfois; il ne traduit que surtout son aspect professionnel. Il la rend disciplinée pourtant, rationnelle et explicite. Le monde connait plusieurs musicien-aveugles qui ne sont point capables de lire une partition. A côté de Ray Charles et Stevie Wonder, notre fameux Joe Jacques en est un exemple. Durant les années 50's, un aveugle troubadour et joueur de banjo parcourait les rues de la capitale conduit par le fameux « Ti Pyè » lui, joueur de « tyatya » à travers la bande carnavalesque « Otofonik Labe ». Ils gagnaient ainsi leur pain s'arrêtant aux endroits les plus populaires et les plus fréquentés, animant l'audience qui à son tour leur faisait don de quelques sous. Nous profitons de ce chapitre pour rendre un hommage à Jean Sorel, lui aussi aveugle et l'un des meilleurs annonceurs de radio (Radio Haïti) de la fin des années 50's et du début des années 60's.

On a tendance à dire chez nous que quelqu'un est un grand intellectuel parce qu'il maîtrise bien la langue française... Les Français sont-ils tous des intellectuels? Ils parlent tous le français. Et nous sommes certes sûrs et certains qu'il y a des Français, faible que soit peut-être le pourcentage, qui ne savent ni lire ni écrire. L'art et la culture se confondent pour plaire et satisfaire; tel est le rôle principal de l'artiste-musicien. La connaissance du solfège bien que de haute valeur lui est secondaire. Et, il fut un temps où le solfège en tant que science de la catégorie de l'écriture n'existait pas... Après avoir bien appris une pièce, on n'a plus besoin de partition pour l'exécuter.

Pè Gui ne tolérait pas que des gens fumassent en sa présence ; il détestait l'odeur combien suffocante de la cigarette. Pourtant, à côté de Nono Lamy, cela lui importait peu. Et, selon ce que nous avons appris, Lamy fumait beaucoup. Le maestro ne s'en rendait même pas compte. Vers les années 1951-52 arriva à Port-au-Prince un pianiste italien qui parlait bien le français. Il avait, parait-il, reçu une offre d'emploi du casino international ayant lors à la tête de son administration un groupe d'Italiens. Il était surtout doué d'un style très classique. Bien entendu, on l'emmena chez François Guignard tout en premier pour contact et consultations nécessaires. Arrivé à la rue St. Honoré, il fut invité à monter au piano pour se faire entendre. De son côté pourtant, il était plus qu'anxieux d'écouter le maestro performer car de notre style il n'en était pas trop connaisseur. Aux dires de Edner, il était de calibre. Anne-Marie, ne tarda pas pourtant à réaliser, de par la forte odeur que dégageait la consommation du tabac, qu'il fumait. Cela l'embarrassait un peu car la veille, Pè Gi avait ordonné à un de ses visiteurs d'éteindre sa cigarette, tellement l'odeur le suffoquait. Se

souvenant de cet incident, elle pointa alors du doigt celle que tenait le blanc en faisant discrètement signe à son père.
- Je vous en prie, Anne-Marie! Ce qu'il fait là dépasse de beaucoup mieux les nuisances. Qu'il en fume vingt, je m'en foutrai bien!

Notre pianiste s'arrêta enfin après avoir interprété merveilleusement plusieurs belles pièces classiques de Chopin, de Mozart et autres. Il interpréta mélodieusement seulement O sole mio sans la chanter.
- Merci beaucoup, lui félicita le maestro. Vous êtes de calibre!
Mais François Guignard paraissait ne pas vouloir en finir de l'écouter jouer. Il lui présenta alors la partition de « Caresse » pour qu'il l'exécutât.
- Vous m'excusez monsieur Guignard… Je ne lis pas la musique!
Pè Gui ne pouvait pas en croire ses oreilles. Il ne fit que lui rétorquer avec étonnement :
- Vous ne lisez pas la musique!
- J'ai commencé à jouer dès le jeune âge écoutant avec passion une de mes tantes performer. Voilà! Je n'utilise que mes oreilles et la compréhension des sons.
- J'allais juste vous demander de jouer sur partition l'une de mes compositions…
- Alors Monsieur Guignard, jouez-la vous-même! Je serai ravi de vous entendre.
Le voilà maintenant qui du plancher sauta aisément sur le banc du piano. Par ailleurs, outre gravir les marches d'escaliers de la HH2S et de n'importe quel autre édifice à plusieurs étages, Pè Gi savait « plaquer »: un exercice divertissant qui consiste à sauter, la tête baissée, les deux paumes des mains sur le plancher, les deux pieds balançant dans l'air ou appuyés au mur, que pratiquent surtout les jeunes. Le Blanc ne s'étonna point car de François Guignard, on lui en avait déjà parlé. L'interprétation de Caresse l'émerveilla à première écoute. Le maestro lui joua ensuite Adeline. Au tour de l'Italien de ne pas vraiment pouvoir en croire ses oreilles. De plus, ce sont les propres compositions de l'infirme écrites sur partition. Sans pouvoir se retenir, il exclama:

- Que faites-vous ici avec ces chef-d'œuvres?
Sans nul doute, entendait-il qu'un musicien de ce calibre devait habiter une maison de la très haute bourgeoisie? Nul enfin ne pouvait définir sa pensée. Un fait demeure certain, c'est qu'en écoutant François Guignard performer, il oubliait tout ce qu'il y avait de malheureux en ce monde.
- Monsieur Guignard, continua-t-il, oublions cette affaire de partitions pour le moment! J'aimerais que vous m'appreniez à jouer quelques unes de vos compositions, en particulier Caresse et Adeline.
- Je vous promets cela… Ne vous en faites pas cher ami!

A peine que Pè Gi fût descendu du piano, notre Italien avait repris sa place pour commencer à interpréter un peu vaguement Adeline.
- Monsieur Guignard, j'ai un bref contrat pour jouer en duo au casino international; c'est pourquoi je suis rentré ici. J'aurai besoin d'un chanteur. La seule chose est qu'il doit pouvoir chanter aussi en italien. Au casino, on m'a déjà recommandé Auguste Durosier… Qu'en pensez-vous?
- Au contraire, lui répondit le maestro, je le verrai cet après-midi. Je lui dirai cela pour qu'il vienne vous rencontrer ici demain matin. De ses capacités, vous pouvez vous en assurer! Il est un bon chanteur. Je l'ai entendu plusieurs fois chanter « O sole mio » et autres chansons italiennes.
- Entendu maestro, je serai là vers dix heures. J'aurai aussi beaucoup à ajouter à mon cartable de mélodies. Quant à votre composition Adeline, c'est une merveille… Je commencerai à l'apprendre dès demain pour bien l'exécuter empruntant les mouvements propres à vous, non pas ceux de jazz que j'utilise un peu pour les musiques dansantes.

Le jour suivant, le pianiste italien rencontra comme prévu Auguste Durosier qui de son côté n'avait aucun problème à chanter les mélodies italiennes en leur propre langue d'origine puisque de chants liturgiques latins, il en avait autrefois fait pratique. Toutefois, Pé Gi trouva moyen de lui demander:

- Pourquoi fumez-vous comme ça?
- Eh Bien, monsieur Guignard, j'ai peut-être trop vu... C'est pourquoi aussi je m'attache tant à la musique. Elle me permet de m'évader.
En effet, on apprend plus tard que ce grand pianiste italien fut un vétéran de la deuxième guerre mondiale. La guerre entraînant bien des maux, il avait été témoin de la mort de tant d'innocents pour satisfaire des simples pensées de dominations. Fumer pour lui était devenu une source de repère et d'oubli de ses mauvais souvenirs par devant notre société. Trois semaines plus tard, Guy Durosier, en compagnie de Edner, arriva un soir au Casino. A son grand étonnement, notre pianiste italien interprétait déjà Adeline.
- Où avez-vous appris à jouer ce morceau, demanda-t-il au Blanc?
Ebloui, notre Italien qui ne cessait de dire que cet homme est un génie, en profita alors pour répondre tout simplement mais avec véhémence et en pointant du doigt Edner:
- Au centre culturel de chez le maestro Guignard, son père. C'est là que j'ai rencontré Auguste, votre frère, pour la première fois. J'ai eu aussi la chance de rencontrer Ti Paris, ce merveilleux troubadour. De la vedette Ti Roro, j'en ai fait la connaissance.
Edner était lors pianiste de l'orchestre Citadelle qu'il laissa le 7 avril 1953 pour rejoindre le groupe du Riviera Hôtel. L'Italien de son côté performa en duo avec Auguste Durosier pendant quelques trois mois au casino international et quitta enfin Haïti, soucieux d'avoir beaucoup appris. En effet, il avait bien exploré notre monde musical et sa mereng, surtout celle dite lente; il admirait beaucoup ce genre. Durant son séjour à Port-au-Prince, il fit du centre à la rue St. Honoré le sien puisqu'il le visitait souvent et presque tous les jours.

Disons qu'à des faits différents, il y a des situations différentes. Un fanatique du centre musical Pè Giya s'approcha un jour du maestro pour lui faire le récit d'une nouvelle découverte.
- Pè Gi, lui déclara-t-il, je viens de voir pour la première fois quelqu'un jouer à la scie... Oui « goyin »! J'en avais souvent entendu parler, mais...

- J'ai vu cela plusieurs fois déjà, mon ami, répondit-il. C'est un instrument en particulier sans notes. Si les mouvements ne sont pas justes, les sons ne le seront pas non plus et cela peut bien sûr taper sur les nerfs. Je m'en suis moi-même rendu compte à chacune des fois.
- Je lui ai parlé de vous, maestro. Il m'a dit vous avoir quelques fois vu mais…
François Guignard paraissait ne pas trop s'y intéresser. Le fan pourtant semblait vouloir continuer:
- Je lui ai déjà offert de l'emmener ici vous rencontrer. Qu'en dites-vous?
- Comme bon vous semble, cher ami, mais…
- OK maestro! Je vous l'emmène.
Le jour suivant, il se montra chez Pè Gi avec le joueur de scie. Ce dernier, sachant à qui il avait affaire, désirait, paraissait-il, surtout se faire évaluer. Après avoir exécuté quelques morceaux en présence du maître, il s'empressa de lui demander:
- Comment me trouvez-vous maestro?
- Cela aurait été bon si ce n'est que, selon moi, il vous faut quelques notions théoriques. La scie elle-même n'a pas de notes et je ne crois pas que vous lisez la musique non plus.
- Que me faut-il alors de plus, maestro?
- Vous devez apprendre certaines théories musicales, en particulier le solfège. Cela vous permettra de mieux comprendre pourquoi et à quel niveau ajuster votre poignet aux différentes notes désirées. C'est tout ce qu'il vous faudra pour compléter ce dont vous possédez déjà.
- Qu'on le veuille ou non, s'empressa-t-il d'ajouter pour mieux se clarifier, vous maniez déjà la scie… Il vous faut cependant la maîtriser davantage théoriquement. Cet instrument, comme je le disais à votre ami, n'a pas de notes. Avec une étude musicale complémentaire, vous aurez une idée plus claire de la disparité des sons et des notes à manipuler, de leurs valeurs et des variations sonores.
- Acceptez-vous de me les enseigner, maestro?

- Vous me paierez une gourde par leçon d'une heure de temps par jour; samedi, dimanche et jours de fête exceptés. A vous de décider si oui ou non vous en serez capable.
- Alors on commence dès demain, professeur.

Tout le monde apprit de la bouche du joueur de scie qu'il était l'ami de presque tous les grands musiciens et qu'il avait pour professeur, le grand maestro François Guignard lui-même. Moins d'un mois plus tard, il ne se montra plus en classe. En ces temps, Ricardo Widmaïer, père de Herby, organisait des concert-festivals « Radio théâtre », chaque dimanche au ciné Paramount. Nono Lamy était celui qui sur scène évaluait la performance de chaque artiste. Il était donc juge et par-dessus tout, le seul. Notre grand joueur de scie s'y présenta. A sa vue, Nono, connaissant son attitude jouant au marron vis-à-vis du maestro, lui déclara sans hésitation:
- Si vous ne jouez pas bien, je sonnerai la cloche…
Or, sonner la cloche indiquait au public que l'artiste ne performait pas convenablement.
- N'ayez pas peur, s'empressa-t-il de rétorquer intelligemment. Je suis en pleine forme.
Après sa performance, Lamy s'approcha de lui:
- Je n'ai pas sonné la cloche pour que seulement vous sachiez qu'il vous faut du contact et qu'il est nécessaire de retourner apprendre de François Guignard comment jouer à la scie théoriquement.
En effet, mieux que l'élève qui l'y avait introduit, François Guignard avait déjà appris en un court temps à manier lui-même cet instrument improvisé.

Le rôle particulier de Nono dans ces genres de concours au ciné Paramount était de faire de son mieux pour essayer de dérouter le candidat. L'astuce qu'il utilisait le plus était d'accompagner lui-même au piano l'aspirante vedette et de beaucoup varier afin de lui empêcher de maintenir la mesure et garder le mouvement musical et le rythme. En effet il était, de par ses capacités, de qualité à intimider quiconque novice ou débutant dans ce domaine. A cette époque, l'harmonica était devenu un instrument populaire. Plus facile à se procurer vu son coût assez tolérant et attirant, plusieurs jeunes l'adoptaient comme étant leur favori. En effet, Max Prudent fut l'un d'entre eux. A part sa qualité de chanteur, il avait décidé d'explorer lui aussi l'usage et la pratique de l'harmonica. Avec deux autres amis, il décida alors de se présenter un dimanche au concours. Comme de coutume, Nono fit de son mieux pour les dérouter mais n'y parvint que partiellement. La raison était simple: le jeune Prudent dirigeait le trio. Il avait pu de par ses expériences et ses possibilités naturelles, garder et maintenir la partie vocale, malgré que les deux autres compagnons fussent hors de mouvements. Plus doué, il avait compris que le piano étant l'instrument d'accompagnement de base, il fallait plutôt suivre Lamy. Ce sont des réactions naturelles qui émanent de la connaissance ou surtout de l'ambiance et de l'environnement. Et Nono tout en invoquant les chauds applaudissements de l'audience, lui avait tout juste déclaré:

- Chapeau bas Prudent! Votre groupe ne remporta pas le premier prix, il est vrai; cependant, en ma qualité d'animateur et d'appréciateur, je me vois obligé de vous féliciter en particulier. Vos efforts et vos talents ne peuvent en aucun cas rester sans être compensés. Recevez alors ce billet de ma part!

Peu importe la somme, l'appréciation la plus importante avait été partagée. Le geste valait beaucoup et en disait long. Il ajouta enfin:

- Cela se voit, vous êtes réellement élève du centre culturel François Guignard.

Max Prudent fut l'un des meilleurs de son temps. Il a fait montre de valeur dans un disque de Raoul Guillaume interprétant la vibrante chanson L'orphelin: Mwen pa gen manman ki pu karese mwen ankò, etc. ». Ce fut « malheureusement le temps du « kompa dirèk ».

Il peut arriver à un bon lecteur de ne pas pouvoir identifier une note à première ouïe. Pour qu'une telle démonstration lui soit facile et même possible, il faut qu'il soit en mesure de la comparer à une autre de base. Par exemple, après avoir entendu le son de la note fa, il est possible à tous bons musiciens d'en déterminer les suivantes et les précédentes. François Guignard pouvait aisément énoncer la note équivalente au son de la cloche d'un cireur de bottes passant devant chez lui. Il le fit plusieurs fois. Et s'il vous disait que ce son équivalait à un si bémol, pour sûr et certain, il était un si bémol. Vous n'aviez qu'à consulter le clavier du piano. Des musiciens de ce genre sont rares à travers le monde. Bien que la perfection ne soit dûe qu'à Dieu et à Dieu seul, dans le domaine de la musique, nous pouvons vous affirmer que François Guignard se rapprochait de cet attribut de qualité. Il avait l'ouïe au diapason cultivant le don d'une sonorité parfaite.

En tout cependant, il y a une limite… Malgré son astuce en la matière, François Guignard n'arriva jamais à comprendre un siffleur de Port-au-Prince qui, avec sa seule et unique bouche et ses deux lèvres, fredonnait à deux voix (1ère, 2ème) n'importe quelle mélodie comme s'il s'agissait d'une clarinette et d'un sax jouant ensemble. Magie ou technique? Ce fut un don tout particulier que le siffleur lui-même ne pouvait ni expliquer ni enseigner. Il performait en ce sens certes pour s'amuser et plaire; c'était le pourquoi. Mais, nul n'arriva jamais à comprendre le comment, ni même Pè Gi. Plus tard pourtant, le troubadour Ti Paris utilisa majestueusement sa langue de concert avec certains mouvements de la bouche pour produire les sons : tik, tak, tok des castagnettes. De nos jours cependant, un de nos amis musiciens, trompettiste et pianiste, imbus des théories en la matière, ira plus loin à faire résonner chromatiquement les tik, tak, tok et reproduire les différentes notes musicales lui facilitant d'interpréter à son aise n'importe quelle mélodie. La seule explication qu'il arriva à nous fournir c'est qu'il en fait pratique depuis son adolescence. Devons-nous l'appeler langueur? Ce qualificatif ne serait jamais propice à la définition proposée par le Larousse. Contentons-nous de l'appeler alors: « Languiste »

## Konpa Dirèk, d'où vient ce nom?

Vous pouvez vous-mêmes, de par ces récits, déterminer que plusieurs d'entre les jeunes avaient bénéficié d'école et qu'en terme musical surtout, rien n'est nouveau pour nous, enfants du quartier de François Guignard. Par ailleurs d'où vient le nom «konpa dirèk»? Nous avions entendu vers le début des années 80's une interview à travers l'une des stations de radio à New-York expliquant la provenance de ce terme. Nous ne nous souvenons malheureusement ni de l'interviewer ni de l'interviewé. L'explication formulaire était juste; cependant, les faits ne furent pas exacts. Les chefs d'orchestres, aussi grands qu'ils fussent ou qu'ils pussent paraître, consultaient François Guignard pour vérification et approbation quant à l'orchestration et aux arrangements de leurs compositions. Croyez-nous, il n'y avait pas d'exception. Il en était ainsi pour les musiciens de groupes les plus connus tels: Les Gais troubadours de Hermann Camille, de ceux du Jazz Chancy, du Jazz Scott du capitaine Walter Scott des casernes Dessalines (Il est l'auteur-compisiteur de Shubulut qu'interpréta plus tard l'orchestre Citadelle avec la belle voix de Leconte Villevalex. Il est possible que Pierre Riché soit le premier à chanter cette mélodie parce que, bien qu'il fût membre du Jazz des Jeunes en ces temps, il performait souvent à travers le Jazz Scott comme chanteur invité), de l'orchestre Siboney, du Jazz Rouzier et autres.

René Diogène de l'orchestre Citadelle fut, lui-même, un de ces chefs d'orchestre. Il reprochait souvent à Pè Gi de s'être laissé exploiter sans se faire payer. Deux phrases musicales de l'une de ses nouvelles compositions lui paraissaient anormales. Il décida de s'arrêter alors chez le maestro pour consultations et aide en ce sens. Arrivé en ce quartier général, centre de la musique, il fut heureux et joyeux de rencontrer son collègue Nemours, visitant lui aussi Pè Gi. Ils furent donc tous trois de la partie. Le grand Guignard analysa les partitions et conclut qu'à part le besoin de quelques petits changements, tout paraissait normal:

- Au contraire, je vous félicite grandement, fit-il savoir à René. Les arrangements sont très poussés en ce qui concerne l'orchestration... En plus, je vois que vous continuez à bien garder votre compas en ce qui a trait aux mouvements. Votre conception de bien arranger est en général magnifique.
Dans le langage vernaculaire propre à nous, « garder son compas » signifie marcher dans la droiture, agir avec justesse et précision, viser haut. Mais Nemours, de tempérament à éviter les complications, aime plutôt la simplicité en musique. Il s'empressa d'ajouter:
- Néanmoins René, tu aurais pu simplifier les arrangements et rendre l'orchestration plus coulante.
- Comment ça, rétorqua Diogène?
D'un geste de la main droite, battant la mesure appropriée, Nemours déclara:
- Phrase musicale, phrase musicale... 1,2... 1,2 : « se plop plop »! (et voilà!).
Et René éclata de rire exclamant vivement:
- C'est un compas direct!
Ils avaient ri tous les trois à perdre haleine. Mais Nemours avait toujours retenu cet entretien et plus particulièrement le terme employé. Et quand était venu le moment d'apprécier durant une répétition la réplique du gong face à la mesure de silence du tambour comme expliqué dans l'interview, il en fit usage exclamant vivement: « Sa a se yon konpa dirèk! » (C'est bien un compas direct!) Cette exclamation est devenue depuis non seulement synonyme de style, mais aussi de rythme selon Nemours lui-même et le grand public. Voilà!

Que de transformations! S'il est vrai que chaque langue découle d'une autre, (La langue française aussi bien que l'italien, l'espagnol, le portugais et autres sont d'une même catégorie gréco-latine. Elles dérivent toutes du grec et du latin), il en est de même en musique. Un rythme peut bien dériver d'un autre. A travers le monde de l'Amérique latine, notre cher Haïti en est le berceau. Attention pour ne pas appauvrir ce riche patrimoine en ne pratiquant que du « voye monte » tel qu'on le fait depuis plus d'une décennie! Dans ce domaine où les analyses plus particulièrement sont théoriques, nous avons appris toutes ces choses de chez Pè Gi et plus tard encore, de Dernst Emile, aux fins de mieux pouvoir développer notre intelligence et notre façon de mieux comprendre notre monde musical. Nous étions vraiment jeunes. De ces multiples simples théories, nous en avons réellement bénéficié. Elles sont rationnelles. Et, une fois assimilées, elles nous deviennent claires et logiques avec le temps. Point n'est besoin d'être pour autant grand musicien.

## François Guignard a-t-il jamais été honoré?

Bien qu'il soit de nos jours apparemment oublié, et que l'ingratitude soit manifestée à son endroit, il aurait été absurde de dire non. Un tel géant ne pouvait en aucun cas rester inaperçu en son temps. En 1945, sous le gouvernement de Elie Lescot, le tricycle se détériorant un peu, Salnave dit Zo, de la station HH2S, avait décidé de faire une collecte de fonds en l'honneur et en faveur de l'Honorable François Guignard afin de remplacer son indispensable engin. Cela se compléta un an plus tard en 1946 au tout début du gouvernement de Dumarsais Estimé et voila, le public avait doté le fameux artiste d'un fauteuil-roulant neuf (voir la photo de couverture). Bien que motorisé, la lenteur et l'aspect en général de l'appareil ne lui plaisaient guère en comparaison au premier qu'il adorait tant. Et souvent pour rigoler, il disait, le sourire sur les lèvres:

- Mais, c'est une « chaise électrique »!

Le tricycle qu'il a eu de sa mère lui paraissait plus normal. Sur la route, il lui faisait oublier son infirmité. Nous avons nous-mêmes connu cette super-moto. Nous admirions son conducteur.

Le nouvel engin vue sa lenteur était conçu particulièrement pour un handicapé et Pè Gi, ne se considérait pas comme tel. Toutefois, c'était un cadeau, un beau geste de ses admirateurs et amis; il l'utilisa malgré tout durant une courte période pensant réparer le vieux. Par ailleurs, l'objectif de réparation ne fut pas facile. A un moment, il pensait modifier un simple tricycle et le rendre maniable plutôt sans qu'il eût besoin de pédaler parce qu'il lui était impossible de se démener avec les pieds. Que dire enfin des muscles des bras! Cela aurait aussi affaibli les poignets pour provoquer de très fortes douleurs dans le futur. Cela ne valait pas la peine, avait-il conclu enfin. Gravir les pentes de bien des rues non asphaltées et non bien aplanies de l'époque laissait aussi à penser. Il avait donc décidé de réparer le premier qu'il garda jusqu'à sa mort en 1979. Port-au-Prince en son entier admirait cette moto et son conducteur. Edner, son fils, vient de composer cette nouvelle chanson qu'il titre « Rue St. Honoré », un chef d'œuvre tant au niveau du texte qu'au niveau de la mélodie:

*Rue St. Honoré, rendez-vous des artistes*
*Pour moi, le Morne-à-Turf, le berceau de mes joies*
*De spectacles nouveaux du matin jusqu'au soir*
*De nos talents préférés.*

*C'était un vieux théâtre avec portes grand ouvertes*
*Ayant comme auditoire les passants, les amis*
*Assis sur le trottoir, admirant les talents*
*Qui avec amour amusaient l'audience.*

*Que reste-il de ce quartier*
*Où j'ai vécu ma jeunesse ?*
*On était toujours au printemps,*
*Saison de fleurs et d'amour.*

*Hélas le vieux théâtre est fermé pour toujours*
*Et les spectateurs ne se présentent plus.*
*Il n'y a plus de chanteurs ni musiciens ni blagueurs.*
*On n'écoutera plus le son de mon vieux piano.*

Gérard Campfort (homme de lettres, musicien), docteur Alix Haspil (aussi trompettiste) et moi, votre serviteur Joe Jean-Baptiste en particulier, avons eu la chance d'être ses collaborateurs en termes d'approbation dans la réalisation d'une telle composition. La galerie de la maison Guignard symbolisait tout un univers artistique comme l'entend Edner lui-même dans ce vibrant texte. Des peintres, des écrivains et des poètes s'arrêtaient pour saluer Pè Gi, Sianne, son épouse, ou pour rencontrer leurs collègues ou encore, demander conseils soit au père ou aux fils. Sianne mourut en 1962; elle n'avait que cinquante-sept ans. L'amour, la poésie et la musique se donnant la main, François Guignard, dix ans plus tôt vers 1952, avait déjà écrit Détresse quand une fois Sianne ne se portait pas bien.

La galerie, adjacente à celle de la maison des Guignard où nous habitions, nous, avec nos parents, nos frères (Charles-Emile, Hancy et le très jeune Ricot) et nos sœurs, servait aussi de quartier général aux élèves des lycées Toussaint Louverture, Alexandre Pétion et Anténor Firmin, surtout ceux qui habitaient le Morne-à-Turf. Ils étaient pour la plupart des élèves de philo qu'on pouvait facilement identifier parce qu'ils portaient des cravates comme l'exigeait le code vestimentaire de l'époque. Ils venaient en grand nombre et un peu de partout. On y rencontrait surtout les frères Desdunes: Hervé, Roland, Lionel et les frères Désir: Gérard, Bertholet, Socrate, Jean en général et à tous moments, Paul Hugo Jean et son cousin Lionel Hilaire, Jean-Claude Denis, les frères Beaudin: Magloire, Antoine, Simon et Edner, Yves Walter, Jacques Jackson, Gabriel Ducheine (Gabi), Max Germain (Ti Makso), Robin Joseph fils (Johnny), Reynold Turène, Ernst Beaubrun, Josué, Moïse et Joseph Nelson, Roger Jean-Baptiste (Babas), Alix et Wagner Prédestin, Casimir Joseph et son jeune frère, les frères Moreau, Jean-claude de chez madame Guerrier mieux connu sous le nom de Jean-Claude Dokoka, Lionel François, Emmanuel (Ti Manno) Guerrier, Alfred Beaudin, Serge Joseph, Eddy Jolly, Jean-Claude Destiné, les frères Bossé, Roland Marcel et ses deux frères Eddy et Pierrot, Guy Laurent, Gérard Joseph, Gérald Tipennahuer, Yves Trainard (fils de Trainard, saxophoniste du jazz des jeunes), Willy Joseph et ses jeunes frères, les frères Brau de la place Ste.Anne, Emmanuel (Manno) Charlemagne, Jn-Robert Noël, Ernst Alphonse et son frère aîné, Robert Cassamajor, Philippe Flambert, Fritz Démorcy, Marcel Guillyer et son jeune frère Rigaud, Necker Cassant, St. Justin (Delcame) et Henry-Claude Marcellus, Jean-Claude (Claudi) et Hermès Viard et leur cousin François notre jeune tailleur et coiffeur, Berthony et Franklin Gilles, Alix Janvier, Pierre-Paul Pierre-Saint, Raymond Lafaille, Joseph Chéry Dolorès, Gérard Lucadet, Frantz Chéry et son jeune oncle Fritz St.Surin, Serge Georges, James Williams et son frère Dady, Luc Arnoux, les frères Barron de la rue Champ-de-Mars, Frénel Dulièpre, Wilner et Joel Charlviré, Gérard et François St.Amand, Albert Midy, les frères Narr, Yvon David et son jeune frère Ti Dè ainsi connu, Weiner Fort, Raymond McGuffie, Toto Lamy, Serge Dorvil, Jean Marseille, Oswald (Ti Val) Chrisphonte, les frères Mondestime en particulier Claude, Tony André et ses frères Daniel, Henry fils et Harry, Edgard Silva, Nènè Toussaint, Georges Etienne et son jeune frère, Saintvalé Jean-Louis, les frères David de la rue Réunion, Mendos et Xavier Cadeau, Yves Débrosse, les frères Sablon: Georges et Wilfrid, Jacques Pierre (fils de Antoine Pierre, Bòs Antoine), St. Fort et Ostan Chéry, Georges Frank, Jean-Claude Charles, Addy Souvenir et son jeune frère, Hubert, Lubin et Frantz Augustin, Jacko Richard, Marc-Antoine Georges (Ti Mak), Ti Choubert ainsi connu et Guy François tous trois du Violette Athlétique Club, Formose Giles du Victory club, Marc et Fritz Pierre, Pierre Barthélemy, Jean-Claude Loiseau, Jeannot Paul, Serge Dutelly, Lionel Dégan, Frantz et Toto Jasmin, Phyat Dessources, les deux jumeaux Raymond et Rigaud Lespérance, Kesnel Clérié, Noé Sylvestre, les frères Smith dont deux jumeaux de la rue d'Ennery, Lumerne André, André Beaubrun, Witney Viel, Frantz Bovil et son jeune frère Jean-Harry, Alexandre Etienne, Frank Casséus, Mécène Laporte, les frères Féquière: Joel, Micius et Jacques et les frères Placide de la rue de la Réunion, les frères Gachelin, Joseph (Ti Djo) et William Alisca, Gérard Jean, Fritz Chérubin et frères, Bénédict et Cambronne Fontaine, les frères Dorélien, Lionel Legros (celui qui dès le début de notre exode à New York et durant trois décades consécutives pensa radiodiffuser en diaspora nos airs d'autrefois dans le but d'honorer nos musiciens d'antan et de faire valoir notre folklore. Il en est de même de Yves Auguste et Jean-Robert Savaille, tous fils du Morne-à-Turf. Dans ce même contexte, nous félicitons Jean-Robert Noël, Louis Carl St. Jean, Raymond Jean-Louis et Adrien Berthaud. Leur intérêt d'analyse d'histoire de la musique haïtienne, surtout Adrien dans ses compilations, est d'excellence. Bien que fils du quartier, Carl beaucoup plus jeune n'a pas eu le temps de bien connaître notre centre culturel à l'instar de Yves Auguste et Jean-Robert Noël. Cependant, ses recherches sont viables et ses écrits en la matière pleins d'orientation. Elles sont de sources crédibles. Nous ne pouvons ne pas de même citer Dominique Janvier, Ti Lako pour certains, Dodo pour d'autres, aussi de la zone. Il est l'un des grands collectionneurs d'archives de nos musiques d'antan. Il fut pour une très courte durée l'administrateur de l'ensemble de Nemours Jean-Baptiste à New-York), Eddy Raincher, Jacques Lahens, Ti Leroy ainsi connu (fils de maître Leroy), Franklin Myrtil, Raymond Myrtil, Beauzile Pierre, Gary Droit, Carlo (Antidol) et Frantz (Ti Dout) Alexis, Ricot et Fritz Casimir, Julien Jumelle, Bertrand Moncombe, Georges Noël, Nessou Gaston, Carlo Champagne et frères, Andres Chamblain et frères, Luc Gauvin (Ti Louko), Ronald Paul, Eddy Traversière qui devint plus tard professeur au lycée Louverture, Alix Prismy, Edaise et Midouin Andral, le jeune Molière Narcisse fils, Ernst Fortuné (Didi), Frantz Métellus, Marcel François, Fritz Sully, Rodrigue Célestin, Marcel et Tony Dorméus, Raymond Pierre-Pierre et son jeune frère Yves, Jean-Claude Boutte et son frère, Nènè Boutin, Marcel Milien, Wilner Williams, Wilner Lissade, Yves Toussaint et son frère l'organiste de l'église Ste. Anne, Fritz et Roger (Vovo) Poulard, Ti Kin ainsi connu, Philippe Antoine, Guy Sénat, les frères Roche particulièrement Tony, Pierre-Marie Myette, Leslie Antoine, les frères Denis en particulier Hector, Vanel St.Victor et son frère, Eddy Ligondé, Stein Jean-Benoit, Alexandre et Fritz Roy, les frères Bréa, Kénel Douyon et son jeune frère, Marcel François, Robert et Milo Auguste, Esdrass Gilles,

Yvon Villason, Gérard Chèrenfant, Walbert (Tiwalbè) Kernizan, Yvan Louissaint, Guy François (fils de Brunette), les frères Grammont: Taylor, Fridmont, Clotaire, Mario et Coriolan, Hildebert et Yves Béliotte, Roland et Géo Cabrol, Arnold Eugène, Roger Bernadin et son frère Roland, Jean-Claude Charles, Harry Pierre, Jacques Etienne, Gérard Pierre, Jean-Claude S. Montlouis, Jacksy ainsi connu, Jean-Martin Montlouis (Tat), Eddy et Roumel fils de monsieur et madame Antoine Milord ami-voisins de Pè Gi, les Lissade: en particulier Gabriel, Guy, Gilbert, Pierre (fils), André et Roger, leurs cousins: Rodrigue, Gontrand, Carl et Harry Lissade ainsi que les Obas dont Jacques, Raymond, Jean-Robert et Antoine, les frères Fritz, Edner et Mark Alphonse, les frères Surpris de l'école Darius Denis, Alexandre Gustave, Serge Dor (Fils de Ferdinand Dor, Serge est un professionnel, professeur de carrière enseignant la musique aux Etats-Unis et à niveau universitaire), les frères Delbrune en particulier Manno. Guy, Gérard, Frantz et Serge et leurs neveux les Legros, Mèlèque Zamy, Eddy Pierre-Louis et ses frères, Frank Jérôme et ses frères, les frères Morel, Max Fouché, Antonio Jean et ses frères, les frères Sétoute en particulier Paul, le jeune Yves Piercanel, les frères Cadet: Léonel, Emile et Joseph, les frères Ricot en particulier Willy et Rio, Dayann ainsi connu et André Simon (deux des admirateurs les plus enthousiastes des Picverts) Hermane et Berchouet Henry (neveux des Sicot, fils de madame Roger leur sœur aînée. Roger fut un trompettiste très connu de la fanfare des casernes Dessalines), les frères Etienne particulièrement Fritz, Gérard, René, Jean-Claude et Serge, « Ti Nènèl » Estimé de la rue Champ de Mars, Carlo César et ses frères Raoul (Zòrèy ainsi connu) et Roger, Jacko Richard, Michel Théano, Richelieu et Walton Cadet, Eric (Titi) et Roger Charlier, Reynold Sévieux, Yves François (Tilou) et ses frères, Fritz Augustin, Serge Bouchereau, Michel Edner Péan (Tonton Péan), Michel et MacAurel Jeanty, Marc Lamothe (Ti Mako), les frères Agnan, les frères Darbonne en particulier Ti Dès et Nènèl, Ernst et Patrick Eustache, Arnold (Bobop) Victor, Michel Ambroise, Serge Bonhomme, Paul et Jacques Féquière, les frères Pomponeau, les frères Altiné, Jean-Claude Fed, Carlo et Hérold Mathurin, Roro Mathieu, Roger Choisi mieux connu sous le nom de Gros Roger ou de façon encore plus rigolo: « Woje K…K Pul », Evans et Jean-Paul Fils-Aimé, Hector Gustave, Barsoly Leconte, les frères Chéry dont Yves, Jovanh, Godfroi, Amby et Jean-Robert, Roland et Eddy Marcel, Guy Kaze, Gérard Louis de l'ensemble de quartier et de la saison des vacances La Jeunesse avec Robin Joseph (Ti Woben) comme chanteur (En été 1960 les jeunes dans différents quartiers s'étaient réunis pour former des petits groupes musicaux appelés: ansanm katye/ansanm amonika. Nous étions tous à l'époque de jeunes écoliers. A côté de La Jeunesse de la Grand'rue, il y avait l'ensemble Tabou de la rue de l'Enterrement dont je fus le chanteur particulier; mon jeune frère Charles-Emile jouait le manuba, Petits Jeunes à la rue du Centre face au pénitencier national ayant Emmanuel Mérisier comme tambourineur et l'ensemble Satellite au bas de la rue St. Honoré avec Willy Lacroix comme chanteur. Willy se professionalisa en ce sens quelques années plus tard pour se joindre à l'ensemble Sublime d'Haïti et plus tard encore il se fera vivement remarquer comme l'un des meilleurs vocalistes de l'ensemble de Nemours Jean-Baptiste. Ce mouvement n'avait duré que durant les vacances d'été de cette seule année.), Gérard Dossou (fameux gardien de but du Jupiter et du Violette Athlétique Club), Reynold St.Surin aussi de la VAC, les deux frères jumaux: Raymond et Rigaud Lespérance, Jacques Dorcé, Roro Aclock et autres jeunes tels notre ami-compère Georges Bazile, Philippe Jasmin, Wilner et Arnold (tous deux neveux de Sianne) et Jérome (chauffeur) (cinq des plus proches de Pè Gi, toujours prêts à l'assister dans ses déplacements), pour discuter des choses de l'esprit et du même coup, pour savoir ce qui se passait dans le domaine de la musique en général car à l'époque, durant les années 60's, la polémique entre Nemours et Sicot faisait rage. Tout le monde s'y intéressait surtout les jeunes. Outre ceux du Morne-à-Turf, on rencontrait assez souvent d'autres de zones différentes. Nous citons de façon toute particulière nos amis et camarades Jean-Claude Cuvilly, Jean-Claude Cantave, Keshner Berlus, Afner Gilot, Frantz Bernadin, notre cousin Achile

Laguerre, Louis Marvius, Daniel et Jean Desdunes, Jean-Claude et Claude Narcisse, Pierre-Yves (Toto) Charles, Joseph Stéphane, Jacob Mathieu, les frères Lolagne particulièrement Alix, Eddy et Claudy Jean-Louis, François Latour (Polidor), Roland Dorfeuille (Pyram); Clovis St. Louis du groupe musical Les Shleu Shleu condisciple de classes de notre jeune frère cadet Charles-Emile s'y trouvait parfois, et tant d'autres encore. Les multiples noms que nous venons de mentionner ont pour la plupart grandi au Morne-à-Turf. Ils ont tous fait l'honneur de la région. Naturellement nous prions aux lecteurs de nous excuser si nous omettons de citer les noms des très jolies jeunes filles qui ont fleuri la zone. Il faut comprendre que particulièrement à l'époque et suivant les normes relatives à notre culture, il est mal vu qu'une jeune fille s'infiltre parmi un groupe de jeunes garçons en séance de rencontres et de blagues: « Se tifi u ye, sa w'al chèche lan mitan ti gason! » (Vous êtes jeune fille, que cherchez-vous parmi les jeunes garçons!) Elles passaient toutes devant le centre, la tête droite sans même y jeter un regard, voire saluer les copains. La photo souvenir ci-dessous attachée a été prise devant le buste du monseigneur Beaugé sur la place Ste.Anne. Assis, 1ère rangée de gauche à droite: Roland Desdunes, Magloire Beaudin ; et debout 2ème rangée: Djo Jean-Baptiste, Edèz Andral et Socrate Désir.

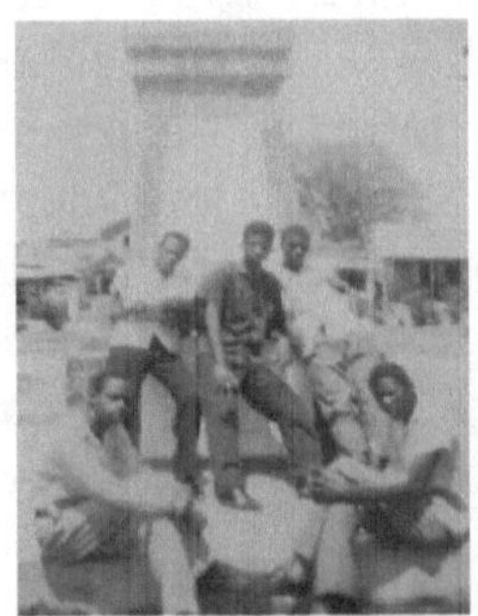

La « Galry Pè Giya » devint le centre propice aux racontars (polemik Nemou/Siko), aux analyses et aux critiques. Et Pè Gi, ami de tous, n'en disait rien. Il gardait toujours sa neutralité. D'ailleurs, les bandes de mardi-gras: Hèmàn, Otofonik, La Fleur, Ti But, Titato, Domino du quartier, Tana, Mereng, La Grande Puissance, Maison Hantée, Nirvana, Tolalito, Yoyo, Dragon, La Ronde du Morne-à-Turf et autres s'arrêtaient toutes devant sa maison à la rue St.Honoré juste pour le saluer à leur passage, n'importe quand et durant les défilés carnavalesques, lui offrant chacun un « oshan ».

Au jour de clôture de cette saison et comme de coutume, le cortège carnavalesque longeait cette dite rue. Point n'est besoin de vous redire combien pour de bon s'affolaient les fans de Nemours et de Sicot: Malashong! Mizik parazit!... Men pa w' vwazen! Olas may... Ala bagay!
- C'est du vrai « mardi gras », pensait Pè Gi...

## Partisannerie et polémique, attitude et réactions

Bien que Paulette soit la sœur de Wébert et de Raymond Sicot, elle fut partisane du konpa dirèk et de Nemours. Or, le public chantait lui-même les inspirations relatant à la polémique. Des relations amicales et autres, il s'en foutait bien. En fait, parait-il, Nemours et Sicot ont toujours été de bons amis même durant cette période. Nous nous souvenons du carnaval « Tu limen » de Nemours où, se réjouissant d'un solo de guitare très appétissant, ses partisans s'inspiraient tous de chanter dans la joie avec des mots tels les suivants:
« Se lan Otofonik Siya (la mère des Sicot) te pran Siko; se sa ki fè l' sòti san sal konsa ». Ce jour, le cortège carnavalesque défilait le long de la rue St. Honoré. Au centre-culturel malheureusement, Paulette y était quand le char du konpa s'arrêta pour saluer le maestro. Elle était contente et très joyeuse. Mais quand les fanatiques entamèrent ce chant d'inspirations, insultant à l'endroit de sa maman, elle s'époumona pour essayer de se retirer tout en pleurant:
- Nemours n'aurait pas dû me faire ça!
- Paulette, lui dit Pè Gi, tu sais combien Nemours t'admire. Qui pis est, tu sais aussi combien il aimait Sia... Ces paroles peuvent ne pas être plaisantes; mais elles sont d'un public fanatique. Elles ne sont et ne peuvent être de Nemours lui-même. A cela, nous en sommes certains. Ne te laisse pas emporter par de vagues et stupides propos d'un public assoiffé de non-sens! Assieds-toi sur la moto près de moi et cesse de pleurer!
Ainsi Paulette se consola tout en fredonnant les inspirations de Kadans Ranpa en réplique au Konpa Dirèk: « Madan Kleman se

pwotestan li pa sèvi avèk balèn… Sispann limen limyè a lan bunda madan Kleman ».
- Ah, voilà ma Paulette, rétorqua François Guignard. Tu as tout compris.
Quand pourtant quelqu'un d'autre essaya de lui parler comme le fit Pè Gi et dans le même sens, elle s'époumona et l'insulta:
- Merde! Cela ne vous regarde pas. Nemours est un grand ami à moi! Et du respect que je dois à Pè Gi, retirez-vous de moi avant que je ne perde mes pieds dans votre cul!

Ce fut toutefois une époque de plaisirs. Nous avions de quoi nous divertir sainement et essayer malgré tout de nous en passer du temps dur du macoutisme, des craintes et des peurs et nous adonner plutôt aux rires, évitant ainsi les obstacles sociopolitiques combien difficiles. Le centre-culturel et son emblème nous a beaucoup aidés en ce sens car François Guignard a toujours été écouté. A part l'histoire énoncée un peu plus haut concernant Paulette, la sœur de Wébert Sicot, nous allons vous faire le récit d'une autre, cette fois impliquant Nemours Jean-Baptiste lui-même; nous en fûmes témoins.

C'était vers 1964, la polémique Nemou/Siko continuait à faire rage. Et l'on se demande souvent plus tard: N'était-il pas une façon au régime en place d'éloigner le peuple de ses vrais soucis de misères et de dictature? A cette grande réflexion, nous en sommes certains: deux, trois carnavals par année… Un mercredi matin de la période de mardi gras, Nemours, visitant Pè Gi, s'asseyait sur la moto du maestro. Point n'est besoin de vous dire les réactions des passants, partisans et non-partisans, admirant la présence de la super-star. Qui pis est, la Simca, voiture-vedette européenne de l'époque que conduisait Nemours, était stationnée juste devant la maison Guignard. La polémique s'étendait jusqu'aux marques de voiture qu'utilisaient les étoiles concernées; tel était le cas de Nemours injuriant Sicot dans l'une de ses chansons:

*W' ashte yon Valiant pu oto prive w'*

*U pa ka peye l', Valiant lan laliyy*
*Kwake l' lan laliyy, yo oblije sezi l'*
*Monshè Malatshong pito w' al' dusman...*
*Malatshong!*

Excusez-nous! En certains cas, certaines expressions créoles ne se traduisent pas. François Guignard et Nemours Jean-Baptiste parlaient de tout et de tout et surtout des souvenirs du passé. Nemours plus particulièrement faisait allusion à son enfance lorsque les deux familles habitaient au Bel-Air à la rue des Fond-forts quand soudain, un voyou non-partisan empruntant mélodiquement le rythme de tambour associé au mouvement konpa exclama à haute voix en chantant: Si si si si sisim... Sim ka ka! Nous devons vous l'avouer, Nemours perdit la raison. Il se redressa de la moto, saisit une pierre pour la lancer après l'intrus qui s'enfuyait à toutes jambes. Oubliant qu'il était infirme, Pè Gi, lui, sauta de la chaise basse sur laquelle il s'asseyait et tira Nemours par la jambe, lui commandant:
- Nemours! Non! Vous semblez perdre la raison!
Nemours Jean-Baptiste fit vite de se contrôler. Et, au tour de Pè Gi d'ajouter fermement:
- Contrôlez-vous, je vous en prie ! Ne vous laissez pas ainsi emporter par le fanatisme! Et que cela ne se répète plus!
Et voilà ! Nemours déposa la pierre mais toutefois ajouta par devant ses admirateurs:
- Il est chanceux et fortuné que Pè Gi soit là. Autrement, je l'aurais assommé à coups de roche-galettes, malandrin qu'il est!
De chez lui étant, constatant une telle scène, notre ami Hugo Jean, partisan mesuré de la Kadans secoua péniblement la tête... Il ne pouvait s'arrêter de murmurer: « Que c'est triste! ». Et de nos jours encore, il s'en souvient. Faut-il bien qu'on soit enfant du Morne-à-Turf et du centre culturel François Guignard pour, d'un tel fait, en avoir été témoin.
- Jusqu'où ira cela, se demandait souvent Pè Gi? Qu'il fut beau, mon vieux temps!

Il fut une époque où cette histoire de Konpa/Kadans selon nous dépassait les bornes et l'on se demandait souvent si, au contraire, de la situation, le gouvernement lui-même n'en fut pas jaloux. Le témoignage que nous allons vous relater semble confirmer notre pensée. En effet dans un pays à caractère chrétien, cela nous avait étonné de voir inscrit en graffiti sur les murs du palais des ministères près du palais national lui-même: *« L'homme dit sans faire, Dieu fait sans dire: Duvalier est un dieu »*... Que de choses! Il suffisait seulement d'entendre citer le nom de Duvalier et voilà, à tort ou à raison, on perdait la tête. Les deux orchestres en polémique l'évoquaient bon nombre de fois dans leurs musiques, particulièrement dans celles dites carnavalesques. A cette époque, Nemours surtout et son ensemble rehaussaient l'éclat le samedi après-midi au Rex théâtre jusque tôt au soir avant de se rendre au night club Cabane Choucoune à Pétionville. Tôt dans leur début, ils performaient au Magic ciné dans une ambiance sélecte. Cependant dans son excès de zèle et ses mouvements à faire montre de ses capacités de grand chef d'orchestre des temps modernes, il creva de ses pieds l'écran de cette salle de cinéma.

- Que de stupidités, avait déclaré François Guignard, Nemours aurait dû avoir honte!

Lui et son ensemble furent donc révoqués et la Magic ciné avait décidé de ne plus jamais entreprendre des activités de ce genre malgré qu'ils fussent rentables. C'était vers 1965 avant que partît vers l'étranger le super guitariste Toto Duval de la Kadans Ranpa au symbole « quatre couleurs », l'atmosphère était très surchauffée. Sa remarquable présence au sein de ce groupe suscitait une certaine jalousie et même une crainte auprès des partisans du Konpa « rouge et blanc ». En un mot, Toto, ses variations et ses solos cadencés constituaient un obstacle difficile à surmonter: « Way Toto... Way Toto! On a même rigolé à ce sujet racontant que la servante de chez Toto qui ne pouvait nullement s'arroger le droit de dire: Way Toto, criait follement de son côté: « Way misye (monsieur) Toto! Way misye Toto! Il fallait donc que Nemours et son groupe fissent quelque chose pour contrecarrer cette percée et avancer. Un seul remède: bon slogan.

Les fans réunis au Rex un samedi, attendaient impatiemment que l'orchestre commençât à jouer pour solliciter vaillamment du groupe l'exécution d'un tout nouveau morceau: « Tèt kanna pa monte sou tab » (On ne présente pas les têtes de canards à table au dîner). A leur grand étonnement, un tonton makut monta sur la scène avant que débuta la performance et déclara officieusement au microphone que: « d'ordre du président de la république, la polémique avait pris fin ». Le dieu ne voulait plus en entendre parler… Nul n'osa exclamer pareille demande dans l'assistance. Et Nemours et son ensemble n'exécutèrent aucun morceau eu égard à la polémique non plus ce soir au Rex Théâtre. En guise de complément, la semaine qui s'en suivit, on entendit jouer à travers les ondes de toutes les stations de radio à la capitale la vibrante composition de Wébert Sicot: « Wi, wi polemik fini, n'ap kontinye fè la bòn mizik. Pou n' ka amize w' piblik a wi polemik fini » (Oui, oui, la polémique a pris fin pour céder la place à la bonne musique). Cet ordre dérivait-il de la manifestation d'un sentiment jaloux? Le peuple, appréciait-il mieux Nemours et Sicot que le prétendu dieu? Un fait certain est que ce dieu aimait changer d'avis pour enfin brouiller les esprits car, la polémique était en sa faveur puisqu'elle divertissait le peuple et lui faisait oublier ses vrais soucis. On lui présentait trois carnavals au cours d'une seule année: carnaval-mardi-gras, carnaval des fleurs ou du printemps et carnaval 22 septembre. Rien de nouveau…

Tous les secteurs de la vie courante furent touchés particulièrement celui de la radiodiffusion et du théâtre en général. La radio elle-même était devenue, en partie, théâtre de comédie. Pour la publicité et la présentation du film: « Y en a marre », un annonçeur osa s'exprimer de la sorte sur les ondes de sa station: « Ce soir, le ciné Paramount présente sur grand écran en cinémascope et en technicolore, un grand film d'action: Y (Igrek) en a marre » énonçant « Y » comme étant la vingt-cinquième lettre de l'alphabet et non comme adverbe. On ne diffusait que les musiques de Nemours et de Sicot, surtout celles louangeant le chef de l'état. Les salles de cinéma pour attirer la jeunesse et en tirer profit présentaient les orchestres en polémique avant les séances, le samedi surtout. Dans ce contexte, un autre annonceur de haute portée et de grande renommée, avait trouvé peut-être la situation un peu trop poussée. Il jugea juste selon nous de la ridiculiser à travers la radio durant la publicité relative à la projection d'un tout nouveau film: « Le trou » au ciné Capitol où performaient de leur côté Webert Sicot et son ensemble: « Du nouveau! Du nouveau! Le Capitol présente ce soir en première partie le super ensemble Webert Sicot et en deuxième partie, le grand film en cinémascope et en technicolore tant attendu: « Le trou », derrière Sicot ». Pensant créole, cela sonnait vraiment mal. Cependant, il sous-entendait tout simplement: « Le trou, suite à la performance de Sicot ». Assis sur sa chaise basse, écoutant cette émission à la radio ce jour, Pè Gi ne fit que murmurer tout bas:

- Oh! D'où vient cette histoire?

Sachant, il faut l'avouer, combien de qualité était cet annonçeur qu'il admirait dans toute sa grandeur, François Guignard paraissait ce jour vouloir exprimer davantage son dégoût de la polémique. D'ailleurs, ces genres de choses ne faisaient qu'augmenter ses prévisions. On l'entendit alors murmurer:

- Tshyiioup… Que de malpropreté! Que dire enfin!... La bonne musique est à sa fin chez nous en Haïti… Qui l'aurait dit! Nous avons si tant travaillé à son bon développement!

Ne pouvant s'arrêter de commenter à ce sujet, il ajouta dans un style algébrique se rapprochant de celui de maître Verna du lycée Louverture:

- Toutefois, selon ce que je crois moi-même comprendre: Musique égale mélodies plus sentiments ou mieux encore, mélodies plus harmonisations. Mais, à penser que musique serait égale à: mélodies plus polémique, l'équation ne serait pas balancée. Un tel fait ne fera que contribuer à son déclin dans un futur proche.

Tôt en 1964, durant la période des dimanches gras, la polémique battait son plein. Raoul Guillaume, victime lui aussi d'une brève incarcération politique, y pensait grandement. A l'encontre de son oncle André Hermantin, il en était sorti vivant. Hermantin possédait une belle voiture-limousine… Certains voulaient à tout prix s'en accaparer. Alors il disparut pour ne plus jamais y reparaître et la voiture devint la propriété d'un makut.

- Pourquoi tout cela, se demandait Raoul? On conprend bien le fanatisme poussé en sport, en football surtout; mais en musique…Voyons! Cette affaire dépasse le cas des deux de nos plus belles équipes du ballon rond: Racing/Violette.

D'un air encore plus pensif, il soupirait:

- Et puis! Et puis! A qui cela profite?

Doué d'esprit artistique et de jugement approprié, il se sentait concerné. Pensant apaiser les membres des deux orchestres en question et surtout rallier pour le mieux les deux maestros, il composa une chanson relatant la radiodiffusion d'une imaginable rencontre de football entre le Konpa Dirèk et la Kadans Ranpa que l'arbitre discontinua sous l'effet d'une forte pluie et sur un score nul: un à un. N'avait-il pas depuis contribué à l'évolution du « rap » (musiques à base de racontage et de bavardage)? Ce dont nous sommes certains, croyant avoir accompli sa mission, il ne comptait point populariser ce nouveau style. Est-ce alors Gesner Henry (Kupe Klue) à travers son konpa manba et ses palabres rythmées? L'appréciation qu'avait connue ce hit poussa les deux groupes à s'entendre sur une vraie rencontre au stade Sylvio Cator le mercredi 8 avril 1964, six jours avant le cinquante-septième anniversaire de naissance du président de la république exerçant un second mandat à partir de 1963. Cela sous-entend qu'on commençait déjà à fêter. Cette rencontre s'acheva comme prévu sous l'effet de la pluie et sur un score nul un à un. Aujourd'hui, nous prenons plaisir à vous dire sans regret que nous n'avions pas assisté à ce « match » … Au lendemain d'une telle réalité d'ambiance, la populace s'affola pour de bon. Ce fut toute une semaine de fête, de bamboches et de plaisirs. Les deux groupes se gonflèrent davantage d'orgueil. Se sentant fier d'être à la base d'une telle popularité, Sicot dans une chanson glorifiant l'occasion se nomma: Pélé d'Haïti. Et Nemours de son côté, pour mieux faire valoir sa forme musicale, alla au-delà de la réalité. Il présenta la sienne qu'il titra : 8 avril, et en profita pour déclarer le « konpa dirèk » à vie. Sans le réaliser, lui et son groupe constituaient un « forum populaire » exhortant la promulgation des désirs dictatoriaux du régime en place. Dès lors, l'originale composition de Raoul Guillaume ne faisait plus écho.

- Grand Dieu, pensait-il! Dire que je comptais seulement apaiser la situation!

Et voilà, deux mois plus tard, le 14 juin, François Duvalier se proclama président à vie. Certes, on en parlait déjà à huis clos, mais sans s'en rendre compte et de façon innocente, peut-être, les deux orchestres en polémique avaient contribué à promouvoir un tel désir… Du moins, leur attitude fut exploitée. De nos jours, on comprend mieux les soupirs de Raoul Guillaume: Et puis!... Et puis! Qui en profite? De ses idées, il en avait sans doute parlé à Pè Gi mais, aucun d'eux n'avait jamais pensé qu'une fraternelle tentative d'apaiser la polémique aurait pu servir de campagne politique.

## Le centre culturel et le football

Chez François Guignard, on discutait aussi de football. Le quartier était doté de son propre club sportif: Jupiter. Sous la direction de Claude Armand, ce club était vers 1960, le meilleur de la ligue de Port-au-Prince. Certains jeunes, voisins de Pè Gi tels: Edgard Silva, Georges Etienne (Ti Jòj), Saintvalé Jean-Louis, Nènè Toussaint et tant d'autres encore habitant la région y étaient membres. Joseph Alisca, propriétaire du plus grand bazar de la zone à côté de celui de Maurice (coin rue Joseph Janvier et rue de l'Enterrement), de Bazar Louverture et de celui de Marcel Mayard (coin Grand'rue et rue St. Honoré), fut le plus grand donateur. C'est lui qui en particulier, faisait don des vêtements d'uniforme pour les joueurs. François Guignard et Edner contribuaient à leur façon. Par ailleurs, parlant d'uniforme, il arriva un jour qu'un joueur d'une équipe opposante au Jupiter tira le short (culotte de sport) de Gérard Etienne, durant une rencontre au stade Silvio Cator et le déchira par accident de la ceinture jusqu'au bas. La

foule enthousiasmée hurlait tout le long de la partie: Jupe-cloche! Jupe-cloche! Cela ne s'arrêta pas là pourtant.
- Jupe-cloche cria un jour un plus jeune du bloc pendant que Gérard lui-même se tenait sur la galerie de Pè Gi!
Il faut l'avouer, notre ami n'était pas de tempérament à tolérer une telle plaisanterie. Le jeune garçon dut s'enfuir à toutes jambes et au maestro de lui dire:
- Pourquoi vous exciter si tant Gérard? Lequel parent appellerait son enfant Jupe-cloche? C'est simplement un nom sportif, mon fils. Cela n'a rien à voir avec votre personnalité. Au contraire, il fait de vous plutôt une étoile. Il en est ainsi de Kupe Klue, Yabut... Ce ne sont pas leurs vrais noms.
Il soupira un peu et continua:
- Vous voyez Marc Elie presque tous les jours ici...
Il soupira à nouveau, mais semblait vouloir être plus précis:
- Oui... Ti Makeli! Celui qui joue à la guitare et qui vient ici prendre des leçons de solfège et d'harmonisation... Il aimerait aussi apprendre à jouer au piano... Ce n'est pas son vrai nom! C'est simplement un surnom sportif... Il joue dans l'Aigle Noir. Certains disent que son prénom est Marc et qu'il est le fils de Elie... Alors, c'est: « Ti Mak pitit Eli ». Je crois que son vrai nom est Antoine et son prénom Max. D'autres disent pourtant que cela vient de l'ordre qu'il reçoit constamment de son entraîneur en football et du public partisan qui lui crient durant les rencontres : « Make li! Make li! ». Allons encore plus loin! Qui aimerait appeler son fils: « Zup Pim »? Alors Gérard, contrôlez-vous!
- De plus, ajouta-t-il, il en est ainsi sur la terre. Bien que ce cas soit différent, je connais même un de nos musiciens qui volontairement rejette entièrement son vrai nom pour adopter un autre de noblesse de l'antiquité haïtienne dont il se dit être de descendance... Et tout le monde en croit. Ce grand nom de famille est parait-il le prénom de son père.
Pensant davantage à ses confrères en musique surtout, il continua pour dire:
- Vous tous connaissez Joe?
- Lequel, Pè Gi, lui demanda soucieusement Edgard?

- Joe Trouillot, répondit-il tout bonnement ! Son vrai nom est Joseph André. Il est fier de dire cela. Il déclare même n'avoir rien à cacher. Selon ce qu'il rapporte publiquement, Trouillot est le nom de sa demi-sœur aînée. Et comme ils étaient toujours ensemble, on les associait tous deux à la même source de paternité d'où Joe Trouillot qui devient son nom populaire d'artiste.
A cela, les deux jeunes n'ont fait que secouer la tête avec surprise et le maestro continua:
- Maintenant au Brésil, il y a un jeune grand joueur international que le monde entier appelle Pélé. De son vrai nom, on s'en fout totalement. On ne s'en souvient presque pas non plus. Demandez-le-moi, je ne saurai que répondre! Pélé ainsi connu est en général l'étoile du football... Un petit dieu! Tout le monde le nomme par ce surnom. Le président Magloire lui-même aimait qu'on le titre: Kanson Fè (Pantalon de fer). J'ai entendu une fois, quelqu'un appeler Estimé: Tèt Chòv à cause de son apparence un peu chauve...
A Edgard de déclarer à son tour et en toute sincérité comme pour appuyer le maestro et montrer qu'il a, lui aussi, tiré leçon de ces préceptes:
- Merci Pè Gi! Nous lui avons maintes fois déjà parlé dans le même sens.
Et jetant un regard cette fois vers Gérard lui-même, il ajouta:
- Mon frère, c'est ainsi que raisonnent et pensent les sages.
- Le cas de Dodo Masséna l'ébéniste en est un autre, s'empressa d'ajouter le maestro.
- Oui..., exclama Gérard avec surprise! Son vrai nom n'est-il pas Ludovic Frémont?
- Bien sûr, répliqua Pè Gi pour conclure! On comprend bien le surnom Dodo qui dérive de son prénom Ludovic mais, Masséna est le nom de famille de sa femme...
Les deux jeunes éclatèrent de rire et ainsi, notre titré se calma. Il ne s'en occupa plus jamais si vrai que, nous du quartier, nous l'appelâmes depuis par ce surnom: Jupe-cloche. Et pour comble d'exemple, comme le marchand de pains se retirait après avoir rationné Sianne, Pè Gi fit vite d'ajouter:

- Ecoutez ceci: Hey Ti Pen!
Tout le monde surnommait ainsi cet homme à cause de ses exclamations d'offre de vente: « Petits pains! Petits pains! »
Le distributeur de son côté, après avoir reçu le payment d'une dernière dette pour laquelle il avait un peu montré sa mauvaise mine la veille, pensait que Pè Gi voulait lui dire tout juste de se retirer… Alors, toujours dans le sens d'attirer l'attention de sa clientèle avec ses palabres francisées, pointillées et surettes, il le fit vite en répliquant à haute voix
- Je m' lanvè maintenant.
Cela sous-entendait tout simplement: Je m'en vais maintenant alors que en créole « je m' lanvè » se traduit: j'ai le regard flou et désorienté.
- Rien ne m'étonne, rétorqua le maestro! Ti Pen parait hélas avoir la folie des grandeurs. Il m'a dit la semaine dernière: « Je n'ai jamais commencé une phrase en français, pu m' fini l' an kreyòl (pour la terminer en créole) ». Il parait souvent vouloir faire rire, mais…
Toujours dans le but de susciter lui aussi le rire et surtout instruire, il s'empressa de leur raconter d'où vient l'expression « ka madan Viktò » (chez madame Victor) caractérisant vernaculairement chez nous le lieu de toilette.
- Il était une fois dans l'antiquité haïtienne, leur disait-il, un certain Victor qui commandait l'arrondissement de Port-au-Prince. Ce militaire était rigide, dur et très autoritaire. Voulant le dénigrer durant une période de carnaval, le grand public se réjouissait en chantant vivement les dimanches gras combien « chez madame Victor » constituait selon eux le lieu propice à « faire ce dont ils avaient besoin » et déféquer.
- Certains jouant aux bègues, continuait Pè Gi, hurlaient follement: « Mwen pral Ka… madan Viktò » (Je vais chez… madame Victor), disant trois fois le mot « ka ». Ah çà, c'était autre chose!
Un agent de police, un dimanche après-midi, arrêta alors un jeune homme qui manifestait sa joie au passage de l'un de ces groupes évoquant la chanson; c'était un élève de la troisième secondaire au lycée Alexandre Pétion. Le détenu se présenta au tribunal le lundi

matin. Le juge, s'exprimant en français, commanda au greffier de prendre des notes et entendit d'abord l'acte d'accusation concernant la présence du jeune. Il demanda ensuite à l'accusé d'expliquer sa position de non culpabilité qu'il comptait plaider. Le jeune alors raconta convenablement en cette langue officielle comment il fut appréhendé pour avoir fredonné une chanson populaire communément appelée: Chez madame Victor (en lieu et place du vrai titre créole: Ka madan Viktò). En effet le juge lui-même pensa que l'acte d'accusation n'avait ni fondement ni valeur. Le jeune avait donc retrouvé sa liberté. Et pendant les jours gras qui s'en suivirent, plusieurs adoptèrent par surcroît le mot « chez » d'où le verbe créole: « she » pour exprimer l'action regardant l'usage de toilettes communément appelées chez nous: « watè ». Et de nos jours encore on continue de qualifier ces lieux comme étant: « Ka madan Viktò » … C'est là qu'on va « she ». Malgré tout, ce mot créole se rapproche bien de son équivalent français: chier.

Les deux jeunes étaient contents d'être au courant de la provenance de ces termes créoles. Ils pensaient avoir beaucoup appris ce jour. Pour comble de joie, Bribrite, le marchand de pâtés le plus connu de l'époque, passait juste devant la maison. Il exclamait vivement en guise de publicité: « Pâtés! Pâtés chauds! Pâtés! Bribrite chéri allo! »
- Bribrite, appela Pè Gi!
Il en acheta six du vendeur et donna un à chacun des deux jeunes. Toutefois, toujours plaisant et dans le but constant de faire rire, il s'empressa d'ajouter:
- Si moi j'étais footballeur, je suis sûr qu'on m'appellerait « Gwo Yayad ».

Notre ami Jean-Claude (Claudy) Viard, faisait aussi parti du club Jupiter avant de s'intégrer au Victory pour une très courte durée car il devait quitter Haïti et rentrer aux Etats-Unis. Il fut aussi arrière-central des Piquets à New York. Nous nous faisons en plus le devoir de vous rappeler que Antoine Cabrol, Jacques Aclock et aussi Ducarmel François (Youyou), trois des plus grands joueurs de la sélection nationale des années 50's étaient membres du club Victory. Les deux premiers habitaient la rue de l'Enterrement non loin de la rue Joseph Janvier et le troisième, la ruelle Carbonne communément appelée: ruelle Ste. Anne. Et bien avant cela, trois des plus anciennes étoiles du ballon rond: Sonson Alerte, Sonson Bonnaventure, Lafleur, habitaient la région. Nos amis et camarades d'écoles Eddy Jolly, Guy François et Jeannot Paul, Fritz Louidhon, Ti Victor (gardien de but du Bacardi), André Boutin (Bacardi), Charmant ainsi connu (aussi grand tronbonniste qui jouait comme invité et à côté de Raphael Daniel comme trompettiste à travers la Kadans Ranpa durant les jours gras), Ti Shoubè, Marc-Antoine Georges furent aussi de la sélection nationale. Ils habitaient eux tous non loin du lycée Louverture. A côté de tant d'autres tels Max Germain, Robin Joseph fils, Dominique Janvier, Gérard Dossou, Nènè Toussaint, Reynold St. Surin, les frères Brau de la place Ste.Anne (tous deux étoiles du Flaman Noir que dirigeait le fameux Chapedon ainsi connu. Cette équipe de la ligue de Port-au-Prince fut aussi du Morne-à-Turf), ces athlètes ont fait l'honneur de la région dans le domaine du ballon-rond.

Un peu avant la construction du stade Silvio Cator, nous avions connu de multiples autres terrains d'apparences plus ou moins régulières, tels: Terrain Fort Sinclair, Terrain Fonderie, terrain «Devant Tribune» et autres. Les joueurs se regroupaient en « équipes de quartiers » pour faire valoir leurs zones et leurs régions. C'était vers 1942, le Morne-à-Turf avait la sienne: l'Arsenal que présidait Gabriel Gay. Un jour, lors d'une de ses rencontres avec une autre équipe, il arriva que le joueur occupant la position d'extrême-droite fut dans l'impossibilité d'y participer. On venait juste de s'en rendre compte. Félix Guignard (Féfé) se trouvait dans l'assistance. Gay, dans son affolement, se souvenant avoir déjà vu Féfé jouer, accourut auprès de lui et lui implora de remplacer le joueur. Féfé accepta et demeura durant une courte période de temps membre de l'Arsenal de la région. Vers la fin des années 50's, on organisait des championnats d'été au terrain Fort Sinclair (terrain Compagnie Electrique). Le Morne-à-Turf était représenté par l'Aigle du Désert et son fameux avant-back Fritz Louidhon aussi super-étoile du Bacardi Club d'abord et plus tard du Racing. C'est surtout à travers le Racing qu'il s'était fait valoir le plus. Blâmé et méprisé un peu par le Racing après s'être fracturé la jambe dans une rencontre amicale à Pétionville, il avait décidé de rejoinde plutôt le Violette peu de temps avant qu'il laissât Haïti. François Guignard s'associait tant bien que mal au Bacardi puisque Antoine Paquit, père de Francisque Paquit chanteur de l'ensemble Murat Pierre, se trouvait chez lui tous les jours. Il était le gardien de but de cette dite équipe de football. Guitariste, chanteur, admirateur proche du Super Modern Jazz Guignard et ami personnel du maestro, il s'y était attaché non officiellement et performait souvent comme invité. Le maestro de son côté comptait sur lui lors des performances « grenn siwèl ».

Cette galerie du Morne-à-Turf constituait dans son ensemble un emblème pour la région tant au point de vue musical qu'au point de vue footballistique et sportif en général. Et, si « plaquer » était un sport évolué et reconnu, François Guignard malgré son handicap physique aurait été l'un des plus grands plaqueurs du monde. Il le pratiquait souvent dans son adolescence. Il ne se considérait jamais infirme.

## Le centre musical François Guignard face à la politique gouvernementale

A l'époque des Duvalier, on n'acceptait pas que les jeunes se réunissent en groupe sous quelle que forme qu'il fût. Malgré certaines tentatives d'espionnage pour sûr et certains, nous étions chanceux, puisqu'on pourrait injustement nous taxer de communistes et nous liquider physiquement. Cela n'arriva cependant que pour des cas très particuliers. Nous avons été sans doute épargnés des arrestations arbitraires grâce à la protection, la popularité et la présence constante de Pè Gi. L'atmosphère était toujours chaleureuse. De ce que pouvait penser ou soupçonner le gouvernement, nous nous en foutions vraiment. Nous étions en notre quartier-général chez François Guignard. Et qui sait, cela avait en un certain sens rassuré ce même gouvernement puisque à haute voix, nous ne discutions que de musique et de football:

- Rien à craindre, chef. Ces jeunes ne discutent que de Nemours/Sicot, Konpa/Kadans et de Racing /Violette, répondit un espion par devant son chef.

- Attention, ne vous laissez pas baffouer pensant qu'ils ne parlent que de polémique et de football… Ils parleront tout bas de politique « men depi w'ap pase » (mais quand vous passez), ils rehausseront la voix exclamant avec enthousiasme: « Yè swa Shaden fè yon gòl! » (Hier soir Chardin a marqué un magnifique but!)

Il soupuira un peu et continua:

- Qu'en est-il de Féfé et Edner?

- Ils en sont les mêmes. Ces deux surtout ne s'intéressent qu'au jazz moderne. Quant au père… « Mizik, mizik… piano… akòdeyon… ranje mont… ranje radyo… se tut wi! Anyen ankò » (musique, musique, piano, accordéon, réparation de montres, réparation d'appareils de radio; c'est tout! Rien de plus.) Ma montre automatique était en panne; c'est lui qui « plop plop » (en peu de temps) l'arrangea pour peu d'argent. Avec un autre horloger, cela m'aurait coûté « tèt nèg » (beaucoup d'argent). Ne vous en faites pas, commandant! J'ai vu Sicot sur la galerie la semaine dernière conversant très… très amicalement avec lui. Deux jours plus tard, Nemours s'asseyait sur la moto comme s'il s'agissait de la siennne. Cet infirme n'a pas de parti pris, lui. Il est un homme très gentil qui ne parle que de musique et surtout, il évite les vieilles discussions et les polémiques. Je n'ai jamais vu Kuri… Mais Jean Fils-Aimé est de la zone. Il passe souvent lui rendre visite, l'appelant lui: Pèpè.

- De la façon dont mourut Guillaume, rétorqua le chef, il a peut-être appris à se taire…

- Quel Guillaume, commandant?

- Arbitre Guillaume de la fédération haïtienne de football au stade Sylvio Cator!
En effet, Faustin Guillaume, Arbitre Guillaume de son nom sportif et commun, habitait la maison vis-à-vis presque celle de François Guignard à la rue St. Honoré. Durant la fin des années 50's, il fut, à côté de Moscova de son nom courant: Arbitre Moscova, de Emmanuel Coicou, lui aussi du quartier et son voisin à une distance de deux maisons, l'un des arbitres les plus connus de la fédération haïtienne de football. Ancien partisan de Louis Déjoie, parait-il, et de tempérament à ne pas pouvoir contrôler ses réflexions, Guillaume exprimait clairement qu'il était anti-duvaliériste. Par prudence et de peur d'être victimes de ses constantes exclamations d'opposant, les gens de la zone évitaient de trop s'entretenir avec lui: « Nèg sa a se kalbas gran dyòl; li se yon danje, yon dyòl alèlè! » (Cet homme parle trop; il est dangereux. Il ne contrôle pas sa bouche!). L'un d'eux arriva même à penser autrement: « Humm! Méfiez-vous en, avait-il déclaré! Il se peut bien qu'il soit un espion au service de ce même gouvernement qu'il critique ». Toutefois, le 26 juillet 1959, jour de la Ste. Anne, Duvalier s'invita à se présenter en l'église de la paroisse pour assister à la messe de célébration. La fête battait son plein; Nemours et son ensemble avaient déjà performé la veille au soir. Après la cérémonie, il décida de marcher à pieds et se rendre chez les Rousseau à l'angle sud-est des rues St. Honoré et de l'Enterrement (cette maison devint plus tard l'édifice de l'établissement primaire connu de la région: Notre Dame de Fatima). Les Rousseau étaient de proches partisans du gouvernement. De la circonstance, il paraissait vouloir en profiter pour s'exhiber, longeant la rue St. Honoré pour se rendre au palais. Il s'arrêta même pour saluer Pè Gi. Remarquez qu'il s'agit là d'une très courte distance. La populace de la zone hurlait de joie et criait: Vive Duvalier! Vive Papa Doc! Vive la révolution! S'élevant sur une hauteur adéquate, la galerie de chez madame Luc, juste en face de chez les Rousseau, et de celle de l'autre maison à l'angle nord-ouest, communément appelée: « Kay Dubi » (maison Douby), constituaient deux de nos principaux lieux de repère pour étudier et

blaguer parfois. Selon ce que nous racontèrent deux d'entre notre groupe, eux-mêmes voisins de Guillaume, qui se trouvaient ce matin sur la galerie de chez madame Luc, l'arbitre, sortant de chez lui à la rue St. Honoré durant le passage du président, ne manifesta aucun enthousiasme face à un tel événement et déclara sans discrétion aucune: « Ce n'est plus la fête de Ste. Anne; c'est plutôt celle de Duvalier! » Deux des miliciens patrouillant la zone entendirent cette réflexion. Ils s'emparèrent de lui. La foule affolée ne s'en rendit même pas compte. Qui pis est, il en fut de même de son épouse qui se trouvait dehors admirant les passants enthousiasmés quand les « makut » passèrent devant sa maison avec son mari. Et Guillaume de son côté, par crainte, n'osa non plus attirer son attention. Nos deux amis coururent chez lui annoncer la nouvelle à madame.

- Madame, on vient d'arrêter votre mari! Ne l'avez-vous pas vu longer la rue en compagnie de deux miliciens?

- Quoi, rétorqua-t-elle, c'est impossible... Je viens juste de le voir passer sans aucun souci et comme si rien n'était avec deux amis selon ce que je crois comprendre!

- Non madame, ce ne sont pas des amis. Ce sont des « makut » qui l'accompagnaient. Votre mari disait ouvertement et ironiquement: Ce n'est pas la fête de Ste. Anne... C'est celle de Duvalier! Hmm!

Selon plusieurs, Arbitre Moscova fut lui aussi maintes fois maltraité par des « makut » lors de certaines rencontres au stade Silvio Cator.

On relâcha Guillaume quelques jours plus tard. Mais il fut à nouveau appréhendé peu de temps après, après avoir arbitré une rencontre opposant deux grandes équipes du ballon rond au stade Silvio Cator. Cette fois, dit-on, un makut voulant prouver son autorité et son pouvoir décida de faire irruption sur le terrain.

- Dehors, lui avait-t-il déclaré de toute son autorité en sa qualité d'arbitre!

Devant l'arrogance et le mépris de l'intrus d'obéir à son ordre de vider les lieux, il s'empressa d'ajouter:

- Là sur ce terrain et durant cette rencontre, je suis le seul chef. Nul ne peut m'instruire. Nul n'a ce droit non plus. Je ne reçois d'ordre de personne ni même du président…, voire vous et vos associés.
Il y eut beaucoup de discussions mais, après la rencontre sportive, ce soir, Guillaume se rendit chez lui et disparut pour ne plus jamais être revu.
- Nous n'avons peut-être rien à craindre d'eux maintenant, continua le grand chef instruisant l'espion, mais qui sait demain! Continuez de les surveiller! Il se pourrait bien qu'il écoute la « radio Vonvon » (émission radiodiffusée d'opposition au gouvernement écoutée clandestinement).
- Non commandant! Pè Gi est trop occupé pour s'y intéresser. Il n'écoute qu'à la musique à travers la radio.
- Et celui qu'on appelle Zara… N'est-ce pas son grand ami? A côté de Joseph Alisca, il fut un proche de Daniel Fignolé durant la campagne électorale… Le saviez-vous?
- Croyez-moi, commandant, ce mulâtre-arabe ne parle que de réparation de radios avec le maestro. Il ne manifeste aucune attitude qui peut prouver qu'il est dans l'opposition au gouvernement. Au contraire, je l'ai vu moi-même se mettre debout et applaudir le cortège du président qui passait près de là. C'est un monsieur calme et très respectueux.
- Voyez-vous souvent Louis Lahens en ce lieu?
- N'est-ce pas Ti Lwi le chanteur de Nemours! Il est là tous les jours, commandant. Il doit être un membre de la famille.
- Savez-vous que c'est lui qui avait composé la musique de campagne de Louis Déjoie?
Et pour bien instruire son sujet des faits, il fredonna vite la chanson associée à cela:

*« Lwi Dejwa, Lwi Dejwa se u menm n' ap met o puvwa (bis)*
*Mwen rankontre w' kiltivatè, mwen mande l' ki mun l' ap vote?*
*Li gade mwen ak kè kontan, li di mwen se Dejwa li vle.*

Et au subalterne de répondre avec étonnement:
- Quoi… Je me souviens très bien de cette sale chanson, commandant, mais j'ignorais qu'il en fut l'auteur!
- De toute façon, comme pour essayer de nous faire oublier le passé et obtenir notre bonne grâce, il chante « vive Duvalier » maintenant à travers notre konpa. Il n'est pas le seul non plus. Retenez tout cela en tête et continuez de surveiller la zone!
- OK, commandant et à vos ordres!

Si notre société gardait un calme apparent durant les premiers mois de la première année au pouvoir du président François Duvalier, les esprits pourtant avaient commencé à se réchauffer tout de suite après l'invasion militaire du 29 juillet 1958 aux Casernes Dessalines. Ce fut apparemment la date de la création de sa milice sous le nom officiel de VSN (Volontaires de la Sécurité Nationale). Cela se comprend car ce jour même, les cagoulards se divertissaient joyeusement à travers les rues de Port-au-Prince tenant en mains différentes parties encore ensanglantées des cadavres des victimes.
- Mon Dieu, pensait François Guignard, qu'adviendra-t-il de nous et de notre futur!
En effet, la situation devenait psychologiquement chaotique et la peur s'emparait de tous. Le son qu'émettait le soir le passage d'un véhicule de catégorie Jeep de la marque DKW que le gouvernement avait fait importer pour services spéciaux, était devenu synonyme de crainte et de troubles. De plus, avoir la peau très claire dès le début de cette période voulait dire tout simplement être déjoiiste ou partisan de Déjoie. Une telle allure reflétait le dégoût et la répugnance par devant les partisans du régime qui émettaient avec dédain leur conception et leur pensée vis-à-vis des opposants ou ceux qui, d'une manière ou d'une autre, paraissaient ne pas tolérer la dictature d'où le qualificatif: « kamoken » tiré du nom du médicament Camoquin, de goût très amer.

- Si tel est le cas, analysait François Guignard, qu'advient-il alors de l'union historique de tous les Nègres: noirs et mulâtres et de notre noble devise: L'Union Fait la Force!
Il y pensait grandement car à part la clarté de leur peau, Edner, son fils travaillait le soir et ne regagnait la maison que jusque vers les trois heures du matin. La situation paraissait se compliquer car, de voyage à Curaçao lors de l'invasion du 29 juillet 1958, il s'était vu, jusqu'au mois de décembre, interdit avec son groupe du Riviera hôtel, de retourner en Haïti à cause de l'interprétation de la musique populaire de Mighty Sparrow: Donkey, traduit en créole par Guy Durosier: « Mashann shabon suple ». Des démarches ont été faites auprès du ministère des affaires étrangères et de la préfecture de Port-au-Prince pour prouver, à partir du disque original de Sparrow qu'il leur présenta lui-même, qu'il ne s'agissait d'aucune insulte émise à l'endroit ni du gouvernement ni d'aucun de ses membres, mais plutôt d'une traduction textuelle de la version originale étrangère chantée et publiée en anglais. Selon plusieurs, cette chanson faisait allusion à un annonceur (l'âne) de la station radiophonique: La Voix de la Révolution qui braillait aveuglément et passionnément des éloges flattantes à l'endroit du chef de l'état (le charbonnier). Depuis, sans que personne ne le sût, Pè Gui avait creusé discrètement sur la porte d'entrée un trou en œil-de-bœuf à travers duquel il avait placé une mince loupe pour pouvoir vérifier le dehors, la nuit quand tout dormait. Il se réveillait toujours vers les deux heures du matin attendant impatiemment que le chauffeur de l'hôtel El Rancho vînt déposer son fils pour ne rendormir qu'après.
- Nous ne pouvons plus, de nos jours, jouir d'une bonne nuit au club « Au Lion d'Or », disait-il tout souriant malgré tout.
Pour rigoler quoique cela, il entendait qu'il ne pouvait plus jouir de son très doux sommeil suivant les normes physiologiques car: le soir, « au lit on dort ».

Un jour malgré tout, arrivé à Lalue, il était passé deux heures du matin, Edner, pensait plutôt marcher à pieds pour se rendre à la rue St. Honoré. Il demanda donc au chauffeur de le déposer au coin du

bazar Au Lincoln. Vraiment il faut l'avouer, l'heure n'était pas propice car la rue était déserte. Au cours de route, passant près de deux hommes, il entendit l'un d'eux déclarer timidement en soutenant son révolver et en jetant le regard vers lui:
- Celui-là a l'air d'un kamoken; j'aimerais l'abattre.
Il a failli perdre connaissance mais se reprit vite quand l'autre répondit tout bonnement:
- Pourquoi vous prendre à lui? Il n'a rien fait de mal!
Dieu soit loué, ils paraissaient ignorer que c'était Edner Guignard associé à l'affaire « Mashann shabon suple ». Et, puisqu'ils faisaient route ensemble tous trois, et suivant les règles de la bienséance, il choisit de les saluer, le sourire sur les lèvres. Toutefois, à l'approche de la première intersection, il leur faussa brusquement compagnie leur disant chaleureusement: « Au revoir messieurs! On se reverra », sans tenir compte qu'il prêtait une direction opposée à la sienne. A son réveil plus tard, il nous fit le récit de cet évènement imprévu et nous jura que quoique tremblant, il était rentré « sec » pour n'uriner que chez lui après trois heures du matin… Pè Gi était là, assis sur sa chaise regardant à travers son œil-de-bœuf.

Cela ne s'arrêta pas là cependant. L'année suivante, Toto Bissainthe avait soumis à Edner le texte d'une autre chanson martiniquaise très en vogue là-bas: *Nèg gen move mannyè.* En effet, le titre original est plutôt: *Buk gen move mannyè.* En Martinique, ils ont tendance à dire « buk » en guise de « nèg ». Et c'est bien au centre chez Pè Gi que venait souvent Toto pour se faire accompagner en guise d'entrainement et de pratique. Elle ne tarda pas à populariser cette chanson à travers le casino international. Les stations de radio de la capitale, à leur tour, la jouaient en guise de « hit ».
- Edner, mon fils, dit François Guignard au jeune pianiste, cette pièce martiniquaise n'a selon moi aucun sens figuré. Cependant, rappelez-vous de ce qui se passa l'année dernière… Faites attention! « *Mashann shabon suple* » a failli vous coûter la prison

politique et qui sait, la vie même peut-être… Les politiciens de chez nous sont méchants et très succeptibles… Hmmm!
Moins de deux semaines plus tard, Toto Bissainthe fut convoquée au palais national eu égard à cette interprétation. Elle se défendit avec souplesse, respect et lucidité et sortit bien par devant le président. Elle lui avait fait comprendre que la chanson n'est pas d'elle et que rien n'avait été changé du texte original martiniquais à la seule exception du mot « buk » du titre. Elle lui avait aussi fait remarquer que le terme « nèg », son équivalent en créole chez nous, signifie plutôt homme en général sans considération de races.
- Combien de fois, excellence, dirons-nous pointant du doigt un Blanc: Nèg saa meshan! (Ce Nègre est méchant!)
Elle hésita un peu mais s'empressa vite d'ajouter:
- Je n'entends point vous l'apprendre excellence. Vous le savez déjà vous-même en votre qualité de l'un des plus rares ethnologues de grande formation que connait la nation.
Toto en sortit largement indemne; le président se sentait réellement flatté. Prétexant malgré tout que nul ne pouvait lui instruire à ce sujet, il interdit qu'on jouât « Nèg gen move mannyé » à la radio. Nul ne s'arrogeait non plus le droit de la chanter en public. Il faut avouer toutefois que la chanson aussi plaisante qu'elle paraissait, était vraiment troublante. Elle ironisait l'aspect tant négatif de notre mentalité de Nègres. Pour bizarre que fut son attitude, n'avons-nous pas entendu ce même ethnologue-président issu du mouvement indigéniste déclarer dans un discours d'occasion à la nation: « Gade m' bliye pale kreyòl! Se Vincent sèl ki te konn pale kreyòl… Mwen pral eseye pale l'. » (Que c'est drôle, je ne peux plus m'exprimer en créole! Vincent fut le seul à pouvoir bien le parler. Je vais essayer d'en faire autant à l'instant même.) Etonné d'entendre de telles paroles d'un président d'Haïti ce jour à la radio, Pè Gi se tourna brusquement vers Edner pour lui demander à voix basse:
- Mon fils, en quelle langue s'adresse-t-il aux membres de son entourage de proches servants si tant analphabètes et ignorants? Borno n'aurait pas dit cela…

Le père du président Louis Borno est français et par-dessus tout blanc. Certains disent que son nom de famille complet serait: De Borno… Il avait vécu à Pointe-à-Pitre, en Guadeloupe avant d'immigrer en Haïti vers 1860. Là, il se maria à Elizabeth Lélia Baude, une négresse. C'est de cette union que naquit Louis en 1865. Fils légitime d'un français, il avait alors la possibilité de se rendre facilement à Paris, faire ses études universitaires en droit pour enfin retourner en Haïti et s'infiltrer dans la politique.
- Edner ne fit que soupirer discrètement: Hmm!
A ce sujet nous croyons nécessaire d'ouvrir une autre parenthèse et rénover ainsi notre mémoire. L'empereur Jacques 1er ne savait ni lire ni écrire; pourtant, il parlait couramment et sans difficulté le langage des Blancs. Suivant notre livre d'histoire d'Haïti, bien que l'acte de proclamation de notre nation fût dit et écrit en français par Boisrond Tonnerre, le fondateur de la patrie s'exprima en créole dans son discours de présentation face au peuple le 1er janvier 1804.

Face à l'exclamation du président Duvalier, nous ne pouvons pas toutefois nous étonner. Combien de fois avons-nous entendu des Haïtiens « natif-natal » déclarer que le créole ne peut pas être une langue. Selon eux, on ne parle le créole qu'en Haïti seulement. De plus ajoutent-ils, c'est un « dialecte » dérivé du français et d'autres dialectes africains. Cela constitue selon nous une double erreur. Nous n'allons pas nous statuer sur le fait que la langue aurait dû être plutôt: haïtien au lieu de créole… Cependant qu'il nous soit permis de leur apprendre qu'on parle le créole aussi à la Martinique, à la Guadeloupe, à la Dominique et même partiellement en Louisianne aux Etats-Unis. Haïti parait-il est le pays de base eu égard à son développement pour avoir été simplement jusqu'au début du dix-neuvième siècle, soit en 1803, le centre particulier de l'économie de la France basée sur l'esclavage dans ses colonies. On ne parle le grec qu'en Grèce; on ne parle l'italien qu'en Italie; on ne parle le chinois qu'en Chine; on ne parle le japonnais qu'au Japon; on ne parle le russe qu'en Russie. Ces mêmes gens les acceptent tous pourtant comme étant des langues… Deuxièmement, une langue identifie culturellement une nation. Les Haïtiens en général et à cent pour cent parlent tous le créole et en font vivement usage. Notez de par ce fait que nous ne le parlons pas à côté de la langue des Blancs non plus puisque chez nous, le revers se manifeste de préférence. Quelques Haïtiens seulement dont cinq pour cent à peine parlent plus ou moins le français. Cette langue nous est donc étrangère. De son usage, quatre-vingt-quinze pour cent de notre population n'en savent rien. Pensant héritage, nous vous prions de nous citer une école datée de la colonisation que nous avaient laissée les Français… Pourtant, cela se diffère dans la partie de l'Est de notre île (République Dominicaine) et à travers les autres pays de l'Amérique Latine autrefois occupés par les Espagnols; ils parlent tous et en général l'espagnol. Il n'en est pas moins vrai de Porto-Rico, actuelle dépendance des Etats-Unis. Le Brésil, ancienne colonie du Portugal, parlent le portugais. Là dans ces pays, s'établit à tous les niveaux la langue de leurs anciens colonisateurs. N'empêche cependant que les amérindiens du Brésil, originaires de nulle part d'autres et concentrés encore aux alentours de l'Amazone, parlent malgré tout le tupi, leur langue maternelle. La France pourtant a doté toutes les siennes, Haïti en particulier, d'un problème linguistique caractérisé par la force du « créole » faussement considéré comme patois ou dialecte face au français.

- Il n'y a qu'une seule réponse à tout cela, pensait Pè Gi: Les Espagnols avaient tant bien que mal pensé à l'éducation à travers ses colonies. Les Français en faisaient peu cas. Et de nos jours, nous en payons amèrement les conséquences.

De notre côté, nous dirons que la France s'intéressait tout bonnement à s'enrichir de l'esclavage et non à éduquer ses sujets qui équivalaient aux singes comme l'entendait leur philosophe Voltaire. Pensez aussi que la grande majorité de Français qui vivaient à travers les Antilles était des indésirables, des évadés de prison, etc. Le voyage par bateau de la France à Saint Domingue durait lors plus de deux mois. Qui au seizième et au dix-septième siècles laisseraient l'Europe, particulièrement les filles, pour immigrer dans les Antilles? Pensez-y bien! Il s'agissait en ces temps de dépravés pour la plupart... Gloirifions Pétion et Christophe d'avoir contribué au développement de l'éducation en Haïti quoique le français fût à sa base. Ils ne pouvaient en faire autrement; les ouvrages étaient en français et de nos jours encore, il en est ainsi. Nous rendons hommage à Pétion en particulier pour la construction de l'une des premières écoles de la république: le lycée Pétion. Cependant, ne vous en déplaise compatriotes, cette fierté que Haïti soit un pays francophone parait malgré tout et selon nous peu vraisemblable. Troisièmement, n'est-il pas vrai que le français lui-même dérive du latin? Dans l'ancienne Gaule qui de nos jours constitue la France, les habitants parlaient différents dialectes. Compte tenu de la conquête de la région par César, le dialecte francien parlé dans l'île de France qui fut le centre gouvernemental de la Gaule se développa à côté du latin lui-même et devint avec le temps: le français. Alors, pourquoi le créole ne peut-il pas être une langue face aux autres qui elles aussi furent toutes la proie aux développements et aux transformations? Pensez-y frères et travaillez à son évolution autant qu'il constitue le langage primordial du peuple! A l'encontre de Duvalier, bien qu'il fût celui qui officialisa sa pratique, nous n'oublierons jamais comment nous exprimer en notre chère langue créole: « Lang manman n' ak papa n' » (notre langue maternelle). Toutefois, disons qu'un tel moyen de communication générale haïtienne nécessitera, à côté du français, plusieurs décades de développement. Cela ne pourra nullement se faire du jour au lendemain... Il faudra à cette langue du temps pour bien se structurer, avoir une grammaire définitive, des auteurs d'ouvrages instructifs de lecture, d'histoire, d'arithmétique, de mathématiques, de chimie, de géographie, de physiques, de sciences sociales, de droits et autres, propres à elle-même. Cela est-il possible? Nous constatons avec tristesse, frères, qu'au point de vue de l'éducation surtout, le pauvre pays est en train de s'envelopper au lieu de se développer. On se le demande encore: Cela est-il possible?

- Que de tribulations, pensait François Guignard faisant allusion à toutes ces drôles de choses! Une simple histoire d'interprétation linguistique aurait pu coûter la vie à Toto Bissainthe. Mes fils peuvent en être victimes un jour… Que Dieu les garle et soyons pour cela vigilants!

Pensant davantage à nos façons d'agir et de penser, qu'il nous soit aussi permis d'apporter certains points de vue quant à l'alphabet de notre belle langue toujours en développement, comme toutes les autres d'ailleurs; le français n'en est pas exempt. C'est pourquoi il existe une académie française. Compte tenu de son alphabet et de sa syntaxe, le créole (haïtien) est à notre connaissance l'une des langues les plus simples au monde. Sa simplicité constitue sa beauté. Lun de ses aspects les plus viables est que, à part quelques adjectifs qualificatifs, il fait peu cas de la différence entre le masculin et le féminin; exemple: « Nèg saa rize, li vòlè, li visye, li reselè, li mantè/ Fanm saa rizèz, li volèz, li visyèz, li reselèz, li mantèz ». Ces adjectifs qualifient surtout les aspects négatifs d'êtres humains; pourtant et généralement: yon bon vye nèg/ yon bon vye fanm; yon bèl gason/yon bèl fanm; yon bon gason/yon bon fanm. Il en est de même du pluriel: Yon kôb/de kôb; yon zwazo/kat zwazo. Quant aux verbes, ils ne se déclinent pas. A la seule exception de « se » (être), ils gardent leur forme infinitive: Mwen ale, u ale, li ale, nu ale, yo ale. On n'a qu'à ajouter des termes particuliers de conjugaison pour qualifier les temps: présent, passé, futur etc (Mwen wè, mwen te wè, mwen ape wè, mwen a wè). De plus, les pronoms personnels pluriels vous et nous se confondent tous deux. Le ton de la voix et les gestes seulement les distinguent. « Nu shante byen » se traduit: Nous chantons bien ou vous (pluriel) chantez bien. Essayons de le garder ainsi. En général et à part les exceptions, pour mettre un mot au pluriel en français on ajoute une « s »; les mots qui se terminent avec une « e » sont d'ordinaire féminins; devant un mot masculin on met l'article le ou l' s'il commence avec une voyelle et la s'il est féminin. Le même français pourtant nous présente: la ou une fois, féminin singulier qui s'écrit comme étant au pluriel avec une « s »: « Je chante une fois de plus » ( M' ap shante yon fwa ankò). Le foie, l'organe animal est masculin; il s'écrit avec une « e » tel un mot féminin: « Le foie est un organe vital » (Fwa se yon ògàn enpòtan lan kò nu) et la foi qui est synonyme de croyance est un mot féminin; il s'écrit sans « e » tel un mot masculin en comparaison aux autres à même prononciation: « J'ai la foi en Dieu » (Mwen gen fwa lan Bondye). Remarquez que dans ces trois différentes phrases créoles, face à leurs équivalences françaises, l'ortographe du mot « fwa » compte tenu de sa prononciation reste la même. Pourtant dans chacune d'elles, il a un sens différent, net et clair. De par ces simples exemples parmi les multiples, nous réalisons que la langue française grammaticalement se contredit elle-même certaines fois. Evitons cela à travers la nôtre! Il n'en est pas moins vrai de l'anglais: now (prononciation: naouuu...) face à: low (prononciation: lo). To, too, two se prononcent tous les trois « tou ». La règle la plus générale de l'alphabet créole est la suivante: « Shak lèt gran mun lakay li ». Partant de cela, nous utilisons la lettre « k » pour le son « kappa ». Pourquoi utiliser alors la « c français » seulement pour l'associer à la « h » et obtenir le son « ch » comme dans « chyen »? A l'instar de l'anglais pour un tel son nous aurions dû plutôt utiliser la « s » comme dans « she » (elle), shell (coquille), shadow (ombre), share (partager), ship (navire), shit (excrément), shame (honte), etc. Félicitations aux groupes Shleu Shleu et Skah Shah pour avoir fait choix d'une telle orthographe!

- Djo, me demanda un jour Pè Gi, j'ai vu des gens écrire le « moi » français: « mouin » en créole, qu'en pensez-vous?

Cet autre cas est en réalité confus. Pour éviter l'usage de l'accent pointillé, la lettre « u » ne fait pas partie de l'alphabet créole. Elle n'existe donc pas. Pourtant, on l'utilise après la « o » pour obtenir le son « ou » français. Il s'en suit que personne ne peut épeler « ou » en créole parce que, il n'y a pas de son pour la « u » en question. Les langues africaines pour la plupart prononcent cette simple lettre avec ce son français « ou »: Zulu, Mobutu, etc. D'autres de la catégorie greco-latine tels: l'espagnol, l'italien, le portugais en font de même: Tu eres (tu es), la luna (la lune), dulce (doux), nunca (jamais) etc. Alors, pourquoi en créole devons-nous éliminer cette lettre qui en fait ne se prononce pas, mais l'utiliser quand même en la combinant à la « o » pour obtenir le son « ou »?

Quant à moi, je ne ferai plus usage de la « c »; je n'écrirai plus « chyen » mais bien « shyen ». Je n'écrirai non plus le son « ou » en créole; il est français. Je ferai plutôt usage de la lettre « u » comme faisant partie de notre alphabet, puisque à elle seule, elle renferme le son qui convient: « Nu pa shyen fu pukisa nu tuju vle jwe lan labu? » L'alphabet créole aurait dû être: a, b, d, e (é français), f, g qui à elle seule détient le son gamma (Pè Gi au lieu de Pè Gui), h, i, j, k, l, m, n, o, p, r, s, t, u (ou français), v, w, y, z (23 lettres). Remarquez que la lettre « q français » n'existe pas; on écrira: « kesyon » pour question. Il en est de même de la lettre « x »; exiger s'écrira: « ekzije » et le nombre dix: « dis » tout court. A part les sons particuliers: an, on, en (in français), « shak lèt granmun lakay li » et au cas où nous aurions besoin de prononcer la « e » à la française, nous la ferions suivre d'une « u » comme dans Shleu Shleu. Mais, après de telles analyses, pourquoi suis-je obligé d'écrire ce texte en français? De nos jours encore, à part le niveau d'analphabétisation qui est très élevé, rares sont ceux qui s'intéressent à lire un livre écrit en créole. Je suis sûr alors que peu de gens en feraient cas: « Sa se sèten ».

François Guignard vivait lors dans un monde de crainte. En effet, vers 1961, Félix performait à la Martinique. Il avait laissé le contrôle de l'orchestre Riverside d'Haïti à Edner, son jeune frère. Pour s'être révélé musicien de poids et de valeur en cette province de France, il s'attira la jalousie d'un de ses collègues haïtiens qui malicieusement fit parvenir à Luc Désir une fausse dénonciation à savoir que Féfé s'entretenait avec des membres de l'opposition à l'étranger et prêchait la chute probable de Duvalier au mois de juin de l'année en cours.

- Mon Dieu, s'écriaient François Guignard et Sianne après en avoir été au courant! Que de persécutions! Notre monde musical est à l'envers. Il se détériore. Plus de fraternité!

Ce n'était là qu'une sorte de manifestation continue d'un certain sentiment de jalousie. Avant de laisser Haïti, alors qu'il dirigeait l'orchestre Riverside performant sur le compte du casino, Féfé avait rejeté la demande du frère du dénonciateur en question

d'orchestrer un thème musical et d'autres musiques pour son groupe. Suite à cela et à qui de droit, il fut déclaré comme étant un kamoken. Tayfè, makut de renommée, vint un jour le chercher pour qu'il l'accompagnât au palais, d'ordre de Luc Désir. Le pianiste qui conduisait sa propre voiture ne voulait pas se rendre en ce dit lieu de convocation. Il joua le « tout pour le tout » usant le style « kraponnay » (bluff) et déclara vouloir plutôt se rendre d'abord auprès de Luckner Cambronne, son superviseur, celui pour lequel il travaillait. Selon ce que l'on croit comprendre, Cambronne lui-même était lors administrateur et directeur en chef du Casino International, un poste plus élevé que celui du directeur courant et normal. Assis à ses côtés, Tayfè qui l'accompagnait paraissait douter de la simplité de l'affaire. Le terme « travailler pour » pouvait réellement en dire long dans ce contexte.
- Toutefois, jugeait-il, Luc Désir ou Luckner Cambronne… Même affaire: « senkant kob ak de guden »; tous deux, deux grands chefs, ceux à qui je dois faire des rapports.
Arrivé au bureau du directeur-administratif du casino pourtant et à son grand étonnement, le pianiste fut reçu chaleureusement. Le chef, après avoir entendu les causes de leur visite commanda à Tayfè de laisser tomber le tout. Et en guise de sécurité, il ordonna à trois policiers d'accompagner Féfé chez lui. Le subordonné s'était alors retiré bredouille.

Les autorités cette fois voulaient activer le retour de Félix Guignard dans le pays. Ils entendaient le capturer à l'aéroport même, dès sa descente d'avion. Pensant pouvoir réussir, ils ordonnèrent la mise en observation de son épouse. Elle fut contrainte à se présenter au bureau de la préfecture de Port-au-Prince et y rester assise sur un banc de huit heures du matin jusqu'à quatre heures de l'après-midi. De la Martinique étant, Féfé trouva la situation troublante et indésirable. Le cas paraissait réclamer sa présence en toute urgence. C'était justement le jeu psychologique que manigançaient les autorités. Toutefois, sur les conseils de son père, il n'avait pas fléchi et ne rentra pas en Haïti. Des démarches furent activées en haut-lieu et le préfet lui-même,

se sentant fatigué de cette affaire, laissa tout tomber après huit jours consécutifs de convocation à l'endroit de Marie-Denise (Dodo) Guignard, née Emmanuel, l'épouse de Félix qui lui de son côté ne se montra jamais.
- Edner mon fils, répétait depuis François Guignard, faites attention! Ne vivez plus en rêverie! L'orchestre Riverside fait des merveilles il est vrai mais, les succès entraînent souvent la jalousie. Comprenez que vous n'êtes pas à votre place, chez vous! Faites de votre mieux pour laisser, vous aussi, le pays! De ces malpropretés, nous en avons assez!

Ce soir de l'enlèvement de Guillaume après son arbitrage de la rencontre de deux équipes de football au stade Sylvio Cator, Pè Gi entendit le bruit du moteur d'un DKW s'éteindre. Il courut regarder à travers son petit trou secret, son œil-de-bœuf, son hublot, sa vigie nocturne. On sortait avec l'arbitre, un voisin qu'il ne revit plus jamais. On nous affirma qu'un « juda ti zorèy » (personne à la vision doublée et à l'ouïe fine, bien souvent calomniatrice) avait déclaré avoir rencontré une femme employée au service attribué à la couture au pénitencier national qui lui disait avoir entendu un jour quelqu'un l'appeler en cette enceinte. La dame elle-même était une vieille amie de Guillaume. A une distance de quelques vingt-cinq pieds, elle avait tourné la tête pour voir le détenu descendre lui-même son caleçon en guenille et tâché de sang et lui montrer son pitoyable état:
- Une Telle, regardez!
Injustement et sans mandat aucun, on s'était servi de son arrière-plan comme terrain propice aux rencontres de « base-ball » en lieu et place de celles de football. Et comme il n'y avait ni balles, ni arbitre, ni juges de touche lors des rencontres et que les maillets de bois rataient tous les coups, les joueurs ne frappaient donc que le sol! « free-base ». Les profondes déchirures et les plaies étaient visibles. La dame de son côté, évitant d'être soupçonnée de relation quelconque, l'avait complètement ignoré faisant semblant de ne pas le connaître. Elle avait vite fait de retourner la tête et d'allonger anxieusement les pas pour ne plus jamais passer dans

cette section du pénitencier national. Dieu avait entendu ses prières; elle n'avait jamais revu Guillaume non plus.

- Quel mauvais souvenir, soupira un jour François Guignard jetant un regard sur la maison en face de la sienne! La faculté d'appréciation est celle qui nous manque le plus... Guillaume, n'en déplaise certains, fut l'un des meilleurs et des plus disciplinés arbitres de l'histoire du football en Haïti.

## Centre de tous les musiciens et artistes

En ce centre, Louis Lahens (Ti Lwi ou Luisito) de son vrai nom Luis Pavon s'y trouvait particulièrement jours et nuits. Certaines relations familiales l'unissaient aux Guignard. En effet, Justin Thomas, le mari de Anne-Marie était son proche cousin. Les deux avaient grandi ensemble à Cuba avant de venir résider en Haïti. On y trouvait aussi: Nemours Jean-Baptiste, Wébert Sicot, Gérard Dupervil, Jules Dougé, Pierre Blain, Pierre Riché (Chéché), André Delmas, les frères Dorlette, Michel Desgrottes, Francisque Trenard, André Toussaint, Joe (Trouillot) André, Charles Dessalines (de son vrai nom Antoine Charles), Kesnel Hall et Willy Becker et Gervais ainsi connu (trois fameux trompettistes de l'orchestre Riverside d'Haïti, trois des meilleurs de chez nous), Roger Henry marié à la sœur de Wébert Sicot, Auguste Durosier, son jeune frère Guy et son épouse Madeleine, Philippe Quiero Que ainsi connu (Célèbre batteur de Raoul Guillaume et son groupe; il fut, à côté de Félix Guignard comme accordéoniste, l'invité d'honneur du groupe El Rancho de Edner Guignard dans la réalisation de son disque de promotion en 1960. Nous devons vous signaler que le groupe lui-même ne se servait que d'un tambour comme fond rythmique. Sur les conseils de son père, le jeune maestro avait jugé nécessaire de faire ces additions pour la circonstance.), Baratho Destinoble, Luc Jean-Baptiste, Iphares Blain, les frères Guillaume, Raoul et Roland, Victor Flambert, André Hermantin et son frère Georges, Leconte Vilvalex, Wilfrid Casimir, Bèbè et Ino ainsi connus, tous deux membres du trio Anilus Cadet, Bibiche le batteur ainsi connu, Paul Anson le consignataire d'enregistrements musicaux le plus cité de l'époque, Sonson Bastien, Frank Brignol saxophoniste du tout début du konpa Dirèk, Frantz Casséus, les Duroseau en particulier Tonton, Joseph, Kretzer, Richard, Frank, Mozart, très proches de Edner, Marc Elie (étoile du football haïtien et guitariste de la Kadans Ranpa. Son vrai nom reste peu connu), Camille Abraham, Jean Antoine dit William saxophoniste, Fritz (Toto) Duval, Raymond Gaspard, André Dérouleau, Willy Lacroix (chanteur-étoile du groupe konpa de Nemours Jean-Baptiste est fils du Morne-à-Turf), Yvon Villason (chanteur d'occasion du même groupe est aussi de la région), Emmanuel Jabouin (dit Thalès) et Walter Thadal tous deux trompettistes originaux de l'ensemble Aux Calebasses de Nemours Jean-Baptiste, Willy Frédérique (Gwo Wili de l'ochestre des casernes Dessalines, trompettiste de Titato qui devint plus tard maestro du Jazz des Jeunes), Max Prudent (l'un des meilleurs jeunes chanteurs de l'époque des débuts 60's mais peu connu vu le développement de la polémique « konpa /kadans ». Il chantait parfois avec le groupe Raoul Guillaume), Louis Télémaque (Télé), maestro William trompettiste, Alphonse Simon, l'un des grands et meilleurs trompettistes de son temps, Kettler Delyle (saxophoniste de l'ensemble Pierre Blain, de l'ensemble Massacre, de l'ensemble Nerette, du groupe Sublime d'Haïti et du groupe carnavalesque Yoyo; aussi joueur de scie et artiste-peintre), Ansy Desroses, Emilio Gay, Fritz Pierre, Roger Guerrier, Raymond Pinchinat, Hilario Dorval (Dorval avait laissé Haïti pour rejoindre la Sonora la Matancera hors de Cuba vers la mi-60's), les frères Max et Dante Pierrot, Gesner (Nènè) Domingue et son cousin Yafa, Jean Moïse (trompettiste de St. Louis de Gonzague), Bayard (Pè Baya, hélicon), Jean Séjour, Charmant ainsi cunnu (trombonniste), Anilus Cadet (l'un des troubadours les plus populaires des années 40's et 50's), Bellerive de la rue de la Réunion et Rigal Jean-Baptiste (notre cousin) devenus tous deux guitaristes de l'ensemble Sélect de Kupe Klue, Dodo Bossu ainsi connu et Fred Altidor tous deux guitaristes habitant la rue de la Réunion, Augustin Fontaine, Fritz Ferrier, Frank Cayo (l'un des premiers guitaristes de Kadans Ranpa est père de Tiplim), Serge Matelli (chanteur principal du groupe Raoul Guillaume. Haïtien d'origine italienne, il habitait le quartier à la rue de l'Enterrement), Duverger (père de Antoine Duverger, trompettiste de la bande carnavalesque Mereng Ti Charles), les frères Dor: René et Ferdinand et leur cousin Emmanuel Mathieu (Ils avaient fondé ensemble le trio du même nom qui se transforma plus tard en Quinteto des Jeunes avant de devenir le super Jazz des Jeunes. Par ailleurs, le Jazz des Jeunes lui-même est originaire du Morne-à-Turf. Les frères Dor sont des cousins aux Guillaume) et leur père Joseph Dor (Pè Dò), Dòdof et Jean Legros (oncles de Dadou et de Tico Pasquet, ils formèrent vers 1954 avec Féfé Guignard et autres, le meilleur groupe troubadour classique que nous eûmes connu), Murat Pierre (du quartier), Silvera Decossa (Tira), Mercène Mirvil, Douyon ainsi connu: l'un des rares guitaristes de style hawaïen et membre de Kadans Ranpa, Antoine St.Aroman (major-jonc), Emérante Dépradines, Lumane Casimir, les frères Dussèque: Raymond, Jacques et Gérard, Edeline Déjean, Kettly Lafont (du quartier), Althée Riviera (chanteuse originale du Jazz des Jeunes à l'encontre de Lumane Casimir qui fut celle de « Haïti Chante », une section du même ensemble. A ce sujet, Louis Carl St.Jean a parfaitement raison dans ses analyses.), Ti Roro, Lamartinière Jasmin (Yéyé ainsi connu, père de Philippe Jasmin du groupe-trio Les Picverts), Jean Benjamen, Jean-Claude Félix, Ernst Letemps, Louis Denis « Kukul » (Ce fameux et super batteur de l'orchestre du Riviera Hôtel, habitait aussi le quartier, à la rue St.Honoré), Michel Pressoir (rue Champ de Mars et chanteur du groupe de l'hôtel El Rancho sous la direction de Edner avant son passage à travers le groupe konpa de Nemours), Claudy Jean (frère jumeau de notre ami Claude), Emile Volel (second chanteur de l'orchestre Riverside d'Haïti), Monfort Jean-Baptiste (bassiste, frère de Nemours qui habitait non loin, à la rue de la Réunion, près du palais de Justice), Jacques Paul Augustin (mieux connu sous le nom de Titin, trompettiste et bassiste-hélicon. Jacques notre beau-père, ancien sous-officier du garage des FADH, fut l'un des amis du quartier les plus proches de Pè Gi), Hilarion Hilaire (l'un des plus grands batteurs de l'époque, oncle de notre ami-frère et compère, condisciple de classe Hugo Jean. Hilarion fut aussi l'un des rares confectionneurs de tambours à Port-au-Prince. Il était pour cela connu de tous les groupes musicaux de l'époque et même de l'étranger parce qu'en ces temps, les tambours haïtiens étaient très recherchés comme étant de grande valeur. Hilarion fut un temps batteur du Jazz Guignard. Il fut très remarquable jouant sa batterie sur laquelle s'inscrivaient ces mots: *« Libre Penseur »*. A côté de ses différentes sœurs, Hugo, son neveu, est l'unique garçon de monsieur et madame Vallières Jean du même quartier à la rue St. Honoré), Augustin Bruno, Serge Lebon, Charles-Paul Ménard, Joe Lavaud (Ti Djo, le fameux chanteur du jazz Atomique, du Cojunto International, de l'ensemble du Riviera Hôtel et de l'orchestre Riverside d'Haïti qui laissa des souvenirs inoubliables dans nos archives musicales), Eddy prophète, Léopold Molière dit Yoyo, Gérard Thézan du quartier, (chanteur du jazz Murat Pierre, Thézan devint plus tard, à côté d'André Dorismond, le second chanteur de Kadans *Ranpa*. Ami d'enfance et de quartier de Edner et de Philippe Jasmin, le frère de André: Carlo Dorismond et sa femme habitaient le même bloc, à côté de la maison de Antoine Zara, l'un des amis et voisins les plus proches de François et de Sianne, non loin des frères Jeudy et de Pierre Lissade. Pè Gi et Antoine discutaient souvent de données physiques devant les aider à réparer les appareils de radio. Ils étaient tous deux doués de ces principes), Raphaël Daniel de la MBC, aussi trompettiste, marié à Jacqueline Béliotte du quartier, les frères Bastien, Colson Augusma de la « Radio Caraïbe » et principal annonceur du Jazz des Jeunes durant ses performances et bien d'autres y venaient visiter Père Guignard, Ti Giya comme certains musiciens l'appelaient. S'il fallait en compter ou en citer d'autres, on n'en finirait jamais. Ce fut le quartier général des musiciens, des artistes et ceux en quête de savoir et de connaissance y appropriés. Il fut le lieu de loisir de Hiberman Dyòl Fwamu ainsi connu et de Dieudonné Alerte en particulier surnommé à sa juste apparence: Dondonn Dyòl Bòkè qu'il ne faut pas confondre avec Dodo Dyòl Bòkè, trombonniste et ferblantier, confectionneur de son propre trombone qui fut autrefois exposé au musée national. Il visitait lui aussi quelquefois Pè Gi. Ce Dondonn dont nous parlons habitait non loin, à la rue de la Réunion. Il était un homme très éduqué, ancien élève du lycée Alexandre Pétion peu après la période de l'occupation américaine. Il aurait pu vivre aisément de la rentabilité de ses quelques maisons dans la zone; malheureusement, il était devenu fou. Mais n'ayant pas toutefois complètement perdu sa lucidité, il gardait encore le goût de l'appréciation et de celui du beau. Il se donnait pour titre d'abréviation: DAAC (Dieudonné Alerte Acteur Comique); d'ailleurs ce qualificatif était visiblement et fièrement inscrit sur la porte de sa maison. On ne se lassait jamais d'écouter plusieurs fois ses mêmes blagues et ses souvenirs d'exploits vécus à travers les parcours de la bande de mardi-gras et de carnaval « Mereng Ti Shal ». Ses récits tel le suivant étaient mélodiques:

*«Sa li ye! Sa li ye yeye!*
*Do welekindo lekin,*
*do welekindo hmm (bis)*
*Jacqueline chérie,*
*Tu connais mes affaires.*
*Pa ban m' gwo g……yad,*
*Ti mun onz an mwen ye;*
*Mwen lekòl tuju,*
*M'ap fè sètifika ».*

(Nous vous invitons à essayer de comprendre vous-mêmes de telles exclamations comiques. Elles sont selon nous, purement créoles et ne se traduisent pas. Elles ne s'expliquent pas non plus à travers des écrits). Edner souffrait autrefois d'un kyste au centre de son front. Un jour vers 1961, il avait finalement décidé de se faire opérer. De par ses paroles, notre ami est de caractère «grand vent, peu de pluie». Ce poltron a toujours peur d'entendre parler de chirurgie quelconque. Mais on commençait par le surnommer: « Edner, maestwo bul lan fon (maestro au front de boulette) ». Alors! Il fallait qu'il prît enfin cette décision. Quand le jour suivant Dondonn arriva au quartier général, il s'écria vivement: « Sali ye, yeye! » (Que de nouveauté!) Nènè, tu as enfin enlevé la « boule » … Bravo! Moi, j'ai été, l'autre jour, voir un médecin d'origine allemande concernant les coins de ma bouche… Ce grand homme de science m'a dit que, contrairement à ce que pensent les gens, ma maladie n'est pas grave du tout. Elle s'appelle: « perlèche bridouche ». En effet, à part le mot « bridouche » qui dérive apparemment du mot français bride, on voit très bien que ce terme traduit pour sûr et certain: « dyòl bòkè ». Plusieurs de ses blagues pouvaient aisément nous inviter à comprendre le passé et mieux l'analyser. Nous en riions à perdre haleine. Il fut un grand ami de François Guignard. Tout le monde l'admirait. Théodore Beaubrun, (Langlishat) l'un des plus talentueux de nos comédiens les plus connus, s'arrêtait parfois à la rue St. Honoré pour saluer Pè Gi. Il en était de même du grand diseur Maurice Sixto. Là aussi, on rencontrait souvent Ti Lolit dans ses séances publiques d'homme au grand appétit. En ce centre et sur la galerie, il avala une fois, l'un après l'autre et en dansant, six biscuits « Gwomit » sans les mâcher et sans s'étrangler. Alfredo Moreno de son vrai nom Alfred Jean-Louis y faisait escale parfois animant l'ambiance autour des jeunes du lycée Louverture. Il pensait toujours n'avoir pas été compris des jeunes filles qu'il avait souvent aimées. Pour avoir survécu ce malaise, il se considérait être: l'homme à la poitrine de fer et au cœur d'acier. Et quand parfois le besoin de fumer se faisait sentir et qu'il était dans l'impossibilité de s'acheter des cigarettes, il attendait l'arrivée d'un ami proche pour lui dire tout simplement: « Un Tel, je suis désargenté… Pouvez-vous me donner une couche d'argent? » En se retirant toutefois après séance, il n'oubliait jamais d'énoncer cette phrase caractérisant ses valeurs: «Il a fallu qu'Alfredo s'en allât pour que la paix revînt / subjonctif imparfait!». Ti Dòk, un ancien infirmier de l'armée, s'arrêtait parfois au centre. Il était celui à qui on faisait appel pour les soins d'infusion (injections de pénicilline et de vitamine B-12 surtout) et autres légers traitements médicaux. Le Morne-à-Turf fut aussi la région de Pobiswit, de Ti Lik ainsi connu, de Alfred Célestin et du plus jeune Serge Rodriguez. Ils furent jusque vers 1960, quatre des plus grands

« frappeurs » de l'Otofonik et des autres groupes de « mardi-gras» à Port-au-Prince. Ils s'exhibaient artistiquement esquivant les coups visant le cou communément appelés « gagann ». Se tenant ferme sur les deux pieds ils se balançaient en arrière, le dos touchant presque le sol, pour se redresser rapidement et, avec aisance frapper en retour l'adversaire. D'eux, on en parlait beaucoup surtout durant la période des jours gras.

Leconte Vilvalex, chanteur de l'orchestre Citadelle habitait trois maisons avant la résidence de François Guignard. Parmi ses chansons les plus en vogue, on retrouve: Shubulut, Rosita et Ne m'abandonne pas, où il implore son amour, chantant douloureusement: *« Ne m'abandonne pas, mais sois à moi car mon cœur te réclame!... »*
- Ala shantè krye pu fanm, papa, se Lekont (Oh! Leconte ne chante que pour pleurer les femmes), murmurait ironiquement souvent Pè Gi! Il doit souffrir d'un mal d'amour.
On peut dire avec certitude que François Guignard aussi bien que ses deux fils: Félix (Féfé) et Edner ne montraient aucun signe d'égoïsme puisqu'ils partageaient leurs connaissances musicales avec tout le monde, sans distinction de classe, de couleur, d'appartenance religieuse ou politique.

Le philosophe Voltaire entend que la somme des maux l'emporte sur celle des biens et si selon Rousseau l'on comprend que l'homme soit un être raisonnable, le contraire se manifeste souvent parmi ceux à grand caractère et Dieu soit loué que, de l'usage de la raison, certains en font quand même pratique. Nous allons vous faire le récit d'une histoire qui, bien que reflétant le caractère humain en fonction de la pensée de Voltaire, expose aussi les affections tant bien vivantes de l'un envers l'autre parmi nous. Cela se passa quand malheureusement Pè Gi tomba malade, victime de l'accident dont on parlait avant sur la route de Cabaret. Pour des raisons tendant à éviter que bien de gens ne soient froissés, nous ne citerons pas de noms. Le « jazz » portait le nom de son fondateur, François Guignard. Il était l'étoile du temps. Son hospitalisation n'empêcha pas toutefois que l'orchestre continuât de fonctionner. Après avoir animé une soirée pour laquelle le groupe fut payé, les membres se réunirent comme de coutume chez Pè Gi pour répartir entre eux la somme récoltée. Quelques uns décidèrent arrogamment que François ne fût pas de la partie puisqu'il n'avait pas joué. L'un d'eux cependant, animé de vives émotions vis-à-vis d'une telle attitude qu'il n'espérait jamais être celle de certains de ses amis, tira son canif de poche, le frappa violemment sur la table en déclarant soucieusement: « Le sang coulera à flot si jamais on exclut Ti Giya des distributions! C'est de cela que découle le pain quotidien de sa famille… Il reste et demeure le chef de l'ensemble malgré sa situation ». Le grand maestro reçu durant la période de son hospitalisation la somme qui lui revenait de droit à chaque performance du groupe.

## « Shak metye nuri mèt li » Chacun vit de son métier

A part sa qualité de musicien de profession, François Guignard fut non seulement un bon horloger, un bon réparateur de radio, un touche-à-tout mais aussi, à côté de Joseph Dor (Pè Dò), l'un des rares accordeurs de piano de son temps. C'était sous le gouvernement de Paul Magloire, seize ans après le massacre des Haïtiens en Dominicanie, les relations avec le pays voisin étaient des plus cordiales. Le frère du président Trujillo, Hector, devait visiter Haïti avec son très jeune neveu, Namfis, fils du président lui-même qui n'avait qu'à peine dix-huit ans peut-être. On comptait les recevoir solennellement et avec beaucoup d'enthousiasme au palais national. Sous le gouvernement de son prédécesseur, le dévoué Magloire, général commandant les casernes Dessalines, avait eu l'idée de créer le fameux orchestre de danse en ce dit département sous la direction de Charles-Paul Ménard. Il avait même pensé à y ajouter une salle de théâtre (Cette salle fut sautée à la bombe le 21 juin 1959 sous le gouvernement de Duvalier. Comment? Nul ne sait. Ce dont on est certain, elle ne fut jamais réparée aux fins de rénover son passé.). Cette merveille de l'époque avait Félix Guignard comme pianiste. Il venait à peine

de quitter le Jazz des Jeunes. Il arriva que à la veille du jour prévu pour la visite, on emmena Féfé voir le piano pour s'assurer de son bon fonctionnement. Après l'avoir testé, il déclara ne plus vouloir y toucher parce qu'il émettait un terrible bruit. Tout le monde en était témoin, et de cela, Charles-Paul lui-même.
- D'où vient ce bruit se demandait-il?
On loua Dieu toutefois qu'on découvrit cela la veille du jour du festin. Il courut auprès des autorités supérieures en faire un rapport. La complainte en peu de temps parvint au bureau même du général-président.
- Je vous ordonne de vite résoudre ce problème car nous avons une soirée demain, jour de visite officielle des Trujillo. Beaucoup d'autres dignitaires diplomatiques y sont invités; et l'orchestre des Casernes animera la soirée ici au palais national. Je veux qu'elle soit grandiose et que rien n'y manque. Encore, c'est un ordre!
- Il n'y a qu'une seule solution, disait le chef d'orchestre à l'officier du jour.
- Laquelle, lui demanda-t-il?
- François Guignard.
- J'y pensais justement... Allons le chercher tout de suite!
Ils se rendirent vite chez Pè Gi et lui expliquèrent la raison de leur visite. Charles-Paul lui présenta l'officier qui en fait connaissait déjà le populaire maestro. Et cette fois, accompagné de Edner, son fils, jeune pianiste de l'orchestre Citadelle, il ne sauta point sur sa moto. Ils prirent place tous les deux convenablement dans la voiture de l'officier. A première explication, maestro François Guignard paraissait comprendre de quoi il pouvait en être question. Arrivé au palais national, il mania le clavier du piano. Le bruit semblait confirmer sa pensée. De par ses expériences dans le passé, il en était sûr et certain: un cas déjà vu. Il fit toutefois semblant qu'il en cherchait profondément la cause. Charles-Paul s'inquiétait:
- De quoi s'agit-il au juste Pè Gi?
- Ne vous en faites pas Charles! Je comprends votre souci. J'aurai quand même gain de cause avant la fin de la journée... Toutefois, il me faut un peu de concentration.

« Pawòl pale, pawòl konprann ». Croyant comprendre un peu, Ménard se retira sous prétexte d'aller consulter l'officier en charge pour lui assurer que tout s'arrangerait. Aussitôt après, notre maestro fit signe à Edner de s'approcher et lui siffla à l'oreille:
- Edner, regarde au dos du piano! Tu trouveras un objet quelconque appuyé sur les cordes. C'est possible qu'il soit une bouteille. Enlève-le vite!
Edner ne fit que répondre:
- Oui papa!
Et vite tira du compartiment principal du majestueux piano, l'obstruction que son père pensait être l'objet de tout ce désastre. Il s'agissait réellement d'une bouteille vide de « Kola 15 ». Il la mit dans leur sac et continua de faire semblant de travailler durement.

Au retour de Charles-Paul, et après plus de deux apparentes heures de « dur labeur », il demanda enfin à Edner de toucher une des notes du clavier.
- Laquelle, papa, lui demanda-t-il à son tour anxieusement?
- N'importe; cela n'a pas d'importance…
Edner joua vaguement « Li bon shushu… ». On n'entendait plus ce bruit désastreux.
- Que s'était-il passé alors Guignard, demanda Charles-Paul à son tour, tout joyeux?
- Le piano était en fort état de démembrement et de dislocation, lui répondit-il. Il fallait serrer tous les boulons de l'assemblage. Il en manquait quatre… Je ne sais comment. Tant bien que mal, j'avais quelques uns en réserve dans ma valise. Il me faut maintenant l'accorder. Dieu soit loué… Edner était là pour m'aider dans ce dur labeur.
Ainsi, Pè Gi passa presqu'une demi journée entière à réparer le piano. Aux oreilles de tous ceux qui en étaient témoins et de Charles-Paul surtout, il sonnait parfaitement bien, sans aucun bruit obscur de dislocation et mieux qu'avant. Il était bien accordé et au diapason. Le maestro reçut deux cent-cinquante gourdes en guise de paiement et de compensation, soit l'équivalent de cinquante dollars à l'époque qui constituait une somme décente. Et pourquoi

pas! Il venait de satisfaire les désirs et le bon vouloir d'un grand général-président… Il pria toutefois Edner de se taire et de ne raconter cela à personne. De retour à la maison, il en fit lui-même le récit à Sianne. De son côté, le président fut de toute joie. Il reçut le jour suivant le frère de son homologue dominicain accompagné de son jeune neveu qui, fils de président, était habillé lui aussi en tenue militaire à l'instar d'un grand général représentant son père malgré son âge. Que de choses! Ne verrons-nous pas, près de vingt ans plus tard en Haïti, Jean-Claude Duvalier succéder à son père à la présidence il n'avait que dix-neuf ans?

Ce jour exactement, Sianne qui avait des difficultés à « monte shodyè » (préparer de quoi à manger), le fit sans réserve aucune. Ils dégustèrent tous, du riz aux petits pois, du gigot de « cabrit » (chèvre), de l'igname et des bananes jaunes. On acheta aussi de chez Alisca du jambon et du fromage pour le déjeuner du lendemain. Ajouté à tout cela, ils burent tous du cola Citadelle bien glacé. Anne-Marie chanta allègrement: « Sitadèl se w' bon kola… ». Madame Guignard pouvait en plus s'acquitter de certaines dettes dont: cinq gourdes pour la « pratique de charbon », dix pour celle de riz, de maïs, de pois et de banane et dix pour celle de viande. Ces fournisseuses menaçaient de couper les rations pour délinquance vis-à-vis des dettes. Elles furent toutes joyeuses ce jour. Sianne avait regagné leur confiance. Elle constituait à leur pensée une bonne cliente sur qui elles pouvaient compter. Elle devait aussi quinze gourdes au bazar St. Paul de Joseph Alisca; tout fut payé. « Chacun doit pouvoir vivre de son métier / Shak metye nuri mèt li ».

L'expérience en réparation quelconque dépend non seulement de la connaissance en la matière et en l'objet concerné, mais surtout de la répétition assez courante des cas, des pannes les plus dépendantes et les plus relatives. Pè Gi rencontra plusieurs de ces cas de bouteilles tombées de façon bizarre au dos de pianos touchant les cordes dans leur enceinte. C'était vers l'année 1950, peu de temps avant celui du palais national, Micheline Laudun

Denis, épouse de Raoul Denis et dont le père était le parrain de Laure Guignard, s'était rendue personnellement chez le maestro le chercher. Son piano qui sonnait très mal et qui faisait du bruit méritait d'être inspecté. Selon elle, il avait besoin d'un bon entretien.
- « Ouf », il était temps, soupira le maestro! Je suis à court d'argent.

François Guignard l'était réellement. Il n'attendait qu'un « vieux job » pour y remédier. Qui pis est, il devait faire le plein d'essence; le réservoir de sa moto était presque vide. Il savait déjà comment gros et lourd était le piano et combien difficile il était de le manier. Il décida donc d'emmener avec lui son fils Edner et Philippe Jasmin qui lui est le fils de Yeye Jasmin, tambourineur, son ami-musicien et son voisin. A peine qu'il eût touché le clavier de l'instrument, il crut comprendre qu'il s'agissait d'une obstruction quelconque. Il fallait dans ce cas pourtant déplacer un peu le piano. Les deux jeunes parvinrent quand même à faire cela avec beaucoup de justesse et de précaution suivant ses instructions pour éviter toutes possibilités de dislocation et tous besoins d'accordage. Au dos du meuble se trouvait visiblement une bouteille de cola appuyée sur quelques cordes de résonnance, causant ainsi une discordance de vibration. Voilà! Le maestro passa toutefois près de deux heures de temps à accorder un piano qui n'en avait pas réellement besoin. « Chacun doit pouvoir vivre de son métier – Shak metye nuri mèt li ». Madame Denis était toute satisfaite. Elle trouva que le piano sonnait parfaitement bien et beaucoup mieux qu'avant. Elle remercia convenablement le maestro et lui pria malgré tout de lui écrire les partitions de Adeline et de « 15 jours au Cap ». Comme plusieurs autres qui eurent aussi étudié la musique classique en Europe, cette étoile nationale ne parvint jamais, malgré ses connaissances et malgré ses entretiens et ses contacts avec le maestro, à bien observer les mouvements appropriés aux rythmes dansants haïtiens. Micheline Laudun avait vécu une bonne partie de sa jeunesse en France avant de retourner en Haïti. Elle a en définitive une vraie touche européenne qui caractérise son style. Or, les mouvements rythmiques sont différents à travers les multiples cultures. Le style haïtien en musique n'est pas le même que le style européen auquel elle s'y était habituée et attachée. Toutefois, malgré que le sien soit ultra-classique, elle s'attirait des mélomanes et demeure immortelle.

Aux circonstances différentes pourtant adviennent des réactions différentes. C'était vers 1962, nous habitions lors la maison adjacente à celle du maestro, un client lui apporta un piano-portatif électrique avec une panne du même genre. L'homme laissa l'instrument et partit avec la certitude que François Guignard trouverait la solution au problème. Il faut comprendre qu'à cette époque, ces genres d'instruments modifiés et électrifiés étaient nouveaux et que lui de son côté tolérait à peine l'électricité. Anxieusement il avait toutefois décidé de faire de son mieux car en général, il était de tempérament à vouloir sagement affronter les challenges et relever les défis. On le savait capable en ce sens. Il nous appela pour nous montrer ce nouveau type d'instrument, nouveau genre, nouveau style qui inspira au grand Charles Aznavour la chanson « Piano nostalgique » qu'interpréta plus tard avec brillo notre fameux Guy Durosier. Pè Gi en profita pour nous raconter l'histoire du piano des casernes. Il nous la raconta pour que nous puissions en tirer profit et apprendre comment concevoir la société et la vie. A notre grand étonnement et quelques minutes seulement plus tard, il nous rappela tout en riant.
- Qu'avez-vous trouvé maintenant Pè Gi?
- Toujours la même histoire… Il s'agit cette fois d'une pièce de deux gourdins (cinquante centimes) au lieu d'une bouteille de « kola 15». La seule différence est que je ne compte point cette fois accepter de compensation. Néanmoins, en guise de souvenir je garderai la pièce de monnaie.
- Toutefois, ajouta-t-il anxieusement, ce nouveau genre est portable, il est vrai… Mais bien que je sois partisan de la nouveauté elle-même, de la technologie et de l'avancement, je préfère mon vieux piano. Croyez-moi Joe, Aznavour parait avoir bien raison d'écrire cette chanson: *Piano nostalgique!*

François Guignard a aussi, malgré tout, connu des moments d'intimidations à travers sa carrière. C'était sous le gouvernement de Elie Lescot, le département de l'agriculture par l'intermédiaire de son ministre, organisait un après-midi de détente à Thorlande, banlieue de Port-au-Prince non loin de Carrefour. La voiture de Bobo (ainsi connu), chauffeur particulier de transit assigné au grand déplacement du groupe musical, tomba en panne juste un peu avant le moment de laisser pour se rendre en cet endroit. Les invités s'étaient déjà massés au lieu indiqué à Thorlande. Le Jazz Guignard ne s'y était pas montré encore. Le ministre, impatient, ne sachant rien de ce qui se passait, se rendit vite chez le maestro qui lui expliqua la situation d'attente. Dieu soit loué, Bobo arriva juste à temps avec moyen de transportation. Le ministre exclama faisant sévère mine:

-Vous êtes chanceux Guignard! Je comptais vous faire arrêter. C'est pourquoi je suis personnellement venu ici.

La tête haute, Pé Gi n'y répliqua point mais le dévisagea des yeux. Un regard qui en disait long. Chez nous, la folie des grandeurs marche de pair avec le pouvoir et ceux qui le détiennent aiment exercer leur autorité à travers l'abus.

- Etes-vous sérieux, pensait-il répondre sans doute?

De nos jours encore, nous croyons vouloir nous demander nous-mêmes: Etait-il sérieux? Nul ne le sait. Toutefois, son attitude n'était pas plaisante selon ce que nous racontèrent les témoins et Pè Gi lui-même. A Thorlande ce soir, ce fut la joie, la gaieté. On dansait, on chantait, on criait: Vive Jazz Ti Giya. Un des grands serviteurs du gouvernement, ne pouvant plus se retenir, monta sur une table pour qu'on pût bien le voir. Du dessus, il tira son révolver et pointant le canon vers le ciel, laissa partir deux balles. De ces incidents, le maestro en fut plusieurs fois déjà témoin. Il garda son calme. Le ministre, en guise de contentement et un peu soûl, ajouta cent gourdes au total de compensation attribuée au groupe, le félicitant:

- Maestro Guignard, je ne crois pas que vous ayez pris mes paroles au sérieux… Je ne faisais que radoter, vous le savez! Ce soir, de

façon toute particulière, je me fais le porte-parole du gouvernement pour vous présenter nos remerciements et nos félicitations. Bravo! Vive Jazz Ti Giya!
Et la foule enthousiasmée hurla: Vive Lescot! Vive jazz Ti Giya!
Le garde de corps le plus proche du ministre laissa partir cette fois cinq balles. François en faisait peu cas. Son seul intérêt était de pouvoir nourrir sa famille dont il était le responsable. Il comptait le faire de par sa profession et ses métiers.

Si l'histoire retient les noms de Nemours Jean-Baptiste et de Webert Sicot, elle contient aussi un long chapitre non lu par ceux qui n'ont pas connu ou font semblant d'oublier la contribution de François Guignard et de ses fils Féfé et Edner à la musique haïtienne. Ce fameux maestro a formé des musiciens dont les noms résonnent encore même après leur mort. C'est lui qui enseigna à Nemours Jean-Baptiste dès son jeune âge le solfège et les principes fondamentaux du banjo sans pour autant être capable lui-même de manier un tel instrument. En fait, infirme et n'étant ni ébéniste, ni charpentier, il lui en confectionna un.
- Pè Gi, lui dit un jour Nemours, j'aimerais apprendre jouer au banjo…
Le maestro le dévisagea et vite lui demanda:
- En avez-vous un?
- Non, lui répondit-il tout court.
- Il vous faudra en trouver un d'abord!
François Guignard savait lors que Nemours, jeune adolescent, bien que plus grand que Féfé, son fils, aurait eu des difficultés à se procurer un banjo; il s'arrêta là.
Après un moment de silence, Nemours revient à nouveau pour lui dire:
- Connaissez-vous boss André Pè Gi?... Il a un vieux qui n'est pas en très bon état. Il veut le vendre mais… Il en demande trop pour et ma maman…
- Boss André!… Je ne le connais pas, rétorqua Pé Gi.
- Il habite au coin là-bas. Je le vois passer souvent avec.

- J'y pensais justement. Si cela vous intéresse tant, je peux vous en confectionner un!
- M'en confectionner un, exclama le jeune Nemours! Vous n'êtes pas ébéniste Pè Gi!
- Je ne crois pas que ce soit réellement difficile… J'ai déjà pensé au moyen.
- Comment donc Pè Gi?
- Ne vous en faites pas, j'ai les idées en tête et je suis sûr que j'y parviendrai… Ne vous en faites pas, c'est moi qui vous le dis!
Deux jours plus tard, il vit arriver Nemours et fut le premier à exclamer avant même que le jeune le salua:
- Nemours! Nemours! J'ai trouvé, mon fils, ce qu'il me faut.
- Qu'y a-t-il de nouveau, Pè Gi?
François Guignard tira un petit tambourin qu'il gardait près de lui et le montra au jeune:
- Voilà tout ce qu'il me faut. Je l'utiliserai comme caisse et je ferai moi-même la manche et la tablature. Nous avons une table brisée dans la cour; elle est d'acajou. Je me servirai d'un des pieds.
Et voilà! En moins d'un mois, Nemours Jean-Baptiste et son frère Monfort tous deux adolescents, pratiquaient déjà à jouer au banjo; un neuf que leur avait confectionné le grand François Guignard.

Pè Gi se leva un matin et trouva que le fil métallique autour de l'extrémité circulaire d'un des pneus de sa moto était cassé. Il ne pouvait plus s'en servir. Il le remplaça alors. Quand pourtant on décida de le jeter à la poubelle, il répliqua soucieusement:
- Non, pas encore! J'en aurai besoin.
Que pouvait-il bien avoir en tête, se demandait-on? François Guignard venait de remarquer que le fil provenant du contour du vieux pneu était semblable à une corde de piano. Par surcroît, juste quelques mois avant, il avait des difficultés à en trouver une de remplacement dans la réparation d'un de ces instruments. Les boutiques n'en avaient aucune en stock. Selon certains, importer un piano et ses pièces était quasi-impossible durant l'époque de la première et de la deuxième guerre mondiale. Pè Gi attendit alors plus d'un mois avant de pouvoir y remédier. Compte tenu de cela,

il avait donc décidé de garder le fil métallique provenant du vieux pneu. Et croyez-nous, il s'en était servi quand plus tard se répétait l'occasion:

- En ce qui concerne une guitare, une contrebasse ou un piano, disait-il, l'ensemble des cordes et leurs dimensions correspondent aux différentes notes et à leurs valeurs. Leurs grosseurs donc varient. Il en est de même des fils de contour des différents pneus. Ils varient eux aussi suivant les différents véhicules et en proportion de leurs différentes grosseurs.

Il réfléchit un moment et ajouta soucieusement comme pour mieux se clarifier:

- Ceux d'une bicyclette sont plus petits que ceux d'une moto. Ceux d'une Ford 4 sont plus minces que ceux d'une Cadillac… Que dire de ceux d'un camion! Cordes de piano… Fils de pneus… : « senkant kob ak de guden » (Ils sont tous semblables). Je les garde tous en réserve pour m'en servir n'importe quand vient le temps.

D'esprit créatif et animé du désir constant de vouloir inventer, cet infirme cultivait la forte volonté de définir tout ce qui est ou pouvait être. Tant qu'en radio, qu'en musique, qu'en horlogerie, il était toujours prêt à coopérer, à présenter et à partager les idées et les trouvailles. Il admirait en ce sens tous ceux qui, se faisant disciples de cette philosophie, s'étendaient vers la volonté de produire, d'inventer ou de répéter les exploits de créativité. De par ce caractère, il était motivé à savoir le pourquoi et la raison d'un fait, d'un état ou d'un quelconque phénomène. Pourquoi par exemple a-t-on inventé l'horloge? C'est pour pouvoir, par rapport à la durée d'une journée, déterminer à précision les vingt-quatre fuseaux horaires et les intervalles qui s'y appliquent et dire exactement n'importe quelle heure du jour. Ce n'était qu'à partir de ces théories qu'on a pu penser aux différentes pièces devant constituer une telle machine. Il est donc certain aussi que pour réparer un tel objet, on doit pouvoir être en mesure de définir et de comprendre son utilité, son méchanisme et ses différentes composantes.

C'était vers 1956, René Dor, fanatique des instruments à cordes, logeait la maison adjacente à celle de Pè Gui et que nous les Jean-Baptiste, habitions plus tard. René décida de s'adonner à la confection des guitares. Il s'en était sorti bel et bien. Ses instruments étaient de qualité et on en parlait beaucoup. La guitare n'étant pas le seul instrument à cordes, il décida alors de s'approfondir à travers cette catégorie et de se confectionner une contrebasse. Quoique d'un même groupe, ces deux instruments sont de par eux-mêmes différents; leurs rôles, en musique, sont aussi différents. Nous savons de notre côté que pour la guitare (théorie de confection pour guitare classique), la distance de la manche correspondant aux douze premières frettes doit être égale à celle de la treizième au chevalet d'où dérivent les cordes; autrement, les notes seront fausses. René Dor avait déjà appris cela de François Guignard. Il avait fabriqué ses toutes premières sous sa supervision.
- Pè Gi, lui dit-il enfin un jour, j'aimerais me confectionner une contrebasse… Qu'en pensez-vous?
- Au point de vue de meuble, rien ne vous est nouveau. La différence est qu'elle est beaucoup plus grosse que la guitare et qu'au lieu d'une rosace, elle a deux ouïes comme deux longues lettres S, l'une à l'envers pour mieux faire valoir les rapports et la proportion d'apparence. Quoi alors!
- Et la manche est-elle la même?
- La logique même de sa présentation vous laisse entendre qu'elle doit être différente puisque en fait, si pour la guitare, on dit manche, pour la contrebasse, c'est plutôt: touche. Vous devez aussi vous rendre compte que sa touche n'a pas de frettes…
Mais François Guignard savait qu'il était plus intéressé au comment qu'au pourquoi. Il s'empressa d'ajouter:
- Toutefois René, ce n'est rien de compliqué… Mettez-vous au travail et allez faire le corps ou plus précisément la boite de résonnance!
- Et la manche… Excusez-moi Pè Gi…, la touche!
- Ne vous en faites pas! Allez commencer avec la boite!

Après un tel entretien, René s'en alla, rassuré et se mit au boulot. Il n'avait pas lâché le maestro de son projet; il le consultait pour chacune des parties de l'instrument en confection. Et quand vint surtout le moment d'entamer la touche elle-même, il ne dormit presque pas la veille. Toutefois, il savait qu'il était en de bonnes mains et quand il sut enfin comment la préparer, il en fut trop joyeux et content. Peu de temps après, il achevait de confectionner lui-même et sous la supervision de François Guignard, la première contrebasse, à notre connaissance, jamais fabriquée chez nous en Haïti. René Dor se sentait toujours fier de dire:
- Je l'ai moi-même faite sous la supervision et le contrôle du grand maestro Pè Gi, homme de connaissance et de savoir.

François Guignard fut pour de bon, l'étoile de son temps. De ses principes, de ses théories et de ses expériences, tout le monde en parlait. Comment alors ne pas y penser! Vers le début de 1940, Pè Gi habitait une des sections de la cour Cavanagh appelée par plusieurs: Laku Giya parce qu'il se faisait souvent remarquer comme étant le notable de sa zone. Il est bon de vous rappeler que nous parlons là d'une époque où Port-au-Prince n'avait qu'à peu près quatre-vingt-milles habitants. Rares étaient les familles qui pouvaient se procurer le luxe d'avoir une horloge; rares aussi étaient ceux qui pouvaient se parer d'une montre. On comprend dès lors pourquoi les clochers de la plupart des églises catholiques de Port-au-Prince sont dotés chacun d'une horloge qui sonne les heures. François Guignard en pensait grandement surtout quand certains de ses voisins venaient auprès de lui vérifier l'heure du jour.
- Pè Gi, Justin vient de me dire qu'il est quatre heures maintenant, est-ce vrai?
Ainsi s'exprimaient-ils souvent pour même s'assurer de la validité de l'heure énoncée par quelqu'un d'autre.
- C'est bien pour cela qu'on inventa l'horloge, pensait-t-il de son côté. Quelqu'un n'aurait pas dû se déplacer pour solliciter un tel service. S'il est communément possible aux gens de distinguer le jour de la nuit, de contempler le lever et le coucher du soleil et de

déterminer à peu de chose près l'heure du midi de par les différentes positions du soleil, faut-il bien qu'il leur soit aussi possible de distinguer les heures intermédiaires. Le soleil est selon nous et selon plusieurs autres, le facteur primordial dans la détermination de l'heure. Nous devons donc pouvoir l'utiliser à cette fin.

Il se mit à réfléchir et soudain commença à contrôler les différents déplacements des ombres par rapport à l'astre du jour. Et par un système métrique quelconque, il détermina les relations entre les distances. Il décida donc de construire un cadran solaire pouvant fonctionner comme étant une horloge afin que ceux de son « laku », imbus de certaines notions de jugements et de physique pussent s'en servir car vu son aspect primitif, seuls des gens capables pourraient déterminer réellement l'heure en relativité aux différentes positions de l'ombre solaire.
- Octavius, appela-t-il un jour!
Octavius était un de ces volontaires, un homme de confiance toujours prêt à l'assister.
- Comment puis-je vous aider Pè Gi?
- Octavius, j'ai un projet en tête... Trouvez-moi un poteau de quelques huit pieds de haut à peu près; j'ai hâte de m'en servir!
- Un poteau, Pè Gi... Pourquoi faire?
- J'en ai grand besoin et avec votre participation, je le placerai droit debout ici. Je compte exposer dessus quelque chose qui puisse servir au bien-être de tous dans cette cour.
Octavius se rendit quelque part au Fort-Sinclair en acheter un de dix pieds, tel le lui avait décrit le maestro. Avec l'aide d'un brouettier, la livraison devint possible et nette. C'est tout ce qu'il voulait et ce même jour, le dévoué assistant s'était mis au travail.
- Pourquoi ce poteau, demandaient anxieusement les voisins à Pè Gi?
- Vous le saurez sous peu, leur avait-il répondu et vous en serez plus que joyeux.
Ces voisins savaient tous à qui ils avaient affaire. Le jour suivant, ils le virent commencer à tracer une sorte de large cadran

rectangulaire et plat préparé à partir d'un mince plateau de bois au milieu duquel il avait planté un très long clou. Il l'avait recouvert d'un morceau de papier pour que fût possible de marquer son contour avec des chiffres tel le cadran d'une horloge. Le jour suivant, ses calculs étant faits, il avait dicté à Féfé, son fils, comment placer l'écran verticalement sur le poteau et quel angle viser. Ils y restèrent là cloués un bout de temps et attendaient tous deux. Les sirènes des casernes de la Police sifflaient à peine; il était exactement midi. Il vérifia sa montre pour en être certain. Un trait ombragé apparaissait vertical droit au haut du cadran. Pè Gi ordonna donc au fils de marquer 12 comme s'il s'agissait réellement de l'écran d'une horloge. L'ombre que projetait le clou sur le cadran par rapport au mouvement du soleil déterminait les différentes heures du jour et à chacune d'elles, il ordonna successivement à Féfé de marquer l'écran. Ils y restèrent ainsi cloués jusque vers six heures du soir pour recommencer très tôt au matin du jour suivant. Au grand étonnement de tous, ce mécanisme basé sur un phénomène naturel fonctionnait à l'instar d'une horloge régulière et ceci pour toutes les heures du jour, de six heures du matin jusque vers six heures du soir sans qu'on eût besoin de l'emploi d'un système motorisé et conçu utilisant des aiguilles. L'ombre que projetait le clou sur l'écran indiquait l'heure exacte. François Guignard venait de créer un cadran solaire servant d'horloge. Les voisins en étaient tous émus. L'heure exacte était à leur portée n'importe quand durant la journée. A eux seulement cependant et suivant leur capacité et leur niveau intellectuels d'en déterminer les minutes y relatives. Ceux de Laku Giya étaient les seuls à en bénéficier.

En effet, ce concept basé sur l'ombre solaire n'est pas nouveau. Nos campagnards, bien que à niveau moins élevé, cultivaient longtemps déjà cette théorie. Se tenant droit debout sous le soleil en plein air, ils avaient toujours réalisé qu'à midi exactement, leur propre ombrage sur le sol se confond avec leur corps comme pour s'effacer et disparaître; d'où l'expression créole: « Gwo solèy midi sa a, l'onbray mwen fè yon sèl ak kò m'» ou mieux encore:

« Solèy la deja kapote… li midi pase »; que dire de celui-ci: « Solèy kushe, li fè nwa ». François Guignard a eu la capacité de formuler ce constat et de prouver le concept d'horloge basé sur le mouvement de la terre autour du soleil et en fonction créative de la théorie des vingt-quatre fuseaux horaires correspondant aux douze heures de la journée et aux douze heures de la nuit. On comprend donc pourquoi ce concept des ombres n'est pas applicable le soir et pourquoi surtout nos « habitants » en sont moins capables de formuler entièrement la théorie à leur portée. Qu'il nous soit alors permis de dire:

*«Nous sommes tous des connaisseurs,*
*Des êtres de par nature doués.*
*Pour ceux qui s'y intéressent,*
*L'école n'est que la faculté*
*Devant servir au développement*
*De la connaissance et du savoir. » (P. J. J-B).*

- Ki lè l' ye la a, Sonson? (Quelle heure est-il, Sonson?)
- Al gade lan kadran Giya a! Li fè l' pu sa. (Allez regarder au cadran Guignard! Il l'a conçu pour cela.)

De cette merveille, qu'en est-il devenu? Nul ne sait. Dans ce même contexte, nous vous invitons à rigoler un peu à l'endroit de l'une de nos grandes vedettes musicales d'autrefois qui, selon certains, ne savait ni lire ni écrire. Il se parait toujours d'une jolie montre de classe Bulova. A quiconque voulait connaître l'heure du jour, il répondait vivement longeant le poignet: « Nu pa egoyis. Bulova a pu nu tut. » (Nous ne sommes pas égoïstes. La Bulova est à vous tous.)

Autrefois, quand on parlait d'harmonium, on ne voyait, de par sa présentation, qu'un instrument de musique semblable au piano. En effet, ils étaient tous les deux de catégories différentes et de plus, de l'harmonium, on ne s'en servait que dans les églises. Pourquoi? Le son de cet instrument est caractéristique aux mouvements rythmiques des chants religieux communément appelés: chants grégoriens. François Guignard, en savait-il long des harmoniums? S'il lui arrivait de les entendre jouer dans les églises, il ne se souvenait jamais pourtant en avoir vu un ni avoir exploré un dans son ensemble. Aujourd'hui, on ne fait plus usage de cet instrument; on n'en parle presque plus non plus. On utilise de préférence l'orgue d'où le nom de son joueur: organiste. Notre cousin Carlo Laguerre aimait beaucoup les airs grégoriens et les chansonnettes françaises. Tôt vers les années 80's, il avait vu son rêve s'accomplir et devint lui-même organiste de l'église paroissiale de Sainte Anne. Par ailleurs, le protestantisme s'introduisant à peine à Port-au-Prince surtout, la majorité des églises à l'époque, telles par exemple: l'église St. Paul, l'église Baptiste, l'église Osléenne, l'église de Dieu et autres, s'établissait au Morne-à-Turf. Pourquoi cette région de la capitale? Laissons plutôt à un sociologue le soin de répondre à cette question… Ce n'est que plus tard vers 1940 qu'on commença à les trouver un peu partout. Dans ce même contexte, il est bon de vous rappeler que cette région de Port-au-Prince a vu grandir plusieurs prêtres, pasteurs, religieux et religieuses tels: le révérend père Dorélien, l'une des plus belles figures sacerdotales de l'époque (Les Dorélien habitaient la rue de l'Enterrement presque en face du presbytère de l'église sainte Anne), le révérend père Delouis dont la famille habitait la rue Charéron, la religieuse enseignante Jeannine Innocent, fille adoptive de monsieur et madame Nemours St.Amand aussi à la rue de l'Enterrement face au collège Bird, les Rivière (l'une des familles les plus religieuses de la région qui eut généré deux prêtres. Ils habitaient la ruelle Carbonne « ruelle Ste.Anne », à proximité de l'église et du cimetière intérieur). Il en était de même du jeune pasteur Vincent Thomas qui grandit à la même rue face au bazar St. Paul de Joseph Alisca. Il était attaché à l'église St. Paul.

Un beau matin, François Guignard reçut la visite du pasteur Van Potten, directeur, fondateur de l'église St. Paul à la rue d'Ennery près du lycée Toussaint Louverture et du tribunal civil section sud. Selon ce que nous croyons savoir, il est un sujet anglais, originaire de la Jamaïque. Grand a toujours été notre étonnement en grandissant, d'entendre une église protestante porter le nom d'un saint puisque de saints, aussi bien que de croix, les membres ne voulaient jamais en entendre parler… La sainte vierge Marie, quoique de qualification liée directement à la divinité, n'en fut pas exempte. Il nous a fallu du temps pour comprendre que cette église appartient à une catégorie bien définie: AME (Afro Méthodiste Episcopale) qui bien que protestante se rapproche un peu plus du catholicisme. Cela a cependant évolué si vrai que de nos jours les pasteurs protestants eux-mêmes, à l'instar des évêques catholiques, s'ornent de crucifix pendant à leur cou. Il n'en est pas moins vrai que les clochers de la plupart de leurs églises ou temples sont surmontés aujourd'hui de croix. Nous pensons aussi rendre un hommage spécial au révérend père Joseph Augustin, communément appelé Papi Djo, du club religieux Tamboula, 1963. Il est le jeune frère du monseigneur Rémy Augustin, premier évêque haïtien. Grâce à ses approches de conservation culturelle face aux croyances chrétiennes, les messes se disent maintenant en créole et non nécessairement en latin comme à l'accoutumée et les fidèles, les protestants surtout, participent aux services religieux, en chantant et en dansant « kompadirectement », aux sons de la guitare et du tambour en particulier. Dans l'antiquité haïtienne, cet instrument d'origine africaine était considéré comme étant celui du diable. En effet le temps a réellement changé. Vers 1955, le populaire trio Jeunesse Sentimentale avait interprété en créole la merveilleuse mélodie jamaïcaine « Jamaican Farewell » avec bien entendu un lyric créole indépendant de l'original et qui en même temps reflétait des paroles qui à l'époque étaient considérées vraiment blasphématoires vis-à-vis de la religion catholique en particulier et de la christianité: *« Yon ju maten mwen t'ap shante konsa mwen wè de bel ti lanj k'ape desann su mwen… Batay mete pye lan latrinite; pye sen Pyè kase, sen Jozèf blese…etc ».*

- Il est réellement absurde d'utiliser de telles blasphémies à travers un tel air, disait François Guignard.

L'état et le gouvernement de l'époque ont dû intervenir pour que le trio en question n'interprétât plus jamais cette chanson. L'on comprend bien que le contenu de certaines autres telles: « Ban m' pa m' san dus » de Dòdòf Legros et « Pè Baron en 41 » du troubadour Joe Jacques n'ont rien à voir avec la blasphémie puisque la première surtout ne fait que mettre en relief les interprétations créoles face au latin du catholicisme et au français lui-même. On n'a donc jamais pensé à interdire leur diffusion. Néanmoins, celle invoquant le révérend père Hilaire paraissait bien diffamatoire: *« Pè Ilè monte su lotèl sa w' kwè l' di: Dominus vobiscun/tut fanm dus » (Père Hilaire monta à l'autel, que pensez-vous qu'il dit? Dominus vobiscum/les femmes sont toutes douces*). Le gouvernement pourtant ne pensa jamais à son interdiction. Il avait intérêt en sa diffusion surtout après l'exécution le 8 juin 1967 des dix-neuf officiers de l'armée dont l'un d'eux est le frère du prêtre en question qui dut vite se réfugier à l'ambassade du Chili pour enfin s'exiler. Les « makut » se réjouissaient souvent d'entendre les groupes de troubadours l'interpréter. Quoique cela, nous pensons que les membres de ce gouvernement n'avaient pas l'esprit présent. L'autel dont on parle dans la chanson ne peut être que celui du chapel du palais national dont le père Hilaire fut l'aumônier. Cela explique en un mot combien ce lieu était perverti. Pour comble de confusions, n'avions-nous pas vu, suite à un violent complot où des membres de l'église catholique en particulier des religieuses, furent persécutés, que Duvalier fut excommunié de 1960 à 1966!

- Bonjour monsieur Guignard, Je suis pasteur Van Potten de l'église St. Paul.

- Bonjour et bienvenu, révérend! Je vous ai toujours vu passer; vous ne m'êtes pas étranger.

Pè Gi profita du moment pour lui présenter Sianne. Néanmoins, il se disait en lui-même:

- Je ne crois pas qu'il se soit présenté ici pensant venir me convertir!

- En votre qualité de connaisseur en matière musicale et en piano surtout, je suis venu vous consulter parce que nous avons un problème avec notre harmonium de l'église. Il émet un son de

délabrement. Pasteur Thomas me fait savoir que vous êtes le seul capable de m'aider à résoudre une telle situation.
- Ah bon, harmonium! Je ferai de mon mieux… C'est tout ce que je peux vous dire.
Pè Gi soupira un moment car de sa vie, il n'avait jamais vu un:
- Est-il possible de le voir à l'instant et de consulter son état?
- Dieu soit loué, monsieur Guignard! Je suis à votre disposition. Allons-y maintenant!
Sans que pasteur Van Potten ne s'en aperçût, Sianne lui siffla tout bas à l'oreille:
- Mais François, vous ne savez rien de cet instrument… Pourquoi vous tracassez alors?
- A l'instar d'un piano, je sais bien qu'il est doté d'un clavier. Avant de considérer si oui ou non je peux le réparer, avait-il répliqué tout bas, il faut d'abord que je le consulte. N'ai-je pas maintenant cette possibilité?
Et voilà Pè Gi, en compagnie d'un assistant, partit avec le pasteur. Il fut lui-même étonné de constater le concept appliqué à l'invention d'un tel instrument. Bien qu'il ait un clavier à l'instar du piano, il est dans son ensemble un peu plus complexe, puisque son mécanisme dépend de la circulation d'air en pulsion activée par des pédales. Pè Gi l'essaya et détermina de par les principes relatifs à son fonctionnement, ce dont il en était question. Réparer un tel instrument nécessitait selon lui plus d'une journée de travail.
- Révérend, lui dit-il après constat, je peux le réparer. Cela prendra du temps cependant et je ne pourrai pas le faire ici.
La possibilité de résoudre le problème était tout ce que voulait entendre pasteur Van Potten. Il s'empressa alors de répliquer:
- Si vous voulez le réparer chez vous maestro, je le ferai transporter comme bon vous semble aujourd'hui même.
- Entendu, pasteur.
- Combien coûtera cela, monsieur Guignard?
- Ce ne sera pas trop cher… On en parlera après.
Comme prévu, on transporta l'harmonium chez Pè Gi ce même jour puisqu'il s'agissait d'une courte distance de marche à pieds. En créole on dirait: « Se de pa ».

- François, lui disait Sianne, comment ferez-vous pour vous en sortir! Je n'ai jamais vu nulle chose de pareil. Hmm…C'est se jeter et se fourrer dans du pétrin!
Nono Lamy y était ce jour. Il pensait comprendre la réticence de Sianne, mais croyait fortement en la détermination du maestro. François Guignard s'était vite mis au boulot.
- Mon Dieu, se disait-il tout émerveillé, quel grand concept!
Il ne tarda pas toutefois à trouver ce dont il en était question. En effet, il y avait quelques tiges de fer qui vibraient follement et qui méritaient d'être serrées et de plus, il fallait l'accorder. C'est tout.
Trois jours après, Lamy passa le voir. Il était joyeux de jouer l'harmonium et de l'admirer. Il interpréta même Adeline et Valse Aux Etoiles. Ce fut, selon nous, la première fois qu'on exécuta des mélodies autres que celles dites grégoriennes utilisant cet instrument en particulier…
- Quel talent, pensait Nono! Rien ne lui est étranger! Rien n'ébranle sa pensée, ni même son infirmité!
Il avait lui-même constaté avant l'état de l'harmonium:
- Maestro Guignard, lui exclama-t-il, vous êtes un dieu!
Quelques mois plus tard, le pasteur Mark de l'église Baptiste eut à confronter le même problème. Dieu soit loué, François Guignard était là. Son harmonium fut réparé en un temps record.

- Vous vous fatiguez un peu trop, François! Vous avez besoin de repos, se plaignait un jour Sianne à son mari infirme.
- Le plus que je me repose chérie, le plus que j'ai envie de travailler. Je ne peux pas rester invalide sans rien faire. Non! Faut-il bien que je fasse quelque chose! Et si j'envisage un projet quelconque, c'est que je suis capable de l'explorer. Je ne peux pas fonctionner autrement. Au contraire rester sans rien faire me fatigue mentalement.
Vraiment, Sianne n'aimait pas qu'il parlât de fatigue mentale…
- Ah ça, pensait-elle, il peut travailler autant qu'il le peut et autant qu'il le veut! Je ne veux pas qu'il soit en détresse. Ah non!
Aussitôt que François eût fini sa réplique à Sianne, apparut son ami Dormélas Philippe.

- Bonjour Pè Gi, comment vont les choses!
- Les activités, je ne sais comment, ont un peu baissé ces derniers jours, lui avait-il répondu… Mais à part cela Dormélas, tout va bien.
Dormélas Philippe, l'un des meilleurs guitaristes de notre temps (membre de l'orchestre Riverside d'Haïti), fut lors organiste de la cathédrale de Port-au-Prince.
- Pour la première fois, Pè Gi, nous semblons confronter un problème bizarre concernant l'orgue de la cathédrale. Je comprends bien qu'il ait besoin d'être accordé puisque les notes et les accords ne sonnent pas justes mais à part cela, il émet une sorte de vibration quoique légère mais… Problème!
- Orgue, exclama anxieusement Pè Gi! Je n'ai jamais vu un, voire en toucher.
- Je peux bien vous le montrer… J'ai déjà parlé au curé pour que je vienne vous chercher. Allons-y donc, si vous le voulez! Il nous attend.

L'allure de l'orgue peut bien se rapprocher de celle de l'harmonium, mais l'air propice à son mécanisme se propage plutôt à travers de larges tuyaux à hauteurs différentes et proportionnelles aux différentes notes elles-mêmes pour mieux faire valoir et ressortir les sons et les accords. Cela se voit clairement dans son ensemble. Dans son envie et sa curiosité d'examiner un tel instrument et de s'accrocher à un boulot quelconque, François Guignard s'empressa de répondre tout bonnement:
- Allons-y maintenant!
Le curé de la cathédrale le reçut avec honneur et contentement; Pè Gi habitait autrefois la paroisse tant à la rue des Miracles qu'à la rue des Fond-Forts. De son côté, il examina l'orgue et trouva qu'à part la nécessité d'être accordé, les tuyaux avaient aussi besoin d'être nettoyés. Il trouva en plus que dans quatre d'entre eux, il y avait des petits morceaux de papiers qui quoique minces suffisaient à créer des problèmes. Il y resta une demi-journée et finit le travail. Dormélas en fut joyeux; c'était la veille de la fête Dieu.

- Révérend, je vous l'avais dit avant: lui seul pouvait nous dépanner.
A part les louanges de son ami vis-à-vis de sa personne, François Guignard reçut du curé le paiement qui lui était dû et en plus de son appréciation, sa bénédiction.
- Que la paix du Seigneur soit toujours avec vous! Qu'Il vous bénisse, vous et votre foyer et vous garde tous dans la paix et la joie! Ainsi soit-il!
Le jour suivant, jour de la célébration de la fête Dieu, les fidèles ont presque tous pensé que l'archevêque venait de doter la cathédrale d'un nouvel orgue... Il résonnait glorieusement beaucoup mieux qu'avant.

Tout le monde y pensait: un tel génie méritait d'être honoré. Dans les grands pays étrangers, cela aurait été fait longtemps déjà. Des années se passèrent ainsi quand finalement, René Gauthier, un haut fonctionnaire du département du travail qui habitait la troisième maison voisine de la sienne, et la première après celle de André Rousseau (angle nord-est des rues de l'Enterrement et St. Honoré) à la rue St. Honoré, intervint auprès du président François Duvalier lors de la célébration de la fête du travail le 1er mai 1958 pour qu'un diplôme d'honneur et mérite soit décerné à François Guignard en cette occasion. Il le tenait brillamment posté au mur sur lequel s'appuyait le piano. Nul autre depuis n'a jamais pensé à rendre un hommage mérité à l'Honorable Pè Gi, ce monument indestructible que le temps ne peut effacer, et que le vent de l'oubli ne peut emporter non plus. Nul n'a pensé à le faire même durant ses funérailles en 1979... Pas même une gerbe de fleurs! D'ailleurs, l'ancienne maison de la famille Guignard a résisté au tremblement de terre du 12 janvier 2010, et la rue St. Honoré autrefois salon culturel et musical, est devenue... Je ne sais que dire! Toutefois de notre côté, aussitôt que nous eûmes appris la nouvelle de sa mort, nous avions fait le devoir de contacter Lionel Legros, animateur très connu de « L'Heure Haïtienne » de la station de radio de la Columbia University (New York city) de l'époque qui anxieusement en fit l'annonce et joua Adeline en son honneur le dimanche en cours durant leur programme.

## Dis-moi qui tu fréquentes, je te dirai qui tu es! En toutes règles, il y a exception

Le Morne-à-Turf a produit plusieurs professionnels: médecins, professeurs, avocats, ingénieurs, agronomes, maîtres d'écoles, écrivains, journalistes, mécaniciens, charpentiers, maçons, cordonniers et autres et bien entendu plusieurs de nos multiples musiciens en particulier Gérard Daniel de la génération konpa « mini jazz » qui succéda celle de Nemours et de Sicot. Il grandit voisin de l'arbitre Guillaume à la rue St.Honoré face au centre culturel Guignard. Il fut le saxophoniste du groupe Jet-X et une icône de la musique dansante haïtienne. Contrairement à l'opinion publique qui fait croire que les musiciens sont tous des vagabonds, ceux qui fréquentaient la résidence de François Guignard n'appartenaient pas à cette lignée et si jamais il y en avait, ils devaient se conformer aux normes de respect qui en découlaient. Et le centre culturel à la rue St. Honoré, bien que d'apparence liée à la musique, fut particulièrement un lieu de rencontres, de discussions, de coopération, d'apports intellectuels et d'apprentissage au niveau de la culture en général. Là, on apprenait à évaluer les connaissances et à se respecter les uns les autres pour mieux se faire valoir chacun. Plusieurs du quartier particulièrement Gérard Désir, Roland Desdunes, Yves Walter, Gabriel Ducheine, Jean-Claude Denis, Paul Hugo Jean ont grandement aidé dans le tutorat des matières telles: la littérature, le latin, le grec, les mathématiques surtout, la chimie et la physique. On comprend dès lors, pourquoi plusieurs jeunes avaient adopté certains d'entre nous comme modèles. Nous, de notre côté, bien que nous soyons imbus de certaines données relatives à la musique et bien que nous maniions un peu la guitare, nous ne nous considérons pas pour autant musicien. Ce domaine n'est pour nous qu'un passe-temps, une détente. Tous ceux qui ont étudié les mathématiques à l'école dans le passé, ne sont pas pour autant mathématiciens titrés (Par ailleurs, maître Gérard Casias et maître Dépas, deux des meilleurs mathématiciens de notre époque en Haïti et professeurs à la faculté de génie et au lycée Louverture sont de la zone. Il en est de même de notre ami Gabriel Ducheine, ingénieur et professeur de mathématiques). Pour avoir étudié la chimie en classes, on n'est pas nécessairement chimiste non plus. A l'esprit de plusieurs jeunes et à leurs yeux, et suivant qu'ils le concevaient, nous étions les aînés de leur temps, des exemples à suivre.

Ces jeunes du quartier aimaient outre cela entendre performer un trio que nous avions conçu et baptisé: « Les Piverts », mais les membres avaient décidé plutôt de l'appeler « Les Picverts » parce que le guitariste-solo, Yvan Louissaint, utilisait si bien le plectre (pic). Il ne faut pas confondre Yvan Louissaint et Yvon Louissaint, l'ex-chanteur des Frères Déjean. Au sein de ce trio qui n'était que fantaisie de quartier, on trouvait: Yvan Louissaint lui-même, Ernst Péreira, Philippe Jasmin, Roland Cabrol, Roger Bernadin ainsi que nous, Joe Jean-Baptiste comme membres. Et à l'exception de Péreira, nous habitions tous cette même région. Cela peut aussi vous étonner de nous entendre parler de trio alors que nous étions six à former ce groupe. La conception numérique diffère à travers les ensembles musicaux. Le nombre de musiciens compte beaucoup moins en comparaison au nombre de sections ou de parties instrumentales. Il ne qualifie pas nécessairement le genre d'un groupe. Imbu de goûts musicaux appropriés, nous avions, en 1964, appris de Antoine Pierre comment jouer et manier la guitare. Grand ami de Pè Gi et de Antoine Zara, Antoine (Bòs Antoine, ainsi connu), habitait la rue St. Honoré. Il fut aussi un grand peintre. Ce fut ce même Antoine Pierre qui accompagna le maestro comme chanteur à la présentation musicale d'ouverture du casino au Bicentenaire en 1949. Il fallait toutefois que nous explorions davantage le monde musical à sa juste valeur scientifique. En effet, à New-York, nous avons appris de Derns Emile les théories et les principes qui en découlent.

Ce groupe de jeunes musiciens présentait de belles séances de chants/sérénades de guitare chez madame Charles-Paul, épouse de l'ancien maestro et trompettiste Charles-Paul Ménard du jazz des Casernes Dessalines. Au sein de cet orchestre quasi-militaire durant le gouvernement militaire de Paul Magloire, on remarquait, bien que civils, Félix Guignard au piano, Louis Lahens comme chanteur. Gérard Dupervil s'introduisait souvent à titre d'invité d'honneur. Mieux connu à l'époque comme trompettiste, c'est particulièrement là qu'il exposa ses qualités et ses capacités vocales.

Elève de l'école des Frères du Sacré-Cœur au Bicentenaire (études primaires) et du Canado Haïtien (études secondaires) et aussi jeune qu'il fut à cette époque, Jean-Robert Noël en particulier aimait écouter notre trio performer. Les souvenirs de ces belles performances l'ont poussé plus tard à explorer lui aussi la musique et la guitare. Ricot notre jeune frère, son condisciple de classes tant primaires que secondaires, en fit de même. Passionné de la culture et de la musique en général, Jn-Robert nous dira toujours: « Vous nous avez servi d'exemple et de modèle ». Par contre, c'est lui qui nous introduisit à Dernst Emile, qui devint plus tard notre professeur en musique. Là, chez Dernst, nous eûmes l'occasion de retrouver Eddy Jolly, un ancien camarade de l'école des frères du Sacré-Cœur, du lycée Toussaint Louverture et de la zone, un grand ami, une étoile du Racing club et un bon musicien-guitariste: un grand théoricien. En 1991, j'avais personnellement profité de l'occasion pour présenter Edner Guignard à Dernst. Ce fut une rencontre dans la joie.

A partir d'une idée de Edner, et avec lui, nous, beaucoup plus jeune, avons coécrit un poème « Bon jennjan » paru dans notre tout premier ouvrage « Réflexions » (1998). Ce talentueux chef d'orchestre le mit en musique et l'Orchestre Riverside D'Haïti (1962) l'interpréta avec Emile Volel comme chanteur. Nous entendions tous les deux mettre en garde les jeunes de l'époque contre les arrêts et mariages forcés et souvent piégés auxquels ils étaient exposés vus les excès de zèle de certains dirigeants de l'institut du bien être social. Par prudence, nous avions lors jugé nécessaire de garder secret le vrai sens de la chanson… Et, Emile Volel lui-même qui la vocalisait ne savait rien de son contenu socio-politique.

*Wo! Wo! Wo!*
*Shèshe fè afè n' legal*
*W! Wo! Wo!*
*Ase fè aksyon riral.*

*Depi m piti mwen santimantal,*
*Mwen tuju fè tut afè m' legal*
*Mwen pa janm vle al wode ka*
*Nenpòt ki fi pu m' pa pran vye ku.*

*Jennjan alèkile yo san moral,*
*Yo tuju ap fè aksyon riral*
*Depi yon fi abiye,*
*San konnen l' fòk yo atake.*

*Wo! Wo! Wo!*
*Se pu n' fè afè n' legal!*
*Wo! Wo! Wo!*
*Sispann fè aksyon riral!*

*Move maryay vini mete pye,*
*Responsablite vin an batri,*
*Jennjan fin fu nan tut ri*
*L'ap mache rakonte Zanmi.*

*Move zanmi se sa ya pe tann*
*Okazyon pu lonje dwèt su u ;*
*Pitit su bra, pòch kule,*
*Avèk yo, fanm ap ba w' zoklo.*

*Wo! Wo! Wo!*
*Se pu n fè afè n' legal!*
*Wo! Wo! Wo!*
*Pa janm fè aksyon riral!(1962)*

Edner, encore avec notre collaboration, a aussi écrit et composé « Reviens » que Louis Lahens chantait au sein de l'ensemble Nemours Jean-Baptiste. Voilà le texte tel qu'il fut présenté lors à Nemours:

*Jadis tu cherchais mon amour*
*Et moi aussi, je t'adorais.*
*Dans mes yeux tu lisais mon amour*
*Et dans les tiens, chérie,*
*Ton aveu s'y trouvait.*
*O mon idole, pourquoi m'as-tu abandonné?*
*Ne vois-tu pas que tu troubles ma vie?*
*Jamais je ne pourrais t'oublier;*
*Elle est à toi cette mélodie.*
*Reviens-moi mon amour!*
*Toi seule peux faire chanter mon cœur.*
*Sans toi, ma souffrance s'augmente.*
*A tes pieds, je veux vivre toute ma vie.*
*Reviens mon amour! Reviens!*

Il faut aussi noter qu'au tout début de leur formation, Nemours et son ensemble, épris de cette forme de musique qu'est le konpa dirèk, interprétaient peu les boléros. On les critiquait beaucoup en ce sens. Cette musique devint un hit-boléro et Luisito (Louis Lahens), chanteur à voix remarquable marqua une époque de développement au sein du konpa dirèk. Edner, à l'encontre de son père et de son frère avait, parait-il, un peu plus de goût pour les textes écrits. Nous collaborions souvent ensemble en ce domaine. Féfé Guignard fut celui qui conseilla à Nemours d'employer Luisito au sein de son ensemble. Louis Lahens quitta l'orchestre quand le grand maestro avait jugé nécessaire d'introduire Pierre Blain au sein du groupe. Chantant les mélodies avec une certaine langueur toutefois gaie, attribuée à son style « Olasmay! Ala bagay! », Pedro, comme on l'appelait souvent, rénova un peu le style de l'ensemble. Cette approche marqua beaucoup le konpa dirèk pour ce qu'il est aujourd'hui surtout. Tous les autres qui s'en suivirent avaient adopté son style. Par contraste et en guise de rappel, Ti Lwi avait fait de son mieux pour pousser un autre genre de konpa se rapprochant du chachacha que Nemours essayait de présenter aux fans: « le konpa Britanicus ». Les exclamations du chanteur en ce sens furent vaines. Le public ne s'y intéressait pas tellement. De cette nouvelle forme, on n'en parla plus, même avant que Louis Lahens lui-même laissât l'ensemble, voire aujourd'hui.

Félix Guignard, fut-il un musicien du groupe Konpa Dirèk de Nemours Jean-Baptiste, comme le pensent certains? Il fut à un moment son principal conseiller et le pianiste invité d'honneur dans l'un de ses disques. Il ne fut jamais pourtant, croyez-nous en toute sincérité, un membre de l'ensemble Konpa Dirèk remplaçant Richard Duroseau. Il n'a joué qu'une fois seulement durant une absence imprévue de l'accordéoniste en question. Nemours lui-même trouvait d'ailleurs ses approches trop théoriques. Il lui disait constamment: « Féfé, le konpa dirèk n'est pas fait pour ces genres de complications que vous essayez de nous dicter! ». De plus, Féfé lors jouait au casino international au sein d'un groupe qu'il dirigeait lui-même et qui devint plus tard le Riverside d'Haïti avec les voix remarquables de Joe Lavaud et de Emile Volel comme chanteurs. Il jouait aussi l'accordéon partiellement au sein du groupe El Rancho. Félix Guignard laissa Haïti en 1961 pour se rendre à la Martinique et au Canada. Les activités hôtelières baissant, il n'y avait plus de place pour un ensemble à El Rancho. A son départ, Féfé remit donc le contrôle du grand orchestre Riverside d'Haïti à Edner, son jeune frère. Ce dit groupe a connu un succès incomparable surtout avec Edner à sa tête. A entendre seulement citer les noms de ses membres, on peut bien en juger cela:

1) Félix Guignard chef d'orchestre, pianiste, remplacé à son départ vers l'étranger en 1961 par son jeune frère Edner Guignard.
2) Kesnel Hall – 1ère trompette
3) Gervais ainsi connu - 2ème trompette
4) Willy Becker – 3ème trompette
5) Dante Pierrot – 1er sax alto
6) Murat Pierre – 2ème sax tenor
7) Pierre Joseph – 3ème sax alto remplacé plus tard par Max Pierrot
8) Kénel Duroseau – contrebasse
9) Mozart Duroseau – accordéon
10) Antoine Oslin – batteur
11) Ti Marcel ainsi connu – tambour
12) Dormélas Philippe – guitare

A un niveau différent au Super Jazz des Jeunes, il fut selon notre jugement, le meilleur ensemble de l'époque et l'un des meilleurs que Haïti eût connus. Ce fut quand même malheureux; la situation sociopolitique n'était pas en faveur d'un tel orchestre. C'était le temps de la polémique Konpa/Kadans. Plusieurs des musiciens laissaient le pays vers Nassau, Martinique, Guadeloupe, Canada et les Etats-Unis surtout. Revenant du Canada en 1963 après une absence de près de deux ans, Féfé ne resta que seulement quelques deux, trois semaines en Haïti. Il repartit vers la Martinique avant même que Edner, honorant un contrat aux Iles Bahamas, laissât sa terre natale en décembre de cette même année pour n'y remettre les pieds qu'une fois vers 1980. Les autres musiciens du groupe avaient déjà plié bagages… Quelques deux mois plus tôt, le Riverside d'Haïti ne performait déjà plus.

- Ouf, avait soupiré lors François Guignard! Il était temps.

En fait, Edner était le bénéficiaire de tous les deux contrats. Il avait plutôt choisi de se rendre aux Bahamas et passer celui de la Martinique à Féfé qui deux ans plus tard laissa cette île française pour se rendre à Ste.Croix. Félix Guignard (Féfé) ne fut jamais un musicien proprement dit de l'orchestre de Nemours Jean-Baptiste et son fabuleux rythme konpa dirèk. Nous le répétons: Il fut pour un temps le principal conseiller du maestro, et le pianiste invité à la présentation de l'un de ses disques. En guise de collaboration, il orchestrait surtout les quelques rares interprétations de musiques étrangères que jouaient Nemours et son ensemble, en particulier Granada que chantait Louis Lahens; c'est tout. Et cela, selon ce que nous avons conçu, a failli lui coûter la vie... Ils avaient maintes fois dans le passé joué ensemble en « grenn siwèl »; Féfé était encore adolescent. Il faut noter qu'il était beaucoup plus jeune que Nemours lui-même. Il a souvent, de cette façon, contribué au développement de groupes musicaux sans pour autant en être partie intégrante. Les groupes Riviera hôtel et El Rancho hôtel ont présenté chacun un seul disque. Pour chacune de ces présentations, qui fut l'accordéoniste? Félix Guignard. Fut-il membre de ces deux groupes? Jamais! A la manière de Ti Roro à travers le Jazz des Jeunes et en sa qualité d'accordéoniste de haute performance et de conseiller, il fut seulement leur invité dans la production de leur enregistrement. Il s'était toujours fait remarquer par sa présence qui souvent laissait à désirer et à penser; il ne restait jamais inaperçu. Tel fut son cas face à Nemours Jean-Baptiste et son ensemble. Croyez-nous! Nous en sommes certains.

Nous avons déjà parlé de la formation de plusieurs groupes à travers lesquels ont participé les différents Guignard, père et fils, sans pour autant parler des circonstances qui ont poussé Edner à former le groupe El Rancho du dit hôtel. Vers 1958 déjà, les activités touristiques déclinaient en Haïti. Edner lui-même a failli être victime du régime. On se rappelle très bien de la chanson « Mashann shabon suple »... Il dirigeait lors le groupe du Riviera Hôtel. Après la fermeture des activités en ce lieu, l'une des autorités du gouvernement s'accapara du local. Thomas Dell, l'un des grands admirateurs de l'ancien groupe Riviera administrait lors l'hôtel El Rancho. Il fit donc appel à Edner pour accompagner leur chanteuse Yanick Koupet durant ses performances. Plus tard, sur les conseils de son père, le pianiste eut l'idée de former un quintet sans chanteur.

– Mon fils, ne t'éloigne pas de la pratique de jouer en groupe! C'est très important.

Edner y pensa grandement et discuta de cela avec Thomas Dell qui jugea importante l'idée d'un tel développement:
- Patron, lui avait-il dit (Dans le secteur privé, patron est le titre souvent utilisé à l'endroit d'une personne en charge d'une entreprise), mon père m'a conseillé de vous parler de la nécessité, selon lui, de doter l'hôtel d'un quintet pour que les présentations se rapprochent un peu de celles de l'ancien groupe de l'hôtel Riviera. Qu'en pensez-vous?
La veille, au soir, Edner avait invité son père à assister le duo performer.
- Les esprits se communiquent en effet, lui avait-il répondu. Voyant votre père, hier soir, je pensais moi aussi à cela faisant allusion à son groupe d'autrefois: le Super Modern Jazz Guignard. D'ailleurs, madame Koupet s'arrange à quitter le pays sous peu…
Et sans trop tarder, il s'empressa d'ajouter:
- Je compte donc, Edner, aménager la salle à manger en demi-cercle déjà vaste et l'accomoder en ce sens pour établir en son sein un club qu'on appellera: La Ronde. Trouvez vous-même quatre autres musiciens et on en parlera!
Ce quintet El Rancho était ainsi formé:
1) Edner lui-même au piano,
2) Louis Télémaque 1er sax alto,
3) Frank Duroseau au bongo,
4) Silvera Decosa au tambour, et
5) André Exil à la contrebasse.
Ce groupe reçut sous peu l'offre de madame Weiner de jouer aussi au Bakulu night club à Pétionville. Vu leur contrat avec l'hôtel (le titre du groupe même l'indique), cela n'était possible que le mercredi seulement car ils performaient durant six nuits par semaine à El Rancho hôtel, excepté ce jour. Richard Duroseau et Max Prudent en furent souvent les invités d'honneur. L'arrivée d'un tel groupe au sein de la communauté haïtienne faisait grand écho. Edner décida, encore avec l'approbation de Dell, d'ajouter:
6) Emilio Gay comme 1ère trompette,
7) Hilario Dorval 2ème trompette,
8) Jean Séjour 2ème sax ténor, et

9) Michel Pressoir chanteur.
10) Félix Guignard à l'accordéon et Michel Desgrottes à la guitare étaient tous deux de très actifs invités sans oublier pour autant la manifeste présence de Philippe Quieroque à la batterie lors de l'enregistrement de leur disque. Notons toutefois que Desgrottes avait au début refusé d'y participer. Ce n'est qu'un peu plus tard sur les conseils de sa femme qu'il accepta de se joindre au groupe. Il a chanté avec l'ensemble El Rancho deux morceaux à succès dont: El Rancho chachacha et Choupette. Voilà en quelques sortes, de son début à sa fin, ce qui constituait le groupe El Rancho du grand pianiste-maestro Edner Guignard.

Certains apports qui découlent de ce texte n'ont jamais été théoriquement enregistrés ou classifiés au préalabre. En notre qualité de fils du quartier en question et grâce à la compilation des informations du passé, nous désirons vous renseigner sur ce que fut le centre culturel François Guignard que nous avons eu l'honneur de connaître afin de rénover vos mémoires en matière de connaissances sociales assez riches des ères et des époques d'antan et honorer l'étoile y relative. A partir de nos données, nous espérons que ces informations soient maintenant enregistrées pour le bien et la compréhension des générations futures.

# QUATRIEME PARTIE

## Le bon vieux temps de nos ainés

Vous nous excusez un peu; il fallait à tout prix que nous fassions valoir les données ci-dessus avant de retourner une fois de plus au grand François Guignard. Pè Gi, de son nom commun, avait créé son propre orchestre « Super Modern Jazz Guignard » au sein duquel on retrouvait:

1) Guignard qui jouait surtout l'accordéon secondé vers la fin des années 40's par Nono Lamy au piano,
2) Daniel Alfred (chanteur),
3) Antoine Duverger (chanteur/compositeur/administrateur)
4) Hubert François (trompette),
5) Antoine Carpentier au sax alto,
6) César Bruno à la clarinette,
7) Sonson ainsi connu à la batterie.
8) René St Aude aimait l'ambiance. Il jouait quelquefois avec eux, comme bassiste. Vers 1941-42, St.Aude se détacha définitivement du super jazz Guignard et s'attacha pour de bon à l'orchestre Miau. Pour rehausser l'aspect du groupe lui-même, on le remplaça par
9) Etienne Williams jouant le sax baryton en lieu et place de la basse. Williams, de père jamaïcain était un grand ami du maestro. Il habitait à l'angle des rues du Centre et Champ de Mars. Pè Gi et César Bruno en duo honoraient en particulier un contrat au Bar Florville qui se trouvait à la Grand-rue, en plein cœur de Port-au-Prince et chez Florville lui-même à Pétionville. François Guignard interprétait souvent au piano les belles mélodies « Valse aux Etoiles » de Ludovic Lamothe et surtout « Quinze jours au Cap » de François Manigat. Ce classique haïtien connut un succès si merveilleux que le compositeur lui-même ne pouvant plus retenir ses émotions et son contentement, distribua des copies de sa partition çà et là et à n'importe qui en voulait. L'une des plus grandes qualités d'un artiste c'est de pouvoir s'exprimer. Or on s'exprime mieux en s'appréciant soi-même.

Vers 1937, le super orchestre de François Guignard rayonnait à travers toute Haïti et plus particulièrement à Port-au-Prince. On écoutait des airs populaires tels: « Ti Selia kole kole n'ap paweze way » (un konpa dirèk de bien avant le konpa dirèk pour ceux qui sont vieux de plus de quatre-vingts ans), « Tut mun genyen pa yo e mwen menm kote pa'm » que Nemours, plus tard, interpréta lui aussi à travers l'ensemble Aux Calebasses. Cette chanson a été écrite par Candjo qu'il ne faut pas confondre avec celui avec qui Félix Guignard se rendit au Cap quelques années plus tard et juste avant qu'il se joignît au Jazz des Jeunes, ni avec Candjo Depradines de son vrai nom Auguste Depradines. Nous ne nous souvenons pas de son vrai nom; disons toutefois que haut de plus de six pieds, il était de très grande taille. C'était un employé très connu du service des contributions à Port-au-Prince. Que de Candjo! Ce nom, paraît-il, était particulièrement conçu pour étoiles de la chanson à l'époque. Auguste Depradines (l'original Candjo) est l'auteur-compositeur du fameux hit « Anjelin...O! », un texte populaire où il manisfestait son opposition personnelle tant bien que celle du peuple à l'endroit des occupants de 1915. Le texte peut bien, dans son ensemble, paraître discriminatoire à l'endroit des femmes cependant, selon ce que nous croyons comprendre, le message était clair et très significatif. Angelyn (orthographe anglaise) était l'épouse de l'un des grands généraux américains en chef de l'occupation. C'était la façon à Auguste Depradines de dire aux occupants qu'ils n'étaient pas les bienvenus et qu'ils ne pouvaient en aucune façon se considérer chez eux:

***Inspiration***

*Anjelin... O!, Anjelin... O! Shita kay manman w '! (quatre fois)*

***Refrain***

*Shita kay manman w' shè! (deux fois)*
*Shita kay manman w » Anjèl,*
*Pu w' pa ban mwen dezagreman!*
*Shita kay manman w' shè! (bis)*
*Shita kay manman w' Anjelin... O! Anjelin... O!*

***I***

*Ti fi ki pa konn lave pase,*
*Shita kay manman w'!*
*Ti fi k' pa konn kwit yon bon buyon,*
*Shita kay manman w'!*
*Ti fi k' pa konn kwit yon pwa kongo,*
*Shita kay manman w'!*
*Anjelin... O! Anjelin... O!*
*Shita kay manman w!*

***II***

*(Répétition de n'importe deux lignes des trois du premier couplet)*
*Ti fi k' pa konn mete men l' lan gaz,*
*Shita ky manman w'!*
*Anjelin...O! Anjelin...O!*
*Shita kay manman w'!*

Il y eut aussi d'autres airs tels: *« Woy, Woy, Woy piga manyen shapo* 'm! » que le trio de Anilus Cadet interpréta plus tard. Anilus est l'un des membre-fondateurs du groupe Aux Calebasses de Nemours Jean-Baptiste, « *M'rele, m'rele, m'rele m'pral pale manzè Rosa, tut fanm se bakulu, lendi m'ap travay, madi m'ap travay... samdi bel provizyon, dimansh n'ap banboshe* », qu'interprétera aussi l'orchestre du Casino International dans les années 50's avec la voix de Joe Trouillot et plus tard encore les Shleu Shleu de Tony Moïse.

A bien analyser, ces airs des années 30's ci-devant énoncés à partir desquels François Guignard et son super ensemble divertissaient le public avant même qu'apparaissaient Kretzer Duroseau et Nemours dans Tana nous font beaucoup penser. Ils ont été tout bonnement repris vers les années 50's à travers l'ensemble Aux Calebasses. A cela, nous dirons tout simplement qu'il n'y eût de création que dans la forme. Quant au rythme... Je vous laisse le choix d'y penser. Vers la fin de 1937, avec l'aide et l'appui du propriétaire de la station HH2S Marcel Jeanty, cousin de Pè Gi, le super orchestre de François Guignard fut le premier et l'unique groupe musical haïtien à enregistrer trois disques de 78 tours avec la RCA Victor. Félix Guignard, jeune de dix ans lors avait accompagné son père à la station et de nos jours encore, il s'en souvient. Les contacts de Marcel avec cette compagnie étrangère lui ont beaucoup aidé en ce sens. Ces disques avaient connu beaucoup de succès si vrai que s'orientant dans le même sens, la HH3W, sous la direction des Widmaïer, invita le Super Modern Jazz Guignard à enregistrer aussi un disque en leur studio le 22 juillet 1938. La chanson populaire « Appuyez » fut le hit pour l'occasion. Ce fut à nouveau un disque sans pareil. Une année plus tard en 1939, progressant davantage en matière d'orchestrations et d'arrangements et sous les astuces de Duverger, un brillant compositeur du groupe, l'orchestre présenta à la RCA un super enregistrement de différents morceaux dont particulièrement « Shinshwe », une composition de Duverger lui-même présentant un blanchisseur chinois spécialisé dans le nettoyage moderne à sec des vêtements face à un client:

*Shinshwe! Shinshwe! ( Chinois! Chinois!)*
*Ban m' lrad mlwen plu m'lale! ( Donnez-moi mon habit pour que je m'en aille!)*
*Shli u' pa gennyen plaplye, ( Si vous n'avez pas de reçu,)*
*Mshye lu plèdi lrad lu... etc. (Monsieur vous perdez votre habit... etc.)*

A cette époque, avait commencé la migration chinoise en Haïti. Des Jaunes tels les Funcap, les Oku Wawa s'adonnèrent sans tarder à professer la blanchisserie et plus tard la boulangerie pour rapidement en prendre contrôle et se faire valoir honnêtement. De par leur allure, ils se faisaient vivement remarquer; d'où cette composition elle-même chantée avec un fort accent imitant les chinois. La RCA trouva cependant les arrangements un peu trop cubains et rejeta la demande de publication. En comparaison aux toutes premières, les orchestrations ne résonnaient pas comme étant d'un groupe musical haïtien. Le marché et l'industrie avaient réellement évolué beaucoup plus tard. En ce sens, nous verrons Issa Saïeh, quelques années après, s'associer à Bebo Valdes chef d'orchestre du Tropicana de Cuba pour orchestrer et interpréter certaines de nos mélodies les plus populaires telles par exemple: Shukun, « M'rele, m'rele... », « Pasyans ma fi » et autres. Il faut l'avouer, sans la présence de Ti Roro et de Ti Masèl (un neveu de Nemours et Monfort Jean-Baptiste) pour accentuer un peu sur les mouvements rythmiques et sans les voix de Guy Durosier et de Herby Widmaïer secondées par celles de Roland Guillaume, de René Dor, de Issa lui-même et de Alfred Simon qu'il avait fait chercher directement du Canada, le formidable disque: « El Maestro et son Orchestre » aurait été lui aussi rejeté pour cette même raison ajoutée à celle que l'orchestre n'était pas haïtien. L'auditoire accueillit follement ce chef-d'oeuvre. Saïeh s'était révélé un bon manageur et un grand promoteur avec de bonnes visées marchant de pair avec notre mentalité. De ces merveilleuses interprétations, tout le monde se réjouissait. De la provenance orchestrale, on ignorait tout. En un mot, on s'en foutait vraiment. Malheureusement, quant aux premiers disques de François Guignard et son super ensemble, nul ne se souvient des numéros d'enregistrement y relatifs. La RCA Victor n'est plus, et les documents d'archives de François Guignard ont tous disparus sous les décombres le 12 janvier 2010.

Ceci constitue en quelque sorte la première version du Jazz Guignard de son nom officiel: Super Modern Jazz Guignard et quand plus tard en 1945, Nono Lamy quitta le groupe pour rejoindre le jazz Rouzier, Duverger fit appel à Tonton Duroseau et peu de temps après la mort de Hubert François viendront d'autres changements qui renforcèrent en quelque sorte le groupe aux dires de l'un des proches et Duverger lui-même laissera l'ensemble pour rejoindre l'orchestre Idéal et ce sera la seconde version du Super Modern Jazz Guignard où l'on retrouvera Pè Gi à l'accordéon et au piano, Henry de son nom courant, chanteur, Daniel Mayala (père de Mario Mayala) à la batterie, Frank Brignol au sax alto, Reynold Ambroise 2eme ténor, un cousin à notre père, Jerôme (mécanicien) au tambour secondé dans certaines festivités en fin d'après-midi par le très jeune et talentueux Edner Guignard dans les boléros et airs espagnols. Invité d'honneur, et aussi jeune et petit qu'il fût, en compagnie de son père, il se montrait grand et capable. Qui l'aurait dit? L'un des plus grands pianistes haïtiens et fils et frère des deux des plus grands, débuta ainsi sa carrière musicale en battant le tambour… Dans les années 1990's Edner présenta une reproduction de ses œuvres à l'hôtel El Rancho qui s'intitule Edner Guignard & Son Orchestre – Les belles Meringues d'Haïti (Marc Records Classic Séries). Edner fut le pianiste qui accompagna plusieurs fois Harry Bellafonte durant ses tournées en Haïti à l'hôtel El Rancho. La musique demeure universelle. L'époque carnavalesque est toujours marquante chez nous. Durant les jours gras des années 1937, 1938 et 1939 en particulier, Ti Giya et son groupe jouaient à la Commune de Port-au-Prince. La retransmission de telles performances était relayée à travers toutes les stations de radio de la capitale. Durant ces périodes, ils animaient aussi les soirées carnavalesques chez Sylvénie à la ruelle Alerte. Ce vibrant ensemble était l'un des plus grands que Haïti eût connus.

Les soirées qu'animait en « siwèl » surtout François Guignard étaient connues sous l'appellation de « Bal au piano » puisqu'à l'époque la guitare ne fut pas l'instrument dominant comme elle l'est aujourd'hui. Les demoiselles dites de famille ne se déhanchaient pas si aisément au bal ou au carnaval comme elles le font de nos jours. Les femmes se rencontraient décemment plutôt au salon de Chez Madame Luc au coin de la rue St. Honoré et de la rue de l'Enterrement en fin d'après-midi du dimanche dans une ambiance saine pour se divertir et danser au son d'un grand piano de la marque allemande « Lubitz ». Il y en avait aussi un chez les Barron à l'angle des rues Champ de Mars et de l'Enterrement. Là, les jeunes s'y entretenaient certaines fois. Le jazz Guignard cessa de performer en 1949. Pè Gi s'associa cette même année au jazz Atomique que dirigeait Nemours Jean-Baptiste et joua au piano en guise de guide surtout durant une très courte période d'orientation après laquelle il prit totalement pension de sa pratique. Il faut noter une fois de plus que Ti Giya a vu Nemours grandir. Il était pour lui comme un père, un guide.

François Guignard est l'auteur-compositeur du beau classique «Adeline», titré après sa plus jeune fille à côté de Olga l'aînée qui mourut bébé en bas âge, Laure (Ti Lò) et Anne-Marie. Par ailleurs, Anne-Marie est née un 26 juillet, jour de la Ste.Anne. Par pure coïncidence les reliant au Morne-à-Turf et sa paroisse, son unique fils Jean-Robert est né aussi un 26 juillet. Sianne passa au trépas en 1962 et Pè Gi lui-même en avril 1979 laissant un passé inoubliable. Il allait avoir quatre-vingt-deux ans. Ce morceau a transcendé le temps et les océans. Qui à Port-au-Prince ne connaissait pas Pè Giya? Il était aimé et admiré de tous particulièrement dans son monde musical. On aimait le voir conduisant sa moto mais, on aimait surtout le regarder y monter pour s'y asseoir en sautant dessus. Descendre de l'engin était encore plus séduisant. Féfé dans son jeune âge fut celui qui assista le plus son père durant ses trajets pour aller accorder des pianos, faire des emplettes ou rendre des visites, il était toujours avec lui, assis à l'arrière-plan sur la boite à outils. D'apparence très discrète, Pè Giya ne parlait que peu et tout bas. D'une voix équivalente à celle d'un jeune adolescent pour s'affirmer surtout, il exclamait presque toujours en fin de phrase: «Tonnè kraze m'». Le ton faisant la chanson, cette même exclamation peut manifester des caractères différents. Elle peut être ou bien plaisante ou bien d'allure exprimant le dégoût.

Une fois de plus, rappelons que nos exclamations, nos proverbes, nos regards, nos gestes des mains, nos soupirs, tous en disent long à travers notre culture propre. Et souvent même, nous énonçons des propos dont nous ignorons les provenances parfois historiques. Tôt vers les années 50's, la chanson « *Adieu Lisbonne, Vieille Cité du Portugal* » interprétée par Dario Moreno faisait la une en Haïti. Nous vous parlons d'un temps où les jeunes filles de Port-au-Prince et des grandes villes de provinces avaient presque toutes, leurs cahiers de chants, de romances et de poésies. Et leur chanson préférée était: *Après toi, je n'aurai plus d'amour*, de Tino Rossi. Néanmoins, il nous plaisait vivement d'écouter *Adieu Lisbonne* qu'interprétait aussi l'ensemble Murat Pierre avec la voix de Pierre Blain secondée par celle de Murat lui-même. Elle paraissait toute nouvelle. François Guignard aimait l'écouter.

- En général, nous disait-il un jour, le terme évoqué dans cette chanson ne nous est pas nouveau. Depuis mon enfance, et bien avant celle de ma grand'mère ou même celle de mon arrière grand'père, j'entends les gens dire: « Gade figi w'... U pa ta di yon (A vous regarder, on dirait un): Adye Lisbòn, vyèye site di Pòtigal »... Comment expliquer alors cela, Djo?

En effet, le Portugal fut l'un des principaux promoteurs de l'esclavage en Amérique. Le cas du Brésil parlant le portugais en est la preuve. A travers la colonie de Saint Domingue avant notre indépendance, il y avait, bien qu'en faible pourcentage, quelques esclaves engagés blancs (trente-six mois) venant de Lisbonne, capitale de ce pays colonialiste d'Europe. Libérés sous caution de la prison, pour la plupart, ils étaient eux-mêmes en très faible quantité parmi des nègres à cultures africaines très différentes. La possibilité de communication avec d'autres esclaves leur faisait grand défaut. Sur une habitation à plus d'une centaine de Noirs, on pouvait rarement en compter un par-dessus tout: blanc. Les douleurs paraissaient se manifester encore plus profondément sur leurs visages. Et, pour qu'ils furent sujets lors à la même calamité que les nègres, leur attitude et leur apparence représentaient le mépris et la détresse surtout: « Figi w' pòtre yon adye Lisbòn, vyèye site di Pòtigal » (A mes yeux, vous êtes un « Adieu Lisbonne, vieille cité du Portugal »). Le titre de la chanson de Moreno par rapport au propos haïtien n'est donc qu'une coïncidence.

Un jour, se rendant avec Féfé chez Hubert François à la rue du Centre face aux Guillaume, Pè Gi fut la proie aux exclamations répugnantes de deux jeunes du quartier: Kokobe! Kokobe men mereng! (Infirme! Dansez Mereng!).

- Quoique infirme, je suis fier de pouvoir être utile à moi-même, bande de salauds, bande de chiens sauvages, bande de sans-vergognes, va-nu-pieds, « adye Lisbòn vyèye site di Pòtigal », leur avait-il répliqué.
- Je n'ai jamais insulté personne durant mon enfance, avant mon infirmité, avait-il ajouté. Je ne compte point le faire non plus si ce n'est qu'aujourd'hui et n'importe quand se présente une occasion pareille… « Tonnè kraze m' », attendez votre tour demain et souvenez-vous en!
Il sauta malgré tout vivement, fièrement et avec grâce sur sa moto de la même allure qu'il s'y était descendu. Néanmoins quoiqu'en présence du père, le jeune Féfé n'hésita pas de leur lancer l'injure haïtienne la plus courante et la plus insultante visant leurs mères. Madame Guillaume y passait par accident. Elle réprimanda sévèrement les deux jeunes:
- Vagabonds que vous êtes! Savez-vous qui vous venez d'insulter? C'est le grand maestro François Guignard! Vous rendez-vous compte de cela?
- Excusez-nous madame, s'empressèrent-ils de répondre. Nous ne le savions pas!
Ce fut la première et la dernière fois que se produisit un tel incident. Du moins à notre connaissance, pareille chose n'arriva plus jamais.

« Depi m' wè w', m' konn ak kilès m'an afè » (Je n'ai qu'à vous regarder pour savoir à qui j'ai affaire). L'allure chez nous en dit beaucoup.
- Moi personnellement, disait Pè Gi, j'évite d'apprécier les gens de par seulement leur apparence: « *L'apparence est souvent trompeuse, nous dit le proverbe* », J'en tiens donc compte.
De nos jours en particulier, de multiples cas ont prouvé en Haïti combien vraiment valide est ce proverbe. Plusieurs s'enrichissent ou se sont enrichis à travers le crime, le vol et l'assassinat. Et, certains des grands chefs de bandes, contrôleurs et kidnappeurs sont des gens de « grande famille » et de la haute bourgeoisie à allure de gens de bien. « Gade tèt u lan

glas! (Regardez-vous dans un miroir!) » S'ils se considèrent tels, se regardant pourtant dans un miroir ils verront le contraire. Selon ce que nous concevons nous-mêmes, ce même miroir, à l'encontre de ce que pense la société, est loin de présenter le reflet exact de celui qui s'y regarde parce que son côté droit devient son côté gauche et vice versa. Vous pouvez vous-mêmes en faire l'expérience. Présentez-vous devant un miroir tenant un objet avec la main droite. Le reflet quoique d'apparence parfaite montrera que vous tenez l'objet avec la main gauche. Ou mieux encore, écrivez: « HAITI » sur un morceau de papier que vous tiendrez avec la main droite et, présentez-vous devant ce miroir comme pour le montrer! Ce mot reflété ne sera plus comme conçu sur le papier que vous tiendrez avec la main gauche dans ce cas. Les lettres elles-mêmes seront toutes à l'envers et vous lirez « ITIAH » à travers le reflet. Nous croyons que c'est de là que vient le terme: « négatif », en photographie. De ce propos, nous pouvons quand même en tirer une leçon et changer nos conceptions si toutefois elles sont négatives. Nous pourrons ainsi et plus positivement, mieux nous refléter à travers le miroir de cette société que nous constituons. Soyons ce que nous aurions dû être tous, des êtres humains doués de cœur et de sentiments d'honnêteté; sinon, regardons-nous dans un miroir. Cela nous aidera à nous corriger nous-mêmes et vivre pour qu'on nous pointe du doigt chacun particulièrement disant : Il agit en « gens de bien » au lieu de: Il a le comportement d'un vagabond, d'un voyou, d'un méchant criminel et pour le pire, d'un tortionnaire volontaire, partisan de l'immoralité et de tous les vices. Certes, nous mourrons tous; cependant comme l'entend Socrate: *« Si la mort était la fin de tout, ce serait un grand avantage pour les méchants ».* Ceci dit, ils meurent tous comme ils ont vécu avec la conscience bouleversée. Leurs âmes ne peuvent en aucun sens se reposer en paix sachant que passant non loin du lieu saint en route vers les enfers afin d'expier leur constante peine, et en guise de remords, elles contourneront celles de leurs victimes d'abus, de méchanceté et d'assassinat contemplant elles-mêmes le bonheur éternel. Il en sera ainsi si réellement, suivant le concept chrétien, tous ceux qui meurent victimes d'assassinat vont au paradis. Bien que la perfection ne soit dûe qu'à Dieu et à Dieu seul: *« Dieu seul est parfait »,* François Guignard n'avait point besoin selon nous de se regarder dans un miroir. Son conportement tant positif constituait déjà un reflet à travers notre société.

Pè Gi n'appréciait guère les regards exprimant la pitié ou l'insulte à l'endroit de sa personne: « Je suis un homme normal comme tous les autres hommes, pensait-il toujours et à tous moments! » Plus que tout, notre grand maestro était de caractère à savoir quand parler et à qui parler. Nous nous souvenons un jour qu'un vieux soulard, chancelant et trébuchant, s'arrêta au devant de sa maison à la rue St. Honoré et s'adressa à lui en le pointant du doigt:
- Mais…, mais!... Vous…, vous monsieur, je…, je vous reconnais bien!
Le maestro le dévisagea à son tour et lui répondit calmement:
- Vous ne pouvez en aucun cas prétendre me reconnaître!... Je ne me suis jamais ni déguisé, ni masqué en « Shaloska » (général Charles Oscar Etienne assassiné le 28 juillet 1915, veille de l'occupation américaine), ni en « madigra mal maske » (participants mal déguisés) non plus.
De nos jours encore, plus d'un siècle plus tard, on s'amuse risiblement à se déguiser en Charles Oscar les jours gras. Selon certains proches parents, François Guignard avait des liens de descendance ou de parenté avec l'ancien général.

## François Guignard et ses multiples boulots

François ne fut pas seulement un excellent musicien; il fut aussi un grand horloger et un accordeur de piano dont la réputation allait au-delà de la capitale. Il aimait explorer le monde de la physique. Il décida un jour par simple curiosité et bon vouloir d'innover une machine à vapeur. Certains auraient peut-être pensé que cet infirme perdait la raison. A l'étonnement de tous, il le fit sans trop grand problème. Disons par simple ironie que près de deux décennies plus tard, sous le régime des Duvalier, on l'aurait accusé de fabrication de bombes!... De cela, nous en sommes certains vus les constats faits durant notre jeunesse. François était d'une intelligence rare et incomparable. En sa qualité d'infirme, il voulait sans doute se prouver lui-même par devant notre société. Il fut un grand ami-conseiller de Renan, l'horloger de la même rue. Ils s'entraidaient souvent tous les deux. Il savait aussi réparer les récepteur-radios, peu importe la marque ou le concepte. Par contre, Edner, le plus jeune de tous les enfants, n'avait que quatre ans à peine quand Pè Gi un jour, réparant un vieux phonographe manuel, laissa échapper la chaine de relai qui blessa le fils sous l'œil gauche. Il faut l'avouer, dans son jeune âge, rapporte-on, Edner était « Fouille-à-portes », curieux, fouinard. Il se croyait même capable d'assister son père dans ses boulots. Le maestro lui avait bien ordonné de s'éloigner lorsqu'il allongea la tête pour voir le fond de l'appareil mais... Dieu soit loué, il ne s'agissait que d'une coupure légère qui n'affecta pas l'œil proprement dit. Pè Gi a falli mourir de remords et de chagrins. Gagner son pain quotidien aurait pu lui être fatal. De nos jours encore, Edner s'en rappelle car il garde le souvenir avec la légère cicatrice. François Guignard n'avait pas peur du challenge dans le domaine électronique. Il l'avait prouvé avec l'arrivée des radios à transistors en Haïti au début des années 60's. Il utilisait les principes et théories de la physique pour comprendre le mode et être capable de les réparer quand ces récepteurs tombaient en panne. Nous en fûmes souvent témoins. Nous avions une fois reproduit une petite pièce en gélatine cassée pour qu'il pût s'en servir dans la réparation d'un de ces appareils. De cela, Pè Gi n'avait jamais cessé d'en parler.

François Guignard marqua toutes les époques de son existence. Des effets de la deuxième guerre mondiale, notre cher pays en sentit les résultats souvent néfastes. Haïti connut surtout une rareté d'électricité. Le « black out » était de mise; les stations de radio ne fonctionnaient que rarement. Notre master en tout y pensa grandement car il lui devenait difficile parfois d'écouter les stations cubaines et leurs diffusions de « dansons » qu'il aimait tant. Par ailleurs, il avait grandement peur de l'électricité.

Toutefois, il lui fallait trouver une solution malgré tout. Pè Giya, nous vous prions d'y croire sans réserve, améliora une batterie de voiture (12 volts) et l'utilisa pour faire fonctionner son appareil de radio à lampes, les seuls qui existaient à l'époque. Mais mieux que cela, François Guignard fut celui qui, tôt en haïti, contribua à la confection et à l'émancipation des radios à galène (pierre de sulfure de plomb, qu'on trouvait surtout dans les régions du Morne l'Hôpital). Ils étaient très pratiques à l'époque. Autant que nous nous souvenons, on se servait de petites boites vides de lait condensé attachées à du fil comme écouteurs. Pè Gi trouva plus tard le principe trop individuel et y pensa grandement. Il y ajouta sans tarder un système de reproduction physique qui servit de haut-parleur. Et toute une audience pouvait y écouter.

Aujourd'hui nous ne nous rappelons pas comment s'y prendre, mais nous avions nous-mêmes durant notre adolescence vers 1955-1956 fabriqué un avec des écouteurs en « bwat lèt » (conteneurs vides de lait condensé) comme préalablement conçu. Les enfants de l'époque s'y intéressaient beaucoup:

*« En vérité, avons-nous écrit dans notre roman intitulé La Route d'un Empire, n'importe qui peut faire ou construire s'il le veut et dans la mesure de ses capacités tout ce qu'a fait ou construit un autre. Tout ce qui est possible à un homme est possible à tous les hommes. Quoique à niveaux différents, nous sommes tous doués d'intelligence et de capacité; il nous suffit d'être patients. Si quelqu'un n'est pas d'un métier, il y mettra tout son temps, tout son jugement et plus particulièrement son bon vouloir et son dévouement pour arriver à faire ce qu'a fait celui qui est de ce métier; c'est ce qui explique la différence entre l'amateur et le professionnel; c'est ce qui explique aussi le besoin de l'apprentissage. »*

Rares étaient ceux qui possédaient un accordéon de très haute portée à quarante-huit basses; Pè Gi en avait un comptant seulement trente-six. Aux dires de Edner, son fils, un client apporta

un jour à son père un de ces instruments de haute portée en panne pour qu'il l'arrangeât. Il se mit au boulot et profita de l'occasion pour bien l'étudier et transformer alors le sien de trente-six basses ajoutant douze autres pour le compléter à son goût utilisant les petites chevilles soutenant les cordes de piano comme boutons. Basant de ce fait-souvenir, sans pour autant être ni ébéniste, ni charpentier non plus, nous (Joe Jean-Baptiste) avons confectionné à New York en 1977, notre propre guitare. Nous fûmes encore plus joyeux quand François Guignard nous visita en été 1978, moins d'un an avant sa mort. Voyant la guitare, il nous avait déclaré avec joie:
- Djo, j'en suis ravi mais pas surpris. Je sais à qui j'ai affaire.

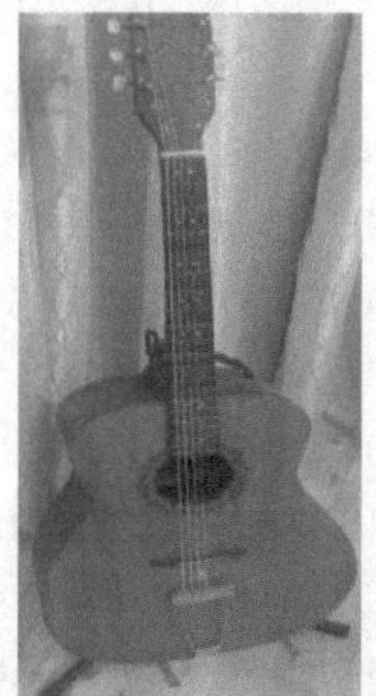

Fabriquée à la main par l'auteur lui-même
(Djo Jean-Baptiste) à New-York en novembre 1977

Qui pis est, malgré son désavantage physique, résultat de cette fièvre polio qui avait paralysé ses jambes dès son enfance, François Guignard avait réparé, avec l'aide du très jeune Gabriel Lissade du quartier, son propre tricycle à moteur. Il l'avait longtemps avant aménagé et transformé à son goût. Dans son ensemble, il ne ressemblait point à celui d'un infirme. Féfé devenu grand et professionnel, ne pouvait plus assister son père comme il le faisait autrefois et à son aise. Et le maestro qui aimait toujours se faire accompagner par prudence peut-être, reçut dans ses trajets pour aller accorder les pianos des clients, l'aide de certains jeunes de la zone qui en profitaient pour flâner, « pran woulib » (bénéficier de tournées gratuites).

## « Se vyolon lan men blan » (C'est du violon manipulé par un blanc)

La contribution de François Guignard au développement de la musique dansante haïtienne en particulier fut d'une excellence sans pareil. Notons toutefois qu'il est avant tout un grand musicien classique. Sa participation fut aussi grande en ce sens. Pour une raison purement culturelle dont nous ignorons le pourquoi fondamental, certains de la bourgeoisie de chez nous admirent le violon comme étant un merveilleux instrument, mais, les Haïtiens en général ne s'y intéressent pas. Personne ne peut s'étonner non plus de nous entendre dire que peu sont aussi les musiciens qui, de nos jours encore, aimeraient le jouer et le manier. Du violon, nous en faisons peu cas. Ils disent souvent même et comme pour s'excuser que le violon rend fous ceux qui en font usage. Pè Gi de par son infirmité ne pouvait aborder une telle pratique. Il conseilla alors à son ami Augustin Bruno d'introduire au centre des arts et métiers une classe spéciale enseignant le maniement d'un tel instrument. Bruno, jugeant noble sa demande le fit.
- Je crains seulement, disait-il au maestro, que les jeunes s'en foutent…
- J'y pensais aussi, avait répliqué Pè Gi, mais, essayons quand même! A part la façon de le tenir qui est en particulier embarrassante, les principes ne diffèrent pas trop de ceux de la contrebasse.
- Je présenterai l'idée au directeur Crepsac (Fernand Crepsac fut maire de Port-au-Prince sous la présidence de Sténio Vincent). Nous commanderons trois seulement pour le moment.
Ainsi, sur les conseils de François Guignard, Augustin Bruno avait introduit cette classe à la Centrale.

Aussi populistes et même vulgaires que puissent paraître certaines exclamations de chez nous, elles sont souvent classiques et ont leurs sens propres et significatifs. Il nous suffit de bien connaître leurs origines pour mieux pouvoir les définir et les comprendre. Nous n'avons l'intention de blesser le sentiment de personne; d'ailleurs, nous ne sommes pas de ce genre. Nous éviterons toutefois de citer des noms. Nous avons constaté dans le temps que du violon, comme préalablement envisagé, les jeunes ne s'y intéressaient pas: « Sa a se enstriman zekurèl… » (Cet instrument donne du mal au cou). Notre pays est riche en exclamations et en proverbes.

De notre culture, le monde entier en parlait autrefois. Un jour arriva en Haïti un violoniste américain blanc désireux d'explorer notre folklore musical. Cet américain eut la chance de rencontrer François Guignard qui l'accompagna deux fois au piano. Il fut réellement ébloui et ému. Mais quand il déclara vouloir rencontrer un ou deux violonistes haïtiens et jouer ensemble aussi avec eux, le maestro avait fait la sourde oreille. Quelqu'un d'autre, conseilla plus tard qu'on fît chercher « Un Tel », l'un des plus rares, et des plus connus peut-être à l'époque. Pè Gi, rétorqua soucieusement:
- Avez-vous vu le Blanc manier le violon?... Comprenez bien alors que cet instrument est le sien. Il fait partie de sa formation culturelle musicale. Nous en Haïti, nous ne nous en servons presque pas. Regardez bien la façon dont il le tient! Observez son doigté sur la manche et ses mouvements avec l'archet! Comparez tout cela à ceux d'Un Tel!
- Il faut qu'on lui présente quelqu'un de toute façon, lui fit savoir le moniteur en charge. Un Tel, n'est-il pas … le meilleur?
- Faites comme bon vous semble, avait conclu Pè Gi! Moi de mon côté, j'aurais évité de le lui présenter… Il est loin d'être de son calibre.

On présenta malgré tout Un Tel à l'Américain qui voyant comment il tenait son archet et le violon lui-même pour lui montrer ce dont il était capable, se découragea et l'ignora. Il n'osa même pas lui offrir de l'accompagner. Et quand plus tard on raconta cela à François Guignard, il déclara timidement:

- Aviez-vous vu l'américain jouer? C'est le violon manipulé par un blanc, mon ami! Face à Ti Roro, oseriez-vous présenter un tambour à un blanc? Un tel instrument n'est ni de son genre ni de sa culture... Il fallait comprendre alors que le violon n'est pas des nôtres non plus.
D'où le proverbe de chez nous: « Se vyolon lan men blan!»

## Vieillesse, découragement ou abandon de soi?

Plus d'une quinzaine d'années après la mort de Sianne en 1962 suivie du départ pour l'étranger de Féfé et Edner, ses deux fils, de Ti Lò, Anne-Marie et Immacula, ses filles, aussi bien que de ses petits enfants et d'autres membres de la famille, Pè Gi se sentit un peu seul. Entre autres, outre des fils, des filles et des petits-enfants, la famille Guignard comptait en son sein de multiples adoptions de petits neveux et nièces, jeunes cousins et cousines qui vivaient sous leur toit. Le cas de Immacula diffère parce qu'ils l'avaient adoptée au berceau comme étant leur propre fille. Après 1965, son entourage familial paraissait s'effrondrer. La plupart de ses proches avaient déjà quitté le pays pour s'immigrer à New York surtout. Sous la requête de ses fils et filles, François Guignard fit son premier voyage vers 1970 suivant les conseils de Wesner Pierre, son beau-fils (Gérard Romain mourut tôt durant les années 50's et Laure se remaria plus d'une dizaine d'années plus tard vers 1965) qui jugeait qu'au lieu que Ti Lò voyageât si souvent aller voir son père, il aurait été préférable de faire plutôt d'une pierre, deux coups:
- Pourquoi alors, proposait-il, ne pas inviter Pè Gi à venir nous visiter à New York? Il en sera très content. Ainsi de son côté, Laure n'aura pas besoin de se rendre en Haïti pour cette seule raison d'aller le voir...
Le deuxième voyage, son dernier vers 1978, fut surtout pour des raisons de santé; il souffrait de troubles prostatiques. Pourtant, malgré la présence des siens à New York, il ne pouvait se passer de sa terre natale:

- J'adore mes fils, mes filles et mes petits-enfants. Je vénère encore Sianne, mon père et ma mère, mon jeune frère et ma sœur Laura qui m'ont tous devancé. De ma douce Haïti cependant, je ne peux m'en passer. Il n'y a pas comme son ciel bleu. J'adore son printemps de tous les jours et son hiver tiède. J'aime voir passer ses jolies « Kabrit ». Ici, enfermé entre quatre murs, je n'y vois rien. J'aime ses mereng. Mon piano sous mon toit, c'est mon univers ; c'est enfin ma vie. Je ne veux pas vivre sans vie.
François Guignard paraissait partager l'idée philosophique de Victor Hugo: *« Le plus grand ennui c'est d'exister sans vivre.* » Il ne voulait pas rester à New York et malgré les soins que nécessitait sa santé, il avait décidé de vite retourner en son pays pour ne plus jamais voyager. Des possibilités de traitements en sa faveur, il s'en foutait malgré l'insistance de ses enfants et petits-enfants.
- Je retourne chez moi. Quiconque désire me voir, n'a qu'à rentrer en Haïti, soupirait-il. D'ailleurs, je ne serai pas seul là-bas; Adeline et Raoul y sont encore.
Mais, ce grand maestro venait à peine d'être octogénaire; nous l'avions nous-mêmes vu et contemplé. Alors que nous l'accompagnions un jour pour l'emmener visiter un peu les sites de la Big Apple, un de nos camarades qui, exceptionnellement pour sûr, ne le connaissait pas s'écria anxieusement:
- Joe, où allez-vous avec ce Blanc?
Pè Gui n'avait fait que sourire et à nous d'en profiter pour répondre:
- Camarade, vous n'êtes sans doute pas d'Haïti... A votre âge apparent, vous auriez dû connaître François Guignard, l'une des plus belles figures de la musique dansante haïtienne!
- Voyez, mon fils, nous déclara-t-il à son tour, nul ne me connait ici! Je ne pourrai jamais y demeurer pour vivre.
A côté de tout cela, les musiciens de sa génération et de celle de ses fils avaient tous quitté Haïti. D'autres tels: Augustin Bruno, Luc Jean-Baptiste, Ludovic Lamothe étaient longtemps déjà passés à l'orient éternel, et lui de son côté, en plus des troubles de la prostate, il souffrait de rhumatisme qui affectait surtout ses membres lui empêchant de manier le clavier de son piano. Il avait

fait de son mieux pour intéresser Roland, son petit-fils aimé, à la pratique de cet instrument qui était toute sa vie, mais le jeune, paraissait-il, épris des activités scolaires, n'y montrait aucun intérêt. Bien entendu, Amont, un petit-neveu de Sianne jouait la trompette, mais… Et le piano! Ne pouvant concevoir de n'être pas capable de le jouer, voire l'accorder quand venait le temps, il décida de s'en débarrasser et le vendit. De l'accordéon sur sa poitrine, n'en parlons pas!

Cette décision était loin d'être la solution la meilleure. Imaginez François Guignard habitant une maison sans piano ni accordéon! Imaginez Pè Gi ne pouvant plus utiliser sa tricycle moto! La mort de quelques proches amis de la zone elle-même ne fit qu'aggraver la situation. Il n'y avait plus personne à qui il pouvait parler de musique, de radio ou même d'horlogerie ni même converser sur les souvenirs, les acquis et les attributs du passé. Qui pis est, son quartier lui-même se détériorait socialement et sur tous ses aspects. Plusieurs voisins soucieux de cela avaient vidé les lieux. Certaines activités d'ordre culturel perdirent leur valeur. Du fondamental de la musique et de l'art, il n'y avait plus personne pour en discuter… Plus personne à qui conseiller… Ce site perdit enfin sa qualification de quartier-général des musiciens et des artistes. Ajouté à tout cela: plus de polémique Nemou/Siko! Qui entendre? A qui parler?

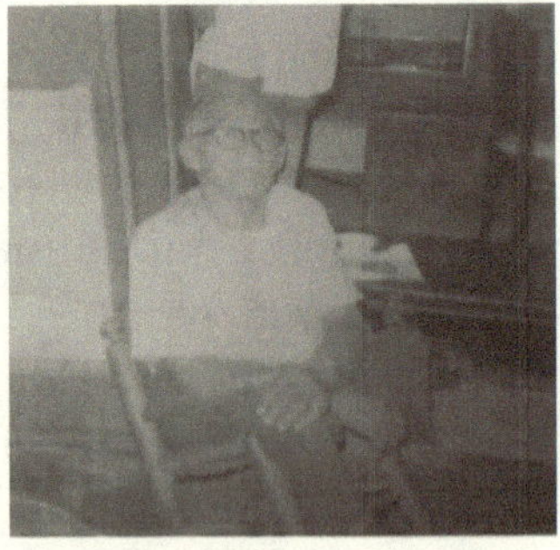

François Guignard 12 juin 1971,
jour de son soixante-quatorzième anniversaire de naissance

Pè Gi, se sentant seul et abandonné, n'avait plus le choix. Il se vit forcer de laisser lui-même la rue St. Honoré et son Morne-à-Turf pour se rendre à Carrefour-Feuille chez sa fille Adeline mariée à Raoul Baptiste (La République). Certains amis et notables du quartier ne partageaient pas cette initiative et quand madame Vallières Jean (Madan Va), sœur du batteur Hillarion Hilaire et mère de notre ami Paul Hugo Jean, apprit particulièrement de Adeline elle-même qu'on comptait vendre la maison à la rue St. Honoré pour que Pè Gi pût se rendre chez elle, elle avait rétorqué soucieusement:
- Je ne partage point cette idée. Guignard peut mourir de chagrin, laissant le quartier. Raoul fut un employé de la compagnie Rum Barbancourt. Il était connu de presque tous. Qui de cette génération des années 60's ne se souvient de cette vibrante musique de Nemours Jean-Baptiste: La république en action? C'était pour le vénérer.

Malheureusement, ce pénible sentiment se manifestait longtemps déjà en François Guignard. Devenu vieux et ne pouvant concevoir la vie hors de la rue St. Honoré sans piano ni accordéon, ce monument de la musique dansante haïtienne, passa de vie à trépas le mercredi 11 avril 1979. Ses funérailles furent chantées en l'église St. Paul de la rue d'Ennery (ruelle St. Paul) près du lycée Toussaint Louverture. Nous prenons tristement la liberté de vous dire qu'à notre connaissance, ce ne fut pas en grande pompe... Pour ceux seulement qui pouvaient l'en déterminer, l'harmonium qu'il avait l'habitude de réparer et d'accorder dans un passé lointain ne résonnait point soigneusement, affirme-t-on, pour, à son esprit, faire savourer le « libera ». Qu'est-il devenu des pièces d'archives rappelant son passé? A la seule exception du vieux tricycle qui est en déplorable état (voir photo attachée), ils ont tous disparu sous les décombres de la maison des Baptiste lors du « goudoudou » (séisme) du 12 janvier 2010.

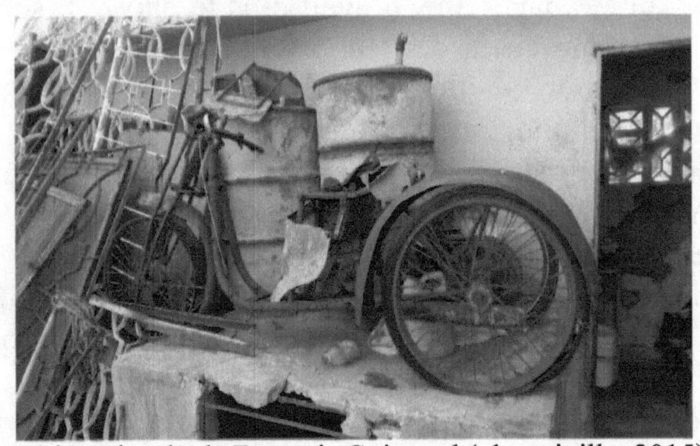

Ancien tricycle de François Guignard (photo juillet 2015) /
Courtoisie de Thierry Baptiste, son petit-fils

En tous cas, rien ne peut nous étonner. Nous avons dormi au lit de notre société; nous connaissons bien ses ronflements. Nous connaissons les palpitations de son cœur; nous avons maintes fois contrôlé ses pouls. Lumane Casimir, la plus belle figure culturelle à représenter Haïti à l'étranger à la fin de la première moitié du vingtième siècle, mourut dans la douleur et la misère. Elle a si tellement bien interprété la chanson « Papa gede bèl gason » que certains pensent qu'elle en est l'auteure. Du point de vue culturel et sociopolitique, cette composition est, selon Pè Gi, l'une des plus belles de notre héritage folklorique. Elle dâte du temps d'avant 1946. En effet, nous expliquait-il souvent, sous le gouvernement de Elie Lescot, la pratique du vodou sous quel que prétexte ou forme que ce fut était interdite; d'où le mouvement: « rejeté » du secteur catholique haïtien surtout. Dans ce même contexte, le gouvernement alla jusqu'à abolir les festivités carnavalesques. Que dire! Plus de mardi-gras! Plus de « gede »! Cela n'empêchait pas toutefois que des cérémonies se déroulassent au palais national à l'insu du grand public. En effet, un 1er novembre, jour des morts, le président lui-même et son cabinet convoquèrent secrètement et à leur aise les grands « ugan » pour un service de haut niveau en ce lieu. Ces prêtres du vodou qui en avaient assez de cette attitude hypocrite décidèrent alors entre eux et comme de coutume de s'habiller, certains tout en blanc, et d'autres tout en noir mais cette fois, à la façon des députés et des sénateurs de l'époque avec chapeaux de style approprié (koma) et vestes « rennengòt », et de se montrer ouvertement dans les rues se rendant au rendez-vous d'où la chanson que voici:

*Papa gede bèl gason, gede Nibo bèl gason*
*Abiye'l tut an blan pu l'al monte o palè.*
*Lè l' abiye l' tut an blan li sanble yon depite;*
*Lè l' abiye l' tut an nwa li sanble yon senatè.*
*Woy papa gede, adye gede Nibo!*
*Abiye l' tut en blan pu l' al monte o palè*
*Woy papa gede, an'ye gede Nibo*
*Abiye l' tut an nwa pu l'al monte o palè.*

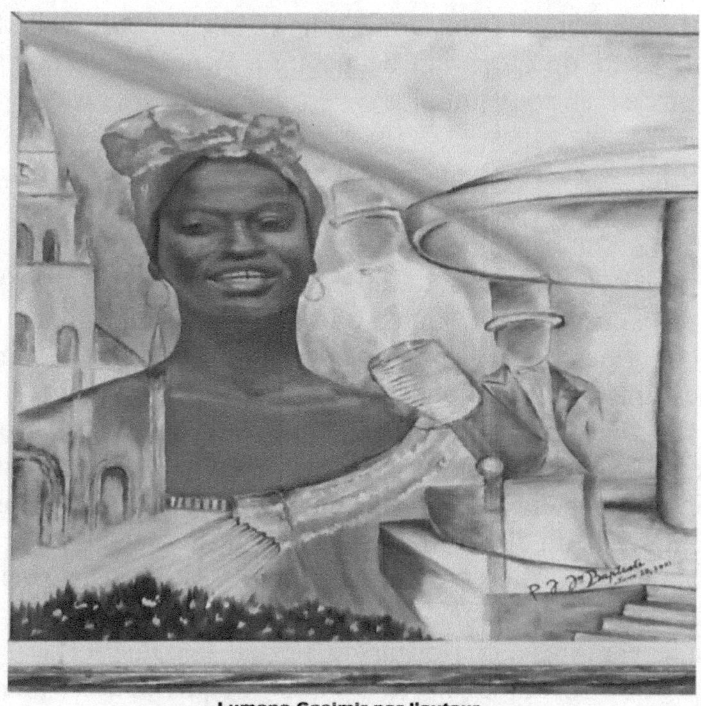

**Lumane Casimir par l'auteur**
**selon la chanson-poesie de Jean-Claude Martino**
**( Si Lakansyel Te Konn Shante )**

Et depuis, les « gede » s'habillent ainsi formellement en noir à la manière des sénateurs le jour des morts. Nous félicitons Jean-Claude Martino d'avoir pensé à écrire la merveilleuse poésie-chanson: *«Si lakansyèl te konn pale* » (Si seulement l'arc-en-ciel pouvait parler) en hommage à Lumane Casimir (voir la photo ci-dessus attachée; une peinture de l'auteur).

Merci à Carole Démesmin de son nom d'artiste « Kawòl Mawoule » de l'avoir si bien interprétée. En guise de rappel, l'église Ste.Anne avait en 1953 chanté les funérailles de Lumane malgré son statut d'artiste folklorique ayant rapport au vodou (Lumane fut en son début à Port-au-Prince, dit-on, chanteuse de chœur à travers l'Otofonik Labe ou Otofonik GB. Déterminez vous-mêmes ce que signifiait GB ou mieux, consultez un ancien! Nous profitons aussi de l'occasion pour rendre un hommage spécial à Maria Nathan (Ti Maria Nathan), la chanteuse-vedette du groupe. Si d'elle on en parlait beaucoup à l'époque, de nos jours pourtant on ne s'en souvient plus).

Pourtant, tôt vers les années 60's, selon ce que rapportent plusieurs, le curé avait refusé de chanter celles de Labé, sous prétexte qu'il fut la figure principale et emblématique de cette même Otofonik GB qui, « La nuit les chats sont gris », divertissait les gens, les bourgeois surtout, en quête de satisfactions dépravées. Chacune des rues de la capitale durant son parcours le soir des dimanches gras devenait l'équivalence de celles de Pigalle, un vif quartier de Paris. (Ironiquement durant la deuxième guerre mondiale, les soldats anglais et américains, par défaut de prononciation, avaient déformé le nom Pigalle du nom du grand sculpteur français du dix-huitième siècle Jean-Baptiste Pigalle pour la surnommer: Pig Alley (Allée du Cochon). Ce quartier, berceau du théâtre, centre de réjouissance publique, aussi grand et beau qu'il puisse paraître, a, à l'instar du Portail Léogane et de la rue L'Arsenal de Port-au-Prince, si non l'équivalence, mais la réputation d'être un centre d'activités sexuelles et où l'alcool se vide à flot attirant toute une jeunesse. Nous croyons que c'est de là

que dérive l'étiquette créole: « jenès » identifiant les femmes des rues d'Haïti. Otofonik s'arrêtait toujours et à chacun de ses défilés au Portail Léogane après son vif « oshan » régulier à l'adresse de Madame Ganneau du Simbi Hôtel au Martissant). Les cérémonies après un tel refus s'étaient donc déroulées plutôt en l'église St. Paul en présence d'une très faible assistance de cinq personnes seulement. Aucun de ces bourgeois dépravés ne s'y était montré… Il n'y eut aucune annonce à la radio ni aucune critique à ce sujet non plus.
- Mais, soupirait Pè Gi, pourquoi voulait-on que les funérailles de Labé soient chantées au Morne-à-Turf et pas en l'église St. Joseph à La Saline? Le Morne-à-Turf… Quelle affaire!
Nous remercions le Jazz des Jeunes pour sa musique de souvenir:

## *Otofonik Labe (rythme tontonnte)*

« *Tanbu Otofonik frape*
*Rapèl sa met tut mun kanpe*
*Yon ti moman apre l' sòti*
*Mun reyini gwo ku piti*
*Su tut wut l' ap ramase mun*
*L' amize timun ku granmun*
*Tanbu Otofonik marye*
*Tut ti dèyè je degaje*

## *Refrain*

*{Tut mun ap balanse;*
*Men tut mun ap danse*
*Nanpwen rete gade;*
*Koli figi fade} bis*
*{Se kanaval monshè Labe*
*Fè sa w' dwe fè!*
*Se kanaval monshè Labe.} bis* »

(avec la voix de Emmanuel Auguste, et Edeline Déjean: chœur). L'attitude de notre société vis-à-vis de la mémoire de Ti Roro, de son vrai nom Raymond Ballergeau, l'incomparable tambourineur de notre folklore musical, ne s'est pas révélée différente; il est tout bonnement passé à l'oubli. Que dire du grand Michel Desgrottes, trompettiste, guitariste, pianiste, compositeur, arrangeur de classe et l'un des meilleurs chanteurs du terroir? Mieux vaut ne pas en parler… Nous nous souvenons avoir vu passer le cortège funèbre de Dodof Legros à la rue de L'Enterrement; il n'avait point l'air de celui d'une super-étoile. De la mort de Ti Paris, de René St. Aude, de Antalcidas Murat, on n'en fit pas cas. Nemours Jean-Baptiste et Wébert Sicot eux, furent de ceux qui étaient trop attachés à notre sol. Le 4 février 1985, l'étoile de la kadans Ranpa se vit contraint à courir en urgence à l'hôpital général à la rue Monseigneur Guilloux. Son garçon, paraît-il, était victime d'une crise d'épilepsie. Après plus de deux heures d'attente sans attention ni examen aucun, notre maestro, le fils dans ses bras, hurla désespérément: « Moi, Wébert Sicot, j'ai si tant participé et contribué au développement culturel de mon pays!… Mon fils est mourant; personne ne vient à son secours, ici même en cette salle d'urgence de l'hôpital général…Quelle vexation! Quelle cruauté! »

Que de peine! Il tomba raide sur le champ, victime parait-il d'une hémorragie cérébrale, son jeune garçon en détresse s'appuyant contre lui. Qui pis est, ce fut une époque de mardi-gras… Son nom y était si vivement associé autrefois et le jeune président Duvalier fut, selon ce que nous croyons entendre dire, un partisan de Kadans Ranpa durant son enfance. Le jour des obsèques, Nemours, dans toute son indignation, déclara douloureusement sur les ondes de l'une des stations de radio de Port-au-Prince: « Quel chagrin! Quelle tristesse! Sicot aurait dû avoir des funérailles nationales. » Le roi du konpa dirèk passa lui-même de vie à trépas trois mois plus tard, soit le 18 mai de cette même année, le jour des funérailles de Ti Manno (Rossini Jean-Baptiste) à l'étranger. Il fut l'un des meilleurs paroliers de son temps. Celles de deux des plus grandes virtuoses de la guitare/konpa durant la polémique

Nemours/Sicot passèrent inaperçues. Et malgré que Toto Duval de par son style surtout, de nos jours encore, continue à faire école, de Raymond Gaspar et de lui, on n'en parle plus. Gérard Dupervil, l'un des vocalistes les plus merveilleux de notre Haïti du tout début des années 60's, fut prophète en ce sens. Quelques uns de nous se souviennent encore de la chanson « Aprann la vi! » (Apprenez à vivre!) dans laquelle il exprimait, longtemps déjà et avant nous, ces pensées et analyses relatives aux attitudes ingrates de notre société:

*« Fò n' aprann viv respekte mizisyen! (Apprenez à vivre tout en respectant les musiciens!)*
*Fò n' ashte liv pu n' ka wè valè yon atis! (Procurez-vous des livres pour mieux découvrir la valeur des artistes!)*
*Se yon vye defo pu anpil mun kite, (Détachez-vous frères de ce vieux comportement)*
*Se ku w' muri yo te gen tan wè valè w'. (A ne reconnaître la valeur de quelqu'un qu'après sa mort) ».*

Que de belles inspirations! Elles sont réelles et vraies. Dupervil dans ce texte, si toutefois il en est l'auteur, eut commis une seule erreur: celle d'avoir pensé à un futur emblématique car, notre société s'en fout tout bonnement de nos artistes après leur mort... Et de lui, on n'en parle plus, non plus. Nous de notre côté, nous ne voulons pas qu'il en demeure ainsi. Nous nous ferons les apôtres de leurs mémoires et en particulier de celles de François Guignard. Nous fûmes de son quartier. Il nous a vus grandir.

Que dire enfin de Guy Durosier, l'une des plus belles étoiles de la musique haïtienne! Après qu'il eût tant fait l'éloge de sa terre natale à l'étranger, il mourut dans l'état de Washington, aux Etats-Unis, presque dans la solitude. Aux dires de Edner Guignard, son ami et compère, il lui appela au téléphone la veille du jour pour lui dire faiblement: « Adieu frère! On se reverra dans l'autre monde. » A part Guy Durosier fils, son fils aîné, filleul de Edner, il n'y eut que deux Haïtiens « natif-natal » à participer à ses funérailles :

Jean Jean-Pierre et Miriam Dorismé (l'autre fils de Guy: Robert, et ses deux filles sont nés à l'étranger). Miriam avait chanté notre hymne national en son honneur. A eux deux, nous disons: Chapeau bas! Il n'y eut aucune représentation ni sur le plan national ni sur le plan consulaire, pas même une gerbe de fleurs. Edner Guignard avait plus tard organisé un show en son honneur et en sa mémoire au théâtre du Brooklyn Collège à New York. On peut reprocher tant de choses à Guy, nous n'en disconvenons pas mais... Roger Colas après une vibrante soirée à Djumbala mourut suite d'un accident de voiture dans les zones de Turgeau et de Lalue. Son corps, étalé en pleine rue sur le pavé, paraissait contempler d'esprit le chaud soleil de son pays qu'il chanta et glorifia si tant. Il y resta de cinq heures du matin jusqu'aux environs de deux heures de l'après-midi avant que vînt enfin un « juge de paix » du tribunal de la région pour constat légal. Quoiqu'il en soit, ceux dont nous venons de vénérer les noms sont loin d'être les seuls et s'il fallait citer davantage, on n'en finirait jamais.

## La culture, l'union et l'entraide

Quoique jeune à l'époque, nous avions compris le rêve de Pè Gi. Il voulait certes qu'il y ait une continuité du travail de partage de la connaissance musicale; ce qui n'a pas été fait. Au point de vue de la forme, Nemours Jean-Baptiste et Webert Sicot suivis de Dernst Emile, de Tit Pascal et des Frères Déjean ont tenté de réaliser ce rêve mais... Les musiciens d'aujourd'hui, ne leur en déplaise, compte tenu des efforts qu'ils doivent développer et déployer, ne préparent pas les jeunes aux fins d'assurer une bonne et complète relève. Il n'est jamais trop tard pour bien faire... Toutefois et selon nous, il en sera peut-être difficile puisque de la nouvelle technologie-robot amplifiée, les musiciens d'aujourd'hui, à l'encontre de ceux d'autrefois, en dépendent trop et sans grande connaissance musicale appropriée, ils s'autoproclament superstars, super-étoiles. Par surcroît, ils ont pour la plupart un problème d'Ego qui affecte la bonne marche de cette industrie à travers notre société et ceci, à tous les niveaux. Qui pis est, parce qu'ils ne sont pas eux-mêmes en mesure de s'en rendre compte, ils refusent de l'accepter.

La parole, la musique, la peinture, l'écriture et l'art en général ont tous quelque chose de très commun: le sentiment et l'expression. Tout grand artiste aimerait que son œuvre soit finie à son goût. Aussi grand que fut François Guignard, il n'hésitait pas de faire appel à d'autres musiciens pour analyse, critique et appréciation de ses compositions, de ses arrangements et orchestrations quand besoin se faisait sentir. A côté de Luc Jean-Baptiste, il aimait surtout contacter Augustin Bruno, un de ses meilleurs amis et pour lequel il avait beaucoup d'admiration. Leur rapprochement était, parait-il, d'une simplicité concevable. Bruno était manchot. Ils étaient donc tous les deux infirmes et, par-dessus tout, deux musiciens reconnus d'utilité et bien connus et admirés. Il trouva un jour qu'une phrase musicale ne sonnait pas juste après qu'il eût complété un arrangement. Il se sentait bouleversé quand soudain un de nos musiciens de grand calibre lui rendit visite.
- Ah bon, voilà Un-Tel, pensait-il!
Il exposa la partition à son ami qui vite l'analysa, vocalisa les notes et la trouva parfaite.
- Mais..., il y a là quelque chose qui sonne mal à mon avis, déclara-t-il à nouveau à l'ami-musicien.
Ce dernier lit une fois de plus la partition, l'analysa encore et lui déclara qu'il n'y avait rien d'anormal et que tout était correct tant au point de vue de l'harmonisation qu'au point de vue du rythme et après quoi s'en alla.

Pè Gi était loin d'être satisfait. Mais quand plus tard Augustin Bruno passa le voir, il lui tendit cette même partition pour appréciation et analyse. Ce dernier en fit une lecture vocale et rythmique et s'arrêta juste à cette phrase musicale qui bouleversait tant l'esprit de notre maestro pour lui dire:
- Maestro Guignard, à votre place, j'écrirais cela... (lecture harmonique et rythmique tout en battant la mesure) au lieu de ceci... (lecture harmonique et rythmique).

C'était exactement ce qu'il cherchait. Une chose simple qui malgré ses connaissances ne lui était jamais venue à l'idée. Pourtant, son premier ami, aussi un grand musicien de renommée, n'avait pas pu l'identifier non plus. Il en est ainsi dans la vie: On doit s'entraider. Et aussi grand qu'on puisse paraître, on peut toujours se partager les idées pour mieux détecter les failles et y remédier car aux erreurs, nous en sommes tous sujets: *« Errare omnibus est/L'erreur est du domaine de l'homme »*. Aussi grand qu'on puisse paraître, on a toujours besoin d'un autre et parfois même d'un plus petit que soi.

## Succession, continuité ou déroute? Désastre ou déclin?

Les musiciens de la soi-disant « nouvelle génération » n'aiment pas qu'on leur parle de ceux d'autrefois. Ils ignorent même que les étoiles d'antan étaient pour la plupart dotées de vraie connaissance musicale. Ils disent souvent: *« A! Tan mun sa yo pase. »* Pourtant, les guitaristes d'aujourd'hui jouent tous et sans exception à la manière de Toto Duval, ancien guitariste de la Kadans Ranpa, sur un fond rythmique qu'ils appellent konpa dirèk tout en gardant en second plan le style de Raymond Gaspar. C'est pourquoi ils utilisent deux guitares. On ne rencontre de nos jours que seulement quelques musiciens faisant partie de la section cuivre des orchestres qui peuvent plus ou moins lire une partition. Comment expliquer cela? C'est simple: ils furent pour la plupart membres d'une fanfare soit aux lycées ou ailleurs dans leur début.

On ne peut rien reprocher ni à Dernst Emile ni à Tit Pascal. Ils ont tous deux aidé au développement de la musique populaire haïtienne. Au temps de leur contribution active, la musique dansante de chez nous se jouait bien mieux qu'aujourd'hui. Leurs apports furent de valeur. Le Skah-Shah, le « Mini All Stars de Fred Paul », « Cubano-disque Essence », bénéficiaient tous de la connaissance musicale et des arrangements de Dernst Emile. Le disque « GM Connection », un collabo de « Gérard Daniel et Mario Mayala », est l'une de ses excellentes productions musicales. Quant au disque « Message » du Skah-Shah, il est un témoignage vivant de sa contribution et de son apport. Tous les musiciens du groupe en ont bénéficié, Loubert Chancy inclus. Il en a lui-même d'ailleurs parlé lors d'une entrevue à la radio. Ce ne furent pas des arrangements à l'oral (*padap pa da pe ya pa eya eya*) où le soi-disant arrangeur dicte aux instrumentistes ce qu'ils doivent faire (aranjman djòl). Les musiciens du Tabou Combo avaient aussi bénéficié de l'assistance d'Alix « Tit » Pascal, incluant Dadou Pasquet. Pascal a été le directeur musical de ce groupe. Leur disque « The Masters » confirme un tel fait. De ce groupe on en parle tant en Europe qu'en Afrique, qu'en Amérique. Plus particulièrement en Amérique Latine, des groupes musicaux interprètent à la radio certains hits du Tabou Combo et essaient d'explorer ses mouvements rythmiques. Bémol ainsi connu a, de son côté, fait de son mieux dans l'enseignement de la musique elle-même et le maniement de la contrebasse surtout.

De nos jours, nous assistons à un déclin de la musique dansante haïtienne. Cela se constate clairement; point n'est besoin alors d'en discuter davantage puisque nous avons, tant bien que mal déjà, essayé d'en faire ressortir les détails plus haut. Ce ne fut pas d'ailleurs le sujet proprement dit eu égard au texte lui-même. Toutefois rappelons-nous que la musique en tant qu'art et quoique universelle, reflète l'expression socioculturelle des sentiments de chaque peuple en particulier: Chaque peuple a son folklore. Une société chante et danse ses joies aussi bien que ses peines. N'avons-nous pas maintes fois dansé « Shada » chant à travers lequel l'étoile-troubadour Gesner Henry (Kupe Klue) fait ressortir les plaintes combien horribles d'un miséreux dur travailleur mal payé? Que dire enfin du beau kongo « Manman m' voye m' peze kafe o! » dans lequel le compositeur relate les plaintes d'une fillette vendeuse de café persécutée par un gendarme! N'oublions pas non plus qu'à cause de la diversité de formes qui caractérise notre folklore, notre cher Haïti fut, durant le dix-neuvième siècle et le vingtième siècle surtout, le berceau des rythmes si bien que presque tous ceux de l'Amérique latine, le danson de Cuba en particulier, sont originaires des nôtres et plus particulièrement de notre mereng. On comprend alors pourquoi François Guignard, étoile de la musique dansante de son temps aimait si tant ce rythme cubain. De lui et de son ensemble, tout le monde en parlait follement. Et ceux de sa génération à l'encontre de ceux d'aujourd'hui chantaient tous:

*Mwen fèt lan yon bèl ti peyi (Je suis né dans un beau pays)*
*Ki beye lanmè dèz'antiy (Baigné par la mer des Antilles)*
*Peyi m' sila mwen renmen li (Combien que j'aime ce pays)*
*Li tèlman dus tèlman trankil ( Il est si doux, si tranquille)*
*Ayiti se konsa l' rele*
*Li trè joli, li trè shamant*
*Te mèt ban mwen lò, ban m' dyaman*
*Mwen pa p' janm kite l'*

***Refrain***

*Ayiti! Ayiti! Mwen renmen w'*
*Pu tut la vi*
*Ayiti manman cheri, se lan bra w'*
*Pu mwen muri (Le tout deux fois)*

*Peyi m' sila se ladudus*
*Li dus pase yon kann kreyòl*
*Pitit li pa konprann valè l'*
*Paske yo pa genyen bon dyòl*
*Men etranje k' konnn apresye*
*Dèke lan peyi sa a yo rive*
*Yo pa mande pyès pu kite l'*
*Paske yo renmen li.*

Cela aurait pu nous faire pleurer… Toutefois essayons de retenir nos larmes pour ne pas en avoir trop à verser et mourir de tristesse, de chagrin et de peine.

Si tel est le cas, d'où vient donc ce déclin de notre folklore musical? Une fois de plus, nous avons beaucoup déjà anticipé sur l'aspect sociopolitique de la deuxième moitié du vingtième siècle chez nous. Nous croyons comprendre que c'est de là qu'il en dérive. Cependant, ce déclin ne se manifeste pas seulement en Haïti; il s'est visiblement exprimé à travers toutes les nouvelles sociétés du monde et leurs nouvelles générations. Plus particulièrement en France, la musique est à son déclin. De grandes vedettes françaises comme celles d'autrefois, il n'y en a presque plus. Il n'en est pas moins vrai de la situation aux Etats-Unis… Est-ce le résultat des transformations technologiques nouvelles? Mais quoique cela, là, les jeunes malgré l'ampleur du rap continuent à vénérer les étoiles d'autrefois. Toutefois, nous pensons que ce déclin chez nous, plus que dans d'autres sociétés, s'était bien longtemps avant manifesté à travers notre musique et plus particulièrement celle dite dansante. Pourtant, nous continuons comme tous les autres peuples d'ailleurs et comme toujours avant à danser. L'orchestre Septentrional du Cap avec successivement les chaudes voix de Roger Colas et de Guy Durosier avait bien raison de chanter: « Tanbu frape Ayisyen kontan, se yon bagay yo pran lan nesans: Blengbendeng! Blengbendeng! ». Que s'est-il donc passé? Qui alors blâmer?

Nous vous invitons à remarquer qu'au tout début du « konpa dirèk» et de sa polémique avec la « kadans ranpa » (senkant kob ak de gouden) (sont tous deux égaux) et moins de quinze ans seulement après la cessation de fonctionnement du Super Modern Jazz François Guignard due à la retraite de son maestro, les autres groupes et orchestres tels: l'orchestre Citadelle, l'ensemble La Gaieté, l'orchestre du Casino international, l'orchestre Saïeh, Dòdòf Legros et son groupe, le groupe El Rancho, l'ensemble Murat Pierre, l'ensemble Nerette, l'ensemble Latino, l'ensemble des Frères Laurenceau, l'ensemble Pierre Blain avec Toto Duval comme guitariste avant qu'il se joignît à la Kadans Ranpa, l'ensemble Raoul Guillaume, l'ensemble Méridional des Cayes, l'orchestre Riverside d'Haïti, qui pis est, le grand orchestre des

Casernes Dessalines sous la direction de Charles-Paul Ménard, l'ensemble Sublime d'Haïti, même le groupe Diable du rythme de St. Marc et à la seule exception des deux solides ensembles très locaux du Cap dont: l'orchestre Septentrional et l'orchestre Tropicana, ont tous été obligés de déposer leurs instruments et de ne plus performer. Il faut souligner une fois de plus que l'ensemble Sélect de part sa forme troubadour a pu merveilleusement tenir ferme avec son « konpa manba » intermédiaire. Il en fut ainsi jusqu'à la mort de son directeur Gesner Henry dit Kupe Klue. Les trios de troubadours tels: Etoile du soir, les Charmeurs du Cap, Jeunesse Sentimentale et autres avaient tous disparu. Et bien qu'ils ne fussent pas de la catégorie des groupes de musiques dansantes, il en fut de même des grands chœurs tels: Chœur Simidor à base universitaire, Chœur Déjean, Chœur Voix et Tambours d'Haïti dont Anne-Marie Jean fut membre. La troupe folklorique elle-même n'en fut pas exempte. A la seule exception de clubs de mardi-gras tels: La grande Puissance, Tolalito… etc, les clubs de jeunes tels: Les Karako Bleus et autres tels: le scoutisme, le JEC (Jeunesse Etudiante Catholique) furent quasi-interdits. Ils ont tous disparus tôt vers les années 60's. On avait tendance à caractériser de communistes ces mouvements de haute portée classique et culturelle. On se demande de nos jours comment, suite à la mort des frères Jumelle, les membres du Chœur Simidor ont pu survivre après l'interprétation de « Vòlè Kadav »…

*«U pa ta fèm sa wo!???, monshè w' pata fè m' sa wo!*
*Ala w' leve a minwi wo w'al vòlò kadav (bis)*
*W'ale w' vòlò kadav la, w'ale u pa di m' anyen wo"*

Le refrain était orné de cris de détresse et de pleurs.

L'ensemble de Nemours en son tout début venait de s'améliorer à une nouvelle forme de musique dansante, le konpa dirèk. Il jouait pourtant plusieurs de nos rythmes. Ses hit-vedettes les plus en vogue furent: a) « Tann mwen la tigason, tann mwen » (Attends-moi là, jeune homme, attends-moi là!), b) « Mwen di non lèse Ti

Kam dodo» (Je dis non, laissez dormir Ti Kam!), c) «Tut munn se munn o maladi Bondye pu nu tut o » (O! Nous sommes tous des humains, divinement sujets à la maladie... O!), vibrante composition du chanteur Daniel Alfred et l'un des meilleurs hits du Super Modern Jazz Guignard.

- En termes rythmiques, nous disait Pé Gi, ces morceaux n'ont rien à voir avec le konpa dirèk. Ils furent de notre répertoire musical des années 30's... Nous avons déjà fait chemin avec eux. Ils constituent nos succès d'autrefois. Réfléchissons-en! Il n'y a rien de nouveau.

Cela nous faisait toujours penser. Cette forme « konpa » devint malgré tout dominante et seule maîtresse. Moins de dix ans plus tard, certains des musiciens les plus doués de ces groupes ci-devant cités avaient rejoint les super orchestres en polémique. Les autres, presque en général, avaient décidé de quitter le pays pour s'exiler si non politiquement mais du moins socio-culturellement. Le Jazz des Jeunes, l'enfant chéri de notre folklore musical, n'en fut pas exempt. Ils prirent tous en groupe le chemin de cet exil convoité. Faut-il bien qu'il y ait du nouveau! Ce facteur est indispensable à l'évolution du genre humain. En ce sens et suivant nos analyses, le super Jazz des Jeunes a commis l'erreur de n'avoir pas lui aussi, à l'instar du groupe de Raoul Guillaume et de celui de l'hotel El Rancho ayant pour maestro Edner Guignard, joué le konpa dirèk qui est loin d'être une création comme expliqué avant mais bien une nouvelle forme de musique populaire haïtienne dérivée du ibo, du tontonnte de l'otofonik, et de la mereng. Cette dernière qualifiée officiellement comme étant le rythme national du pays est, elle aussi, le résultat de transformation de multiples autres d'antan telle la « contre-dance » qui de son côté n'est autre que la « danse carrée » des esclaves de l'époque coloniale. Il n'en est pas moins vrai de la danse « karabin », ainsi titrée et développée par l'empereur Dessalines lui-même durant les festivités organisées en son honneur. Les haïtiens se réjouissaient tous de danser lors à l'instar du fondateur de la patrie croisant les pas. Toutefois, il ne se déhanchait pas grouillant dans l'indécence... En sa qualité de chef d'état, premier citoyen de la nation, il se respectait suffisamment pour se faire valoir. De cela, nous en sommes certains. Glorifions en ce sens Nemours! Il a le mérite d'avoir, grâce à son astuce, développé la forme « konpa dirèk » correspondant au « danse ploge » qui de nos jours est toujours de mise. On comprend bien pourquoi alors cette forme ou mieux ce mouvement musical survit encore après plus d'un demi-siècle. Si le Super Jazz des Jeunes jouait le danson, le chachacha, la guaracha et autres, pourquoi pas le konpa... Il aurait dû l'envisager comme étant une simple addition à notre monde folklorique de l'époque pour le fleurir davantage.

Fils de son père, Edner Guignard particulièrement avait bien compris cela. Il ne cessait jamais de nous le dire non plus. C'est ainsi qu'il fut le premier à jouer « Ti Joslin », une fameuse composition de Michel Desgrottes, membre de son groupe El Rancho. Ce hit-konpa fut l'un des rares morceaux, si ce n'est l'unique, que jouaient, à côté de Edner et son ensemble, les deux rivaux Nemours et Sicot en un même temps et à une même époque. Cela s'explique facilement: Michel Desgrottes chantait à travers le groupe El Rancho avant de se joindre à Nemours et son groupe pour une courte durée, et Jean Séjour lui-même fut le saxophoniste du même groupe avant de s'intégrer au Kadans Ranpa de Webwer Sicot. Il en fut de même de Louis Télémaque (sax alto du groupe El Rancho) qui se joignit à l'ensemble de Nemours Jean-Baptiste. Que dire en passant du fameux hit « Banbòsh »: « Edner Guignard k'ape frape »! N'est-ce pas du konpa dirèk? Quand Edner plus tard devint maestro du Riverside d'Haïti et sur les conseils de René Marini de Cabane Choucoune, il avait suggéré aux autres membres de l'emsemble lors d'une réunion spéciale d'orientation d'en faire autant et de jouer aussi le style konpa dirèk. Dormélas Philippe, en particulier se leva brusquement et déclara fermement montrant son instrument: « Tant qu'elle est mienne et que je la joue, cette guitare que je tiens en mains ne connaîtra jamais et sous quelle que soit la forme, les sensations du konpa dirèk. » Cela suffisait pour conclure la réunion. La guitare à travers ce style était prioritaire. Sa réaction fut applaudie par plusieurs d'ailleurs. De konpa dirèk, on n'en parla plus et le Riverside ne joua jamais non plus ce style comme l'avait fait le groupe El Rancho.

- Mon fils, ne cessait de lui répéter Pè Gi, pourquoi tout ce bruit: konpa, konpa, konpa? Nous jouions bien longtemps déjà ce genre de musique dansante... Vous souvenez-vous de « Ti Selia kole kole n'ap paweze ay »? Pour en finir, que dire de: « Tut mun genyen pa yo e mwen menm kote pa mwen »? On se le demande une fois de plus: Ces morceaux, ne sont-ils pas tous déjà gravés sur mes disques avec la RCA en 1937, longtemps avant que Nemours lui-même formât plusieurs différents groupes pour enfin se déclarer créateur de nouveau rythme? Quel non sens! Le public mal informé est encore plus fou...

Il soupira un peu et ajouta sans tarder:

- J'ai vu comme si c'était hier ce même public s'affoler en écoutant la mereng dominicaine, un style que j'ai peine à tolérer... Les mouvements sont trop rapides en comparaison à ceux de la nôtre. La nôtre, la vraie, est si originale et si douce...

Sicot, au tout début de la formation de son ensemble Les frères Sicot, jouait aussi différents rythmes. Et selon ce que nous avons appris, certains des morceaux, autres ceux appartenant à la lignée konpa, avaient été, compte tenu de probables sollicitations, orchestrés par le Super Jazz des Jeunes lui-même, master dans le domaine de la musique folklorique. Le kongo « Pran kuray o madan marye pran kuray o! U kite mun debyen w'al pran vagabon o » en est un. Cette approche fut, parait-il, celle de Raymond..., car Wébert se détacha de cet objectif aussitôt que son frère et partenaire laissât le pays et le groupe. Et voilà! Il devint Kadans Ranpa. Par ailleurs, qu'il s'agit de Kadans Ranpa, de Konpa Dirèk, du groupe de Roaul Guillaume, de celui de Edner Guignard, du Super Jazz des Jeunes, du jazz des Casernes, de l'ensemble Murat Pierre, de l'orchestre Riverside d'Haïti, du trio Les Frères Dor, du trio Anilus Cadet et autres, ils avaient tous le Morne-à-Turf comme base de formation et François Guignard avait d'une façon ou d'une autre, directement ou indirectement, contribué à leur développement.

- Imaginez, pensait Pè Gi, le Jazz des Jeunes, Wébert Sicot, son ensemble et les autres jouant le tontonnte, le ibo, la mereng elle-même tant sous sa forme régulière que sous la forme nouvelle développée par Nemours Jean-Baptiste! Il aurait été difficile au konpa dirèk de dérouter et désorienter aussi fortement notre jeunesse et son monde musical.

Cela a surtout selon nous permis à la classe dirigeante d'exploiter un tel fait en leur faveur et malheureusement au détriment de notre beau folklore musical d'antan. Et cette même jeunesse, à l'encontre des jeunes des Etats-Unis vis-à-vis de Bud Johnson, de Nat king Cole, de Patti Labelle, de Ray Charles, de Elvis Presley et autres grandes vedettes de leur musique, aussi bien que celle de France vis-à-vis de Edith Piaff, des Compagnons de la chanson, de Charles Aznavour et de tant d'autres, celle de l'Amérique Latine en particulier vis-à-vis de Bebo Valdes, de Antonio Ma Omeo, de Celia Cruz, de Tito Puente, de Beni More et autres, ne s'arrogerait jamais le droit de larguer sans reconnaissance ni vénération nos artistes d'antan surtout François Guignard en sa qualité de l'un des plus grands pionniers de la musique dansante haïtienne des premières décades du vingtième siècle, au bénéfice du développement d'une seule forme rythmique sans diversité aucune et où de nos jours, quel que soit le groupe ou l'ensemble, les musiques se confondent toutes à travers un même et seul groupe d'inspirations lyriques et mélodiques: Pada pada padapeya...Konpa! Konpa! Konpa! Anmwe! Anmwe! Woy! Woy! Wayy! Wayy! Ti dwèt anlè! Ti dwèt anlè! O, o, o, o, o, o, o, o! Podopopow! Les gens d'autrefois, Pè Gi en particulier, auraient soupiré: « C'est toute une litanie! ». De toutes ces multiples inspirations vocales cependant, la «Wushshsh » est selon nous la plus intolérable puisqu'elle exprime la répugnance, le dégoût, le sentiment de répulsion et tout ce qui surtout sent mauvais. De nos jours, plusieurs chanteurs des groupes musicaux s'enchantent de la crier vivement en exécutant leurs différents morceaux. Se répugnent-ils à eux-mêmes sans le savoir? Si non, il est temps d'y remédier. Je vous prie encore une fois de ne pas nous prendre à défaut car rien n'est plus beau que le vrai selon Voltaire. Le vrai seul est agréable à l'oreille. Nous espérons qu'il soit aussi agréable à la lecture.

La musique doit être l'expression de sentiments. Imaginez un groupe qui interprète une chanson évoquant la bonté, la tendresse et la douceur maternelle et qui en même temps utilise de telles inspirations exclamatives qui n'ont rien à voir avec le contenu de la chanson elle-même! Qui pis est, à travers certains autres groupes de plus de quinze musiciens jugés apparemment de valeur, le piano-synthétiseur, durant l'interprétation de n'importe laquelle composition qui dure six minutes, tiendra ferme en solo un konpa « marengwen piga zonbi pik » (son des moustiques) durant quatre bonnes minutes d'horloge sans savoir orchestralement ni comment ni quand s'arrêter. Quel désastre! Néanmoins, un groupe de jeunes paraît malgré tout essayer d'y remédier sous un « nouvel aspect » du konpa dirèk et si les mélodies semblent toujours se confondre toutes, les textes pourtant sont magnifiques et plaisants. Sur le plan troubadour, Beethova Obas, Ambroise du groupe Strings, Manno Charlemagne et autres ont fait de leur mieux à la fin du vingtième siècle et au tout début du vingt et unième pour nous présenter un très beau nouveau concept, mais… L'ancienne forme reste et demeure malgré tout la plus originale et la plus appréciée. Vive le folklore haïtien et ses belles musiques dansantes fondamentales d'autrefois! Vive François Guignard et son groupe

## Conclusion

Nous demandons alors aux musiciens de capacité qui en sont concernés, de continuer à faire du konpa dirèk une partie prenante de notre riche folklore sans abandonner pour autant nos autres rythmes, surtout la mereng nationale dansante sous sa forme originale. Ils doivent se mettre en tête que la vie est une course à relais. Il faut qu'ils passent le bâton (la connaissance) aux jeunes qui ont la volonté d'apprendre:

***«Toute connaissance non partagée est nulle***

***Et risque d'étouffer celui qui la garde,***
***Tout en le rendant vaniteux et rêveur. » (J-R.N.)***

Ainsi aurait pensé pour sûr et certain François Guignard. Aujourd'hui donc, à côté d'autres tel Jean-Robert Noël en particulier, nous nous faisons disciples de ses préceptes pour essayer de présenter à l'auditoire et aux lecteurs nos analyses et voir dans quelle mesure les collaborateurs dans le domaine de la musique dansante haïtienne peuvent contribuer afin d'y remédier. Nous suggérons en ce sens aux stations de radio haïtiennes, suivant un plan média, de prendre concience elles aussi de la situation et de présenter souvent aux auditeurs des programmes de musiques rétro visant celles des années 40's, 50's et 60's.

Nous avons nous-mêmes assisté au déclin des deux étoiles du Konpa et de Kadans pendant que brille encore fondamentalement la forme qu'ils eurent développée. Nous avons écouté avec enthousiasme et peine confondus un disque (apparemment produit vers 1979 ou 1980) de Wébert Sicot en collaboration avec Raoul Guillaume. Sicot, selon ce que nous croyons comprendre, n'avait qu'à peine cinquante ans… Avec ce groupe, il a interprété l'un de nos plus beaux classiques dansants: Valse aux Etoiles de Ludovic Lamothe que jouaient autrefois en concert le grand orchestre du palais national et François Guignard et son « super modern jazz ». Que c'est triste! Il commençait selon nous à peine de briller puisqu'il mourut en 1985 à l'âge de cinquante-cinq ans. Nemours de son côté, incroyablement et totalement hors de la musique, ne pouvait même plus se réclamer du droit d'être le maître de cette forme konpa dirèk puisque lors, seuls les « mini jazz » brillaient alors que lui et son propre groupe périclitaient. Il n'avait que 67 ans quand il passa de vie à trépas aussi en 1985, trois mois plus tard après Wébert.

On continuera certes de danser… Mais, tant que ce passage de connaissance ne soit pas fait, la musique haïtienne correspondant à cette manifestation tant joyeuse et plaisante ne changera pas d'état et ne pourra pas garantir le « cross over » que les musiciens convoitent aujourd'hui pour atteindre enfin la maturité de ceux d'autrefois en particulier: celle de Alexis François Guignard. Nous avions eu la chance de le connaître, de l'entendre souvent jouer et d'admirer ses talents. Il fut l'homme de son temps, une superbe étoile de ce passé méprisé ou, plus à tort, rejeté de la musique dansante haïtienne.

(Achevé d'écrire le 22 août 2014)

I would like to give a special thank you to:

Valerie Allen, President/CEO of VJ Publishing House, LLC. and Stephanie Sills, her assistant for their devotion and their dedication
to the presentation of the book and its marketing.

Pierre Joseph Jean-Baptiste (Author)

www.ingramcontent.com/pod-product-compliance
Lightning Source LLC
LaVergne TN
LVHW091028080826
845145LV00002B/393